国学经典

竭宝峰／主编

四库全书精华

中华传统文化最丰富最完备的集成之作

辽海出版社

【 第三卷 】

《四库全书精华》编委会

前 言

　　《四库全书精华》一书，汇集了《四库全书》中上起先秦，下迄清末两千多年来的文化典籍之精华。编者力图使它成为一部简括实用的文选本，目的是便于中等文化程度以上的读者，了解中国历代的治乱兴替、典章文物、学术思想、道德伦理以及治国治民之道。如何从古老文化传统中敞开一个新世界，这是一件非常需要做的而且很有意义的工作。

　　为读书和藏书的方便，古人把书籍分为经、史、子、集四大门类。其中，经部包括儒家经典著述，如"十三经"，即《周易》《尚书》《诗经》《周礼》《仪礼》《礼记》《左传》《公羊传》《谷梁传》《论语》《孝经》《尔雅》《孟子》。史部包括各种体裁的历史著作，其中，尤以《史记》和《资治通鉴》为代表。此外，野史、法典、地志、职官、政书、时令等，凡记事书籍均归入史部。子部包括哲学、名学、法学、医学、算学、兵学、天文学、农学等，后人视其仅次于经书，故称之为子书。此外，道教、宋明理学、清代的考据学亦归于子部。集部包括历代作家的散文、骈文、诗、词、曲等作品和文学评论著述。

　　面对这浩如烟海之典籍，人们不免有望洋兴叹之慨！如何既节省时间，又能获得深入四库堂奥之锁钥？编者几经运筹，从中精选近百部代表著作进行爬梳剔抉，删繁就简，编成《四库全书精华》，仍遵循四部分类法，辑为四部，共分六册。《四库全书》不仅卷帙浩繁，而且古文字的障碍更令当代读者望而却步。有鉴于此，编选时全部参照社会广为流传，较有定评的现代名家选本；力避干燥枯涩，繁冗杂芜，以便于诵读为宗旨；其文不仅经世致用，而且能笔触豪迈，博综古今，阐幽表微，为学渊广，是值得一读再读的好文章。短者数字，长者万言，但都照顾到整体，其脉络清晰，篇章连贯分明。学人倘寻此路径反复熟读，则对于各种艺文必然，皆有所得，继而精进，不难收弘扬传统文化之宏功。

今经有关专家学者细加校勘、标点，篇前加有简明扼要之著录，以说明该书每部著作著者生平、主要内容、思想价值及版本流传情况等，并对专用术语和疑难生词加以注释。

参加本书选编、校点、注释的有魏琳、吴志樵、张林、周桂芬、于慈云、毛明华、任素琴等同志。

尽管如此，编者亦觉力所不逮，选本能否受读家重视，智者见智，仁者见仁，只有实践去检验了。敬希方家批评指正。

前　言

目 录

魏公子列传

魏公子无忌者，魏昭王少子，而魏安僖王异母弟也。昭王薨，安僖王即位，封公子为信陵君。是时范睢亡魏相秦，以怨魏齐故，秦兵围大梁，破魏华阳下军，走芒卯。魏王及公子患之。

公子为人仁而下士，士无贤不肖皆谦而礼交之，不敢以其富贵骄士。士以此方数千里争往归之，致食客三千人。当是时，诸侯以公子贤，多客，不敢加兵谋魏十余年。

公子与魏王博，而北境传举烽，言"赵寇至，且入界"。魏王释博，欲召大臣谋。公子止王曰："赵王田猎耳，非为寇也。"复博如故。王恐，心不在博。居顷，复从北方来传言曰："赵王猎耳，非为寇也。"魏王大惊，曰："公子何以知之？"公子曰："臣之客有能探得赵王阴事者，赵王所为，客辄以报臣，臣以此知之。"是后魏王畏公子之贤能，不敢任公子以国政。

魏有隐士曰侯嬴，年七十，家贫，为大梁夷门①监者。公子闻之，往请，欲厚遗之，不肯受，曰："臣修身洁行数十年，终不以监门困故而受公子财。"公子于是乃置酒大会宾客。坐定，公子从车骑，虚左，自迎夷门侯生。侯生摄敝衣冠，直上载公子上坐，不让，欲以观公子。公子执辔愈恭。侯生又谓公子曰："臣有客在市屠中，愿枉车骑过之。"公子引车入市，侯生下见其客朱亥，俾倪②，故久立与其客语，微察公子。公子颜色愈和。当是时，魏将相宗室宾客满堂，待公子举酒。市人皆观公子执辔，从骑皆窃骂侯生。侯生视公子色终不变，乃谢客就车。至家，公子引侯生坐上坐，遍赞宾客，宾客皆惊。酒酣，公子起，为寿侯生前。侯生因谓公子曰："今日嬴之为公子亦足矣。嬴乃夷门抱关者也，而公子亲枉车骑，自迎嬴于众人广坐之中，不宜有所过，今公子故过之。然嬴欲就公子之名，故久立公子车骑市中，过客以观公子，公子愈恭。市人皆以嬴为小人，而以公子为长者能下士也。"于是罢酒，侯生遂为上客。侯生谓公子曰："臣所过屠者朱亥，此子贤者，世莫能知，故隐屠间耳。"公子往数请之，朱亥故不复谢，公子怪之。

魏安僖王二十年，秦昭王已破赵长平军，又进兵围邯郸。公子姊为赵惠文王弟平原君夫人，数遗魏王及公子书，请救于魏。魏王使将军晋鄙将十万众救赵。秦王使使者告魏王曰："吾攻赵旦暮且下，而诸侯敢救者，已拔赵，必移兵先击之。"魏王恐，使人止晋鄙，留军壁邺，名为救赵，实持两端以观望。平原君使者冠盖相属于魏，让魏公子曰："胜所以自附为婚姻者，以公子之高义，为能急人之困。今邯郸旦暮降秦而魏救不至，安在公子能急人之困也！且公子纵轻胜，弃之降秦，独不怜公子姊耶？"公子患之，数请魏王，及宾客辩士说王万端。魏王畏秦，终不听公子。公子自度终不能得之于王，计不独生而令赵亡，乃请宾客，约车骑百余乘，欲以客往赴秦军，与赵俱死。

行过夷门，见侯生，具告所以欲死秦军状。辞决而行，侯生曰："公子勉之矣，老臣不能从。"公子行数里，心不快，曰："吾所以待侯生者备矣，天下莫不闻。今吾且死而侯生曾无一言半辞送我，我岂有所失哉？"复引车还，问侯生。侯生笑曰："臣固知公子之还也。"曰："公子喜士，名闻天下。今有难，无他端而欲赴秦军，譬若以肉投馁虎，何功之有哉？尚安事客？然公子遇臣厚，公子往而臣不送，以是知公子恨之复返也。"公子再拜，因问。侯生乃屏人间语，曰："嬴闻晋鄙之兵符常在王卧内，而如姬最幸，出入王卧内，力能窃之。嬴闻如姬父为人所杀，如姬资之三年[③]，自王以下欲求报其父仇，莫能得。如姬为公子泣，公子使客斩其仇头，敬进如姬。如姬之欲为公子死无所辞，顾未有路耳，公子诚一开口请如姬，如姬必许诺，则得虎符夺晋鄙军，北救赵而西却秦，此五霸之伐也。"公子从其计，请如姬。如姬果盗晋鄙兵符与公子。

公子行，侯生曰："将在外，主令有所不受，以便国家。公子即合符，而晋鄙不授公子兵而复请之，事必危矣。臣客屠者朱亥可与俱，此人力士。晋鄙听，大善；不听，可使击之。"于是公子泣。侯生曰："公子畏死邪？何泣也？"公子曰："晋鄙嚄唶[④]宿将，往恐不听，必当杀之，是以泣耳，岂畏死哉？"于是公子请朱亥。朱亥笑曰："臣乃市井鼓刀屠者，而公子亲数存之，所以不报谢者，以为小礼无所用。今公子有急，此乃臣效命之秋也。"遂与公子俱。公子过谢侯生，侯生曰："臣宜从，老不能。请数公子行日，以至晋鄙军之日，北乡自刭，以送公子。"公子遂行。

至邺，矫魏王令代晋鄙。晋鄙合符，疑之，举手视公子曰："今吾拥十万之众，屯于境上，国之重任，今单车来代之，何如哉？"欲无听。

朱亥袖四十斤铁椎，椎杀晋鄙，公子遂将晋鄙军。勒兵下令军中曰："父子俱在军中，父归；兄弟俱在军中，兄归；独子无兄弟，归养。"得选兵八万人，进兵击秦军。秦军解去，遂救邯郸，存赵。赵王及平原君自迎公子于界，平原君负韊矢为公子先引。赵王再拜曰："自古贤人未有及公子者也。"当此之时，平原君不敢自比于人。公子与侯生决，至军，侯生果北乡自刭。

魏王怒公子之盗其兵符，矫杀晋鄙，公子亦自知也。已却秦存赵，使将将其军归魏，而公子独与客留赵。赵孝成王德公子之矫夺晋鄙兵而存赵，乃与平原君计，以五城封公子。公子闻之，意骄矜而有自功之色。客有说公子曰："物有不可忘，或有不可不忘。夫人有德于公子，公子不可忘也；公子有德于人，愿公子忘之也。且矫魏王令，夺晋鄙兵以救赵，于赵则有功矣，于魏则未为忠臣也。公子乃自骄而功之，窃为公子不取也。"于是公子立自责，似若无所容者。赵王扫除自迎，执主人之礼，引公子就西阶；公子侧行辞让，从东阶上。自言罪过，以负于魏，无功于赵。赵王侍酒至暮，口不忍献五城，以公子退让也。公子竟留赵。赵王以鄗为公子汤沐邑，魏亦复以信陵奉公子。公子留赵。

公子闻赵有处士毛公藏于博徒，薛公藏于卖浆家，公子欲见两人，两人自匿，不肯见公子。公子闻所在，乃间步往从此两人游，甚欢。平原君闻之，谓其夫人曰："始吾闻夫人弟公子天下无双，今吾闻之，乃妄从博徒卖浆者游。公子妄人耳。"夫人以告公子。公子乃谢夫人去，曰："始吾闻平原君贤，故负魏王而救赵，以称平原君。平原君之游，徒豪举耳，不求士也。无忌自在大梁时，常闻此两人贤，至赵，恐不得见。以无忌从之游，尚恐其不我欲也，今平原君乃以为羞，其不足从游。"乃装为去。夫人具以语平原君，平原君乃免冠谢，固留公子。平原君门下闻之，半去平原君归公子。天下士复往归公子，公子倾平原君客。

公子留赵十年不归。秦闻公子在赵，日夜出兵东伐魏。魏王患之，使使往请公子。公子恐其怒之，乃诫门下："有敢为魏王使通者，死。"宾客皆背魏之赵，莫敢劝公子归。毛公、薛公两人往见公子曰："公子所以重于赵，名闻诸侯者，徒以有魏也。今秦攻魏，魏急而公子不恤，使秦破大梁而夷先王之宗庙，公子当何面目立天下乎？"语未及卒，公子立变色，告车趣驾归救魏。

魏王见公子，相与泣，而以上将军印授公子，公子遂将。魏安僖王三十年，公子使使遍告诸侯。诸侯闻公子将，各遣将将兵救魏。公子率五国之兵，破秦军于河外，走蒙骜。遂乘胜逐秦军至函谷关，抑秦兵，秦兵不敢出。当是时，公子威振天下，诸侯之客进兵法，公子皆名之，故世俗称《魏公子兵法》。

秦王患之，乃行金万斤于魏，求晋鄙客，令毁公子于魏王曰："公子亡在外十年矣，今为魏将，诸侯将皆属，诸侯徒闻魏公子，不闻魏王。公子亦欲因此时定南面而王，诸侯畏公子之威，方欲共立之。"秦数使反间，伪贺公子得立为魏王未也。魏王日闻其毁，不能不信，后果使人代公子将。公子自知再以毁废，乃谢病不朝，与宾客为长夜饮，饮醇酒，多近妇女。日夜为乐饮者四岁，竟病酒而卒。其岁，魏安僖王亦薨。

秦闻公子死，使蒙骜攻魏，拔二十城，初置东郡。其后秦稍蚕食魏，十八岁而虏魏王，屠大梁。

高祖始微少时，数闻公子贤。及即天子位，每过大梁，常祠公子。高祖十二年，从击黥布还，为公子置守冢五家，世世岁以四时奉祠公子。

太史公曰：吾过大梁之墟，求问其所谓夷门。夷门者，城之东门也。天下诸公子亦有喜士者矣，然信陵君之接岩穴隐者，不耻下交，有以也。名冠诸侯，不虚耳。高祖每过之而令民奉祠不绝也。

【注释】

①夷门：地因山名，今河南开封市。

②俾倪：或作"睥睨"，斜视。

③资之三年：指欲为父报仇之资，藏于心已三年。

④嚄唶：大笑为嚄，大呼为唶。

廉颇蔺相如列传

廉颇者，赵之良将也。赵惠文王十六年，廉颇为赵将，伐齐，大破之，取阳晋，拜为上卿，以勇气闻于诸侯。蔺相如者，赵人也，为赵宦者令缪贤舍人。

赵惠文王时，得楚和氏璧。秦昭王闻之，使人遗赵王书，愿以十五城请易璧。赵王与大将军廉颇诸大臣谋：欲予秦，秦城恐不可得，徒见欺；欲勿予，即患秦兵之来。计未定，求人可使报秦者，未得。宦者令缪贤曰："臣舍人蔺相如可使。"王问："何以知之？"对曰："臣尝有罪，窃计欲亡走燕，臣舍人相如止臣，曰：'君何以知燕王？'臣语曰：'臣尝从大王与燕王会境上，燕王私握臣手，曰：愿结友。以此知之，故欲往。'相如谓臣曰：'夫赵强而燕弱，而君幸于赵王，故燕王欲结于君。今君乃亡赵走燕，燕畏赵，其势必不敢留君，而束君归赵矣。君不如肉袒伏斧质请罪，则幸得脱矣。'臣从其计，大王亦幸赦臣。臣窃以为其人勇士，有智谋，宜可使。"

于是王召见，问蔺相如曰："秦王以十五城请易寡人之璧，可予不？"相如曰："秦强而赵弱，不可不许。"王曰："取吾璧，不予我城，奈何？"相如曰："秦以城求璧而赵不许，曲在赵。赵予璧而秦不予赵城，曲在秦。均之二策，宁许以负秦曲。"王曰："谁可使者？"相如曰："王必无人，臣愿奉璧往使。城入赵而璧留秦；城不入，臣请完璧归赵。"赵王于是遂遣相如奉璧西入秦。

秦王坐章台见相如，相如奉璧奏秦王。秦王大喜，传以示美人及左右，左右皆呼万岁。相如视秦王无意偿赵城，乃前曰："璧有瑕，请指示王。"王授璧，相如因持璧却立，倚柱，怒发上冲冠。谓秦王曰："大王欲得璧，使人发书至赵王，赵王悉召群臣议，皆曰：'秦贪，负其强，以空言求璧，偿城恐不可得。'议不欲予秦璧。臣以为布衣之交尚不相欺，况大国乎！且以一璧之故逆强秦之欢，不可。于是赵王乃斋戒五日，使臣奉璧，拜送书于庭，何者？严大国之威以修敬也。今臣至，大王见臣列观，礼节甚倨；得璧，传之美人，以戏弄臣。臣观大王无意偿赵王城邑，故臣复取璧。大王必欲急臣，臣头今与璧俱碎于柱矣！"相如持其璧睨柱，欲以击柱。秦王恐其破璧，乃辞谢，固请，召有司按图，指从此以往十五都予赵。相如度秦王特以诈佯为予赵城，实不可得，乃谓秦王曰："和氏璧，天下所共传宝也，赵王恐，不敢不献。赵王送璧时，斋戒五日，今大王亦宜斋戒五日，设九宾①于廷，臣乃敢上璧。"秦王度之，终不可强夺，遂许斋五日，

史部

舍相如广成传。相如度秦王虽斋，决负约不偿城，乃使其从者衣褐，怀其璧，从径道亡，归璧于赵。

秦王斋五日后，乃设九宾礼于廷，引赵使者蔺相如。相如至，谓秦王曰："秦自缪公以来二十余君，未尝有坚明约束者也。臣诚恐见欺于王而负赵，故令人持璧归，间至赵矣。且秦强而赵弱，大王遣一介之使至赵，赵立奉璧来。今以秦之强而先割十五都予赵，赵岂敢留璧而得罪于大王乎？臣知欺大王之罪当诛，臣请就汤镬，唯大王群臣孰计议之。"秦王与群臣相视而嘻②。左右或欲引相如去，秦王因曰："今杀相如，终不能得璧也，而绝秦赵之欢，不如因而厚遇之，使归赵，赵王岂以一璧之故欺秦邪！"卒廷见相如，毕礼而归之。

相如既归，赵王以为贤大夫，使不辱于诸侯，拜相如为上大夫。秦亦不以城予赵，赵亦终不予秦璧。

其后秦伐赵，拔石城。明年，复攻赵，杀二万人。秦王使使者告赵王，欲与王为好会于西河外渑池。赵王畏秦，欲毋行。廉颇、蔺相如计曰："王不行，示赵弱且怯也。"赵王遂行，相如从。廉颇送至境，与王诀曰："王行，度道里会遇之礼毕，还，不过三十日。三十日不还，则请立太子为王，以绝秦望。"王许之，遂与秦王会渑池。秦王饮酒酣，曰："寡人窃闻赵王好音，请奏瑟。"赵王鼓瑟。秦御史前书曰："某年月日，秦王与赵王会饮，令赵王鼓瑟。"蔺相如前曰："赵王窃闻秦王善为秦声，请奉盆缻③秦王，以相娱乐。"秦王怒，不许。于是相如前进缻，因跪请秦王，秦王不肯击缻。相如曰："五步之内，相如请得以颈血溅大王矣！"左右欲刃相如，相如张目叱之，左右皆靡。于是秦王不怿，为一击缻。相如顾召赵御史书曰："某年月日，秦王为赵王击缻。"秦之群臣曰："请以赵十五城为秦王寿。"蔺相如亦曰："请以秦之咸阳为赵王寿。"秦王竟酒，终不能加胜于赵。赵亦盛设兵以待秦，秦不敢动。

既罢归国，以相如功大，拜为上卿，位在廉颇之右④。廉颇曰："我为赵将，有攻城野战之大功，而蔺相如徒以口舌为劳，而位居我上，且相如素贱人，吾羞，不忍为之下。"宣言曰："我见相如，必辱之。"相如闻，不肯与会，相如每朝时，常称病，不欲与廉颇争列。已而相如出，望见廉颇，相如引车避匿。于是舍人相与谏曰："臣所以去亲戚而事君者，徒慕君之高义也。今君与廉颇同列，廉君宣恶言，而君畏匿之，恐惧殊甚，且庸人尚羞之，况于将相乎！臣等不肖，请辞去。"蔺相如固止之，曰："公之视廉将军孰与秦王？"曰："不若也。"相如曰："夫以秦王之威，而相如廷叱之，辱其群臣，相如虽驽，独畏廉将军哉？顾吾念之，强秦之所以不敢加兵于赵者，徒以吾两人在也。今两虎共斗，其势不俱生。吾所以为此者，以先国家之急而后私仇也。"廉颇闻之，肉袒负荆^⑤，因宾客至蔺相如门谢罪。曰："鄙贱之人，不知将军宽之至此也。"卒相与欢，为刎颈之交。

是岁，廉颇东攻齐，破其一军。居二年，廉颇复伐齐几，拔之。后三年，廉颇攻魏之防陵、安阳，拔之。后四年，蔺相如将而攻齐，至平邑而罢。其明年，赵奢破秦军阏与下。

赵奢者，赵之田部吏也。收租税，而平原君家不肯出，奢以法治之，杀平原君用事者九人。平原君怒，将杀奢。奢因说曰："君于赵为贵公子，今纵君家而不奉公则法削，法削则国弱，国弱则诸侯加兵，诸侯加兵，是无赵也，君安得有此富乎？以君之贵，奉公如法则上下平，上下平则国强，国强则赵固，而君为贵戚，岂轻于天下邪？"平原君以为贤，言之于王。王用之治国赋，国赋大平，民富而府库实。

秦伐韩，军于阏与。王召廉颇而问曰："可救不？"对曰："道远险狭，难救。"又召乐乘而问焉，乐乘对如廉颇言。又召问赵奢，奢对曰："其道远险狭，譬之犹两鼠斗于穴中，将勇者胜。"王乃令赵奢将，救之。兵去邯郸三十里，而令军中曰："有以军事谏者死。"秦军军武安西，秦军鼓噪勒兵，武安屋瓦尽振。军中侯有一人言急救武安，赵奢立斩之。坚壁，留二十八日不行，复益增垒。秦间来入，赵奢善食而遣之。间以报秦将，秦将大喜曰："夫去国三十里而军不行，乃增垒，阏与非赵地也。"

赵奢既已遣秦间，乃卷甲而趋之，二日一夜至，令善射者去阏与五十里而军。军垒成，秦人闻之，悉甲而至。军士许历请以军事谏，赵奢曰："内之。"许历曰："秦人不意赵师至此，其来气盛，将军必厚集其阵以待之。不然，必败。"赵奢曰："请受令。"许历曰："请就铁质之诛。"赵奢曰："胥后令^⑥邯郸。"许历复请谏，曰："先据北山上者胜，后至者败。"赵奢许诺，即发万人趋之。秦兵后至，争山不得上，赵奢纵兵击之，大破秦军。秦军解而走，遂解阏与之围而归。赵惠文王赐奢号为马服君，以许历为国尉。赵奢于是与廉颇、蔺相如同位。

后四年，赵惠文王卒，子孝成王立。七年，秦与赵兵相距长平，时赵奢已死，而蔺相如病笃，赵使廉颇将攻秦，秦数败赵军，赵军固壁不战，秦数挑战，廉颇不肯。赵王信秦之间，秦之间言曰："秦之所恶，独畏马服君赵奢之子赵括为将耳。"赵王因以括为将，代廉颇。蔺相如曰："王以名使括，若胶柱而鼓瑟耳。括徒能读其父书传，不知合变也。"赵王不听，遂将之。

赵括自少时学兵法，言兵事，以天下莫能当。尝与其父奢言兵事，奢不能难，然不谓善。括母问奢其故，奢曰："兵，死地也，而括易言之。使赵不将括即已，若必将之，破赵军者必括也。"及括将行，其母上书言于王曰："括不可使将。"王曰："何以？"对曰："始妾事其父，时为将，身所奉饭饮而进食者以十数，所友者以百数，大王及宗室所赏赐者尽以予军吏士大夫，受命之日，不问家事。今括一旦为将，东向而朝，军吏无敢仰视之者，王所赐金帛，归藏于家，而日视便利田宅可买者买之。王以为何如其父？父子异心，愿王勿遣。"王曰："母置之，吾已决矣。"括母因曰："王终遣之，即有如不称，妾得无随坐乎？"王许诺。

赵括既代廉颇，悉更约束，易置军吏。秦将白起闻之，纵奇兵，佯败走，而绝其粮道，分断其军为二，士卒离心。四十余日，军饿，赵括出锐卒自搏战，秦军射杀赵括。括军败，数十万之众遂降秦，秦悉坑之。赵前后所亡凡四十五万。明年，秦兵遂围邯郸，岁余，几不得脱。赖楚、魏诸侯来救，乃得解邯郸之围。赵王亦以括母先言，竟不诛也。

自邯郸解围五年，而燕用栗腹之谋，曰"赵壮者尽于长平，其孤未壮"，举兵击赵。赵使廉颇将，击，大破燕军于鄗，杀栗腹，遂围燕。燕割五城请和，乃听之。赵以尉文封廉颇为信平君，为假相国。

廉颇之免长平归也，失势之时，故客尽去。及复用为将，客又复至。廉颇曰："客退矣！"客曰："吁！君何见之晚也？夫天下以市道交，君有势，我则从君，君无势则去，此固其理也，有何怨乎？"居六年，赵使廉颇伐魏之繁阳，拔之。赵孝成王卒，子悼襄王立，使乐乘代廉颇。廉颇怒，攻乐乘，乐乘走。廉颇遂奔魏之大梁。其明年，赵乃以李牧为将而攻燕，拔武遂、方城。

廉颇居梁，久之，魏不能信用，赵以数困于秦兵，赵王思复得廉颇，廉颇亦思复用于赵。赵王使使者视廉颇尚可用否，廉颇之仇郭开多与使者金，令毁之。赵使者既见廉颇，廉颇为之一饭斗米，肉十斤，被甲上马，以示尚可用。赵使还报王曰："廉将军虽老，尚善饭，然与臣坐，顷之三遗矢[7]矣。"赵王以为老，遂不召。

楚闻廉颇在魏，阴使人迎之。廉颇一为楚将，无功，曰："我思用赵人。"廉颇卒死于寿春。

李牧者，赵之北边良将也。常居代、雁门，备匈奴。以便宜置吏，市租皆输入莫府[8]，为士卒费。日击数牛飨士，习骑射，谨烽火，多间谍，厚遇战士。为约曰："匈奴即入盗，急入收保，有敢捕虏者斩。"匈奴每入，烽火谨，辄入收保，不敢战。如是数岁，亦不亡失。然匈奴以李牧为怯，虽赵边兵亦以为吾将怯。赵王让李牧，李牧如故。赵王怒，召之，使他人代将。

岁余，匈奴每来，出战。出战，数不利，失亡多，边不得田畜。复请李牧。牧杜门不出，固称疾。赵王乃复强起使将兵。牧曰："王必用臣，臣如前，乃敢奉令。"王许之。

李牧至，如故约。匈奴数岁无所得，终以为怯。边士日得赏赐而不用，皆愿一战。于是乃具选车得千三百乘，选骑得万三千匹，百金之士五万人，彀者十万人，悉勒习战。大纵畜牧，人民满野。匈奴小入，佯北不胜，以数千人委之。单于闻之，大率众来入。李牧多为奇陈，张左右翼击之，大破杀匈奴十余万骑。灭襜褴，破东胡，降林胡，单于奔走。其后十余岁，匈奴不敢近赵边城。

赵悼襄王元年，廉颇既亡入魏，赵使李牧攻燕，拔武遂、方城。居二年，庞煖破燕军，杀剧辛。后七年，秦破赵，杀将扈辄于武遂城，斩首十万。赵乃以李牧为大将军，击秦军于宜安，大破秦军，走秦将桓齮。封李牧为武安君。居三年，秦攻番吾，李牧击破秦军，南距韩、魏。

赵王迁七年，秦使王翦攻赵，赵使李牧、司马尚御之。秦多与赵王宠臣郭开金，为反间，言李牧、司马尚欲反。赵王乃使赵葱及齐将颜聚代李牧。李牧不受命，赵使人微捕得李牧，斩之。废司马尚。后三月，王翦因急击赵，大破杀赵葱，虏赵王迁及其将颜聚，遂灭赵。

太史公曰：知死必勇，非死者难也，处死者难。方蔺相如引璧睨柱，及叱秦王左右，势不过诛，然士或怯懦而不敢发。相如一奋其气，威信敌国；退而让颇，名重太山。其处智勇，可谓兼之矣！

【注释】

①九宾：即《周礼》九仪，谓公、侯、伯、子、男、孤、卿、大夫、士。

②嘻：惊且怒状。

③缶：瓦器，用以盛酒浆，秦人鼓之以节歌。

④右：上。王劭按：董勋答礼曰："职高者名录在上，于人为右。"

⑤肉袒负荆：肉袒，袒衣而露肉；荆，可为鞭，负以请罪。

⑥胥后令：胥，通"须"；胥后令，犹言等待后令。

⑦三遗矢：多次入厕方便。矢，一作屎。

⑧莫府：莫字借用。

屈原列传

屈原者，名平，楚之同姓也。为楚怀王左徒①。博闻强志，明于治乱，娴于辞令。入则与王图议国事，以出号令；出则接遇宾客，应对诸侯。王甚任之。

上官大夫②与之同列，争宠而心害其能。怀王使屈原造为宪令，屈平属草稿未定。上官大夫见而欲夺之，屈平不与。因谗之曰："王使屈平为令，众莫不知，每一令出，平伐其功，以为'非我莫能为'也。"王怒而疏屈平。

屈平疾王听之不聪也，谗谄之蔽明也，邪曲之害公也，方正之不容也，故忧愁幽思而作《离骚》③。离骚者，犹离忧也。夫天者，人之始也；父母者，人之本也。人穷则反本，故劳苦倦极，未尝不呼天也；疾痛惨怛，未尝不呼父母也。屈平正道直行，竭忠尽智以事其君，谗人间之，可谓穷矣。信而见疑，忠而被谤，能无怨乎？屈平之作《离骚》，盖自怨生也。《国风》好色而不淫，《小雅》怨诽而不乱，若《离骚》者，可谓兼之矣。上称帝喾，下道齐桓，中述汤武，以刺世事。明道德之广崇，治乱之条贯，靡不毕见。其文约，其辞微，其志洁，其行廉，其称文小而其指极大，举类迩而见义远。

其志洁，故其称物芳。其行廉，故死而不容自疏。濯淖污泥之中，蝉蜕于浊秽，以浮游尘埃之外，不获世之滋垢，皭然泥而不滓者也。推此志也，虽与日月争光可也。

屈平既绌，其后秦欲伐齐，齐与楚从亲，惠王患之，乃令张仪佯去秦，厚币委质事楚，曰："秦甚憎齐，齐与楚从亲，楚诚能绝齐，秦愿献商、於④之地六百里。"楚怀王贪而信张仪，遂绝齐，使使如秦受地。张仪诈之曰："仪与王约六里，不闻六百里。"楚使怒去，归告怀王。怀王怒，大兴师伐秦。秦发兵击之，大破楚师于丹、淅⑤，斩首八万，虏楚将屈匄，遂取楚之汉中地。怀王乃悉发国中兵以深入击秦，战于蓝田。魏闻之，袭楚至邓。楚兵惧，自秦归。而齐竟怒不救楚，楚大困。

明年，秦割汉中地与楚以和。楚王曰："不愿得地，愿得张仪而甘心焉。"张仪闻，乃曰："以一仪而当汉中地，臣请往如楚。"如楚，又因厚币用事者臣靳尚，而设诡辩于怀王之宠姬郑袖。怀王竟听郑袖，复释去张仪。是时屈平既疏，不复在位，使于齐，顾反，谏怀王曰："何不杀张仪？"怀王悔，追张仪，不及。

其后诸侯共击楚，大破之，杀其将唐眛。

时秦昭王与楚婚，欲与怀王会。怀王欲行，屈平曰："秦，虎狼之国，不可信，不如无行。"怀王稚子子兰劝王行："奈何绝秦欢！"怀王卒行。入武关，秦伏兵绝其后，因留怀王，以求割地。怀王怒，不听。亡走赵，赵不内。复之秦，竟死于秦而归葬。长子顷襄王立，以其弟子兰为令尹。楚人既咎子兰以劝怀王入秦而不反也。

屈平既嫉之，虽放流，眷顾楚国，系心怀王，不忘欲反，冀幸君之一悟，俗之一改也。其存君兴国而欲反覆之，一篇之中三致志焉。然终无可奈何，故不可以反，卒以此见怀王之终不悟也。人君无愚智贤不肖，莫不欲求忠以自为，举贤以自佐，然亡国破家相随属，而圣君治国累世而不见者，其所谓忠者不忠，而所谓贤者不贤也。怀王以不知忠臣之分，故内惑于郑袖，外欺于张仪，疏屈平而信上官大夫、令尹子兰。兵挫地削，亡其六郡，身客死于秦，为天下笑。此不知人之祸也。《易》曰："井渫不食，为我心恻，可以汲。王明，并受其福。"王之不明，岂足福哉！

令尹子兰闻之大怒，卒使上官大夫短屈原于顷襄王，顷襄王怒而迁之。

屈原至于江滨，被发行吟泽畔。颜色憔悴，形容枯槁。渔父见而问之曰："子非三闾大夫[6]欤？何故而至此？"屈原曰："举世混浊而我独清，众人皆醉而我独醒，是以见放。"渔父曰："夫圣人者，不凝滞于物而能与世推移。举世混浊，何不随其流而扬其波？众人皆醉，何不铺其糟而啜其醨？何故怀瑾握瑜而自令见放为？"屈原曰："吾闻之，新沐者必弹冠，新浴者必振衣，人又谁能以身之察察，受物之汶汶者乎！宁赴常流而葬乎江鱼腹中耳，又安能以皓皓之白而蒙世俗之温蠖[7]乎！"乃作《怀沙》之赋，其辞云云。于是怀石遂自沉汨罗[8]以死。

屈原既死之后，楚有宋玉、唐勒、景差之徒者，皆好辞而以赋见称。然皆祖屈原之从容辞令，终莫敢直谏。其后楚日以削，数十年竟为秦所灭。

自屈原沉汨罗后百有余年，汉有贾生，为长沙王太傅，过湘水，投书以吊屈原。

太史公曰：余读《离骚》《天问》《招魂》《哀郢》，悲其志。适长沙，观屈原所自沉渊，未尝不垂涕，想见其为人。及见贾生吊之，又怪屈原以彼其材，游诸侯，何国不容，而自令若是。读《服鸟赋》，同死生，轻去就，又爽然自失矣。

【注释】

①左徒：官名，犹后世左右拾遗之类。

②上官大夫：即靳尚。

③《离骚》：书名。离，遭；骚，忧。一曰离，别；骚，愁。

④商、於：秦二邑名。

⑤丹、淅：二水名。丹水发源于陕西商县西北冢岭山，入河南境，经内乡淅川，东注均水。淅水源出河南卢氏县界，南流经内乡淅川，与丹水合流入均水。谓于丹水之北、淅水之南。

⑥三闾大夫：楚国职官名，职掌王族三姓昭、屈、景的事务，序其谱属，率其贤良，以励国士。

⑦温蠖：昏聩。

⑧汨罗：二水名，合流曰汨罗江。在今湖南湘阴县北，因屈原自沉于此，故又曰屈潭。

刺客列传　聂政　荆轲

聂政者，轵深井里人也。杀人避仇，与母、姊如齐，以屠为事。久之，濮阳严仲子事韩哀侯，与韩相侠累有隙。严仲子恐诛，亡去，游求人可以报侠累者。至齐，齐人或言聂政勇敢士也，避仇隐于屠者之间。严仲子至门请，数反，然后具酒自觞聂政母前。酒酣，严仲子奉黄金百镒，前为聂政母寿。聂政惊怪其厚，固谢严仲子。严仲子固进，而聂政谢曰："臣幸有老母，家贫，客游以为狗屠，可以旦夕得甘脆以养亲。亲供养备，不敢当仲子之赐。"严仲子辟人，因为聂政言曰："臣有仇，而行游诸侯众矣；然至齐，窃闻足下义甚高，故进百金者，将用为大人粗粝之费，得以交足下之欢，岂敢以有求望邪！"聂政曰："臣所以降志辱身居市井屠者，徒幸以养老母；老母在，政身未敢以许人也。"严仲子固让，聂政竟不肯受也。然严仲子卒备宾主之礼而去。

久之，聂政母死。既已葬，除服，聂政曰："嗟乎！政乃市井之人，鼓刀以屠；而严仲子乃诸侯之卿相也，不远千里，枉车骑而交臣。臣之所以待之，至浅鲜矣，未有大功可以称者，而严仲子奉百金为亲寿，我虽不受，然是者徒深知政也。夫贤者以感忿睚眦之意而亲信穷僻之人，而政独安得默然而已乎！且前日要政，政徒以老母；老母今以天年终，政将为知己者用。"乃遂西至濮阳，见严仲子曰："前日所以不许仲子者，徒以亲在，今不幸而母以天年终。仲子所欲报仇者为谁？请得从事焉！"严仲子具告曰："臣之仇韩相侠累，侠累又韩君之季父也，宗族盛多，居处兵卫甚设，臣欲使人刺之，终莫能就。今足下幸而不弃，请益其车骑壮士，可为足下辅翼者。"聂政曰："韩之与卫，相去中间不甚远，今杀人之相，相又国君之亲，此其势不可以多人，多人不能无生得失，生得失则语泄，语泄是韩举国而与仲子为仇，岂不殆哉！"遂谢车骑人徒，聂政乃辞独行。

杖剑至韩，韩相侠累方坐府上，持兵戟而卫侍者甚众。聂政直入，上阶刺杀侠累，左右大乱。聂政大呼，所击杀者数十人，因自皮面决眼[①]，自屠出肠，遂以死。韩取聂政尸暴于市，购问，莫知谁子。于是韩县购之，有能言杀相侠累者予千金。久之，莫知也。

政姊荣闻人有刺杀韩相者，贼不得，国不知其名姓，暴其尸而县之千金，乃於邑②曰："其是吾弟与？嗟乎，严仲子知吾弟！"立起，如韩，之市，而死者果政也，伏尸哭极哀，曰："是轵深井里所谓聂政者也。"市行者诸众人皆曰："此人暴虐吾国相，王县购其名姓千金，夫人不闻与？何敢来识之也？"荣应之曰："闻之。然政所以蒙污辱自弃于市贩之间者，为老母幸无恙，妾未嫁也。亲既以天年下世，妾已嫁夫，严仲子乃察举吾弟困污之中而交之，泽厚矣，可奈何！士固为知己者死，今乃以妾尚在之故，重自刑以绝从，妾其奈何畏殁身之诛，终灭贤弟之名！"大惊韩市人。乃大呼天者三，卒於邑悲哀而死政之旁。

晋、楚、齐、卫闻之，皆曰："非独政能也，乃其姊亦烈女也。乡使政诚知其姊无濡忍③之志，不重暴骸之难，必绝险千里以列其名，姊弟俱戮于韩市者，亦未必敢以身许严仲子也。严仲子亦可谓知人能得士矣！"

其后二百二十余年，秦有荆轲之事。

荆轲者，卫人也。其先乃齐人，徙于卫，卫人谓之庆卿。而之燕，燕人谓之荆卿。荆卿好读书击剑，以术说卫元君，卫元君不用。其后秦伐魏，置东郡，徙卫元君之支属于野王。

荆轲尝游过榆次，与盖聂论剑，盖聂怒而目之。荆轲出，人或言复召荆卿。盖聂曰："曩者吾与论剑有不称者，吾目之；试往，是宜去，不敢留。"使使往之主人，荆卿则已驾而去榆次矣。使者还报，盖聂曰："固去也，吾曩者目摄之④。"

荆轲游于邯郸，鲁勾践与荆轲博，争道，鲁勾践怒而叱之，荆轲默而逃去，遂不复会。

荆轲既至燕，爱燕之狗屠及善击筑⑤者高渐离。荆轲嗜酒，日与狗屠及高渐离饮于燕市，酒酣以往，高渐离击筑，荆轲和而歌于市中，相乐也，已而相泣，旁若无人者。荆轲虽游于酒人乎，然其为人沉深好书；其所游诸侯，尽与其贤豪长者相结。其之燕，燕之处士田光先生亦善待之，知其非庸人也。

居顷之，会燕太子丹质秦亡归燕。燕太子丹者，故尝质于赵，而秦王政生于赵，其少时与丹欢。及政立为秦王，而丹质于秦。秦王之遇燕太子丹不善，故丹怨而亡归。归而求为报秦王者，国小，力不能。其后秦日出兵山东以伐齐、楚、三晋，稍蚕食诸侯，且至于燕。燕君臣皆恐祸之至。

太子丹患之，问其傅鞠武。武对曰："秦地遍天下，威胁韩、魏、赵氏。北有甘泉、谷口之固，南有泾、渭之沃，擅巴、汉之饶，右陇、蜀之山，左关、祆之险，民众而士厉，兵革有余。意有所出，则长城之南，易水以北，未有所定也。奈何以见陵之怨，欲批其逆鳞哉！"丹曰："然则何由？"对曰："请入图之。"

居有间，秦将樊於期得罪于秦王，亡之燕，太子受而舍之。鞠武谏曰："不可。夫以秦王之暴而积怒于燕，足为寒心，又况闻樊将军之所在乎？是谓'委肉当饿虎之蹊'也，祸必不振矣！虽有管、晏，不能为之谋也。愿太子疾遣樊将军入匈奴以灭口。请西约三晋，南连齐、楚，北购[6]于单于，其后乃可图也。"太子曰："太傅之计，旷日弥久，心昏然，恐不能须臾。且非独于此也，夫樊将军穷困于天下，归身于丹，丹终不以迫于强秦而弃所哀怜之交，置之匈奴。是固丹命卒之时也，愿太傅更虑之。"鞠武曰："夫行危欲求安，造祸而求福，计浅而怨深，连结一人之后交，不顾国家之大害，此所谓'资怨而助祸'矣。夫以鸿毛燎于炉炭之上，必无事矣。且以雕鸷之秦，行怨暴之怒，岂足道哉！燕有田光先生，其为人智深而勇沉，可与谋。"太子曰："愿因太傅而得交于田先生，可乎？"鞠武曰："敬诺。"出见田先生道："太子愿图国事于先生也。"田光曰："敬奉教。"乃造焉。

太子逢迎，却行为导，跪而蔽席。田光坐定，左右无人，太子避席而请曰："燕、秦不两立，愿先生留意也。"田光曰："臣闻骐骥盛壮之时，一日而驰千里；至其衰老，驽马先之。今太子闻光盛壮之时，不知臣精已消亡矣。虽然，光不敢以图国事，所善荆卿可使也。"太子曰："愿因先生得结交于荆卿，可乎？"田光曰："敬诺。"即起，趋出。太子送至门，戒曰："丹所报，先生所言者，国之大事也，愿先生勿泄也！"田光俯而笑曰："诺。"偻行见荆卿，曰："光与子相善，燕国莫不知。今太子闻光壮盛之时，不知吾形已不逮也，幸而教之曰：'燕、秦不两立，愿先生留意也。'光窃不自外，言足下于太子也。愿足下过太子于宫。"荆轲曰："谨奉教。"田光曰："吾闻之，长者为行，不使人疑之。今太子告光曰：'所言者，国之大事也，愿先生勿泄。'是太子疑光也。夫为行而使人疑之，非节侠也。"欲自杀以激荆卿，曰："愿足下急过太子，言光已死，明不言也。"

因遂自刎而死。

荆轲遂见太子，言田光已死，致光之言。太子再拜而跪，膝行流涕，有顷而后言曰："丹所以诫田先生毋言者，欲以成大事之谋也。今田先生以死明不言，岂丹之心哉！"荆轲坐定，太子避席顿首曰："田先生不知丹之不肖，使得至前，敢有所道，此天之所以哀燕而不弃其孤也。今秦有贪利之心，而欲不可足也。非尽天下之地，臣海内之王者，其意不厌。今秦已虏韩王，尽纳其地。又举兵南伐楚，北临赵。王翦将数十万之众距漳、邺，而李信出太原、云中。赵不能支秦，必入臣，入臣则祸至燕。燕小弱，数困于兵，今计举国不足以当秦。诸侯服秦，莫敢合从。丹之私计，愚以为诚得天下之勇士使于秦，窥以重利，秦王贪，其势必得所愿矣。诚得劫秦王，使悉反诸侯侵地，若曹沫之与齐桓公，则大善矣；则不可，因而刺杀之。彼秦大将擅兵于外，而内有乱，则君臣相疑，以其间诸侯得合从，其破秦必矣。此丹之上愿，而不知所委命，唯荆卿留意焉。"久之，荆轲曰："此国之大事也，臣驽下，恐不足任使。"太子前顿首，固请毋让，然后许诺。于是尊荆卿为上卿，舍上舍。太子日造门下，供太牢具，异物间进，车骑美女恣荆轲所欲，以顺适其意。

久之，荆轲未有行意。秦将王翦破赵，虏赵王，尽收其地，进兵北略地，至燕南界。太子丹恐惧，乃请荆轲曰："秦兵旦暮渡易水，则虽欲长侍足下，岂可得哉！"荆轲曰："微太子言，臣愿谒之。今行而毋信，则秦未可亲也。夫樊将军，秦王购之金千斤，邑万家。诚得樊将军首与燕督亢⑦之地图，奉献秦王，秦王必说见臣，臣乃得有以报。"太子曰："樊将军穷困来归丹，丹不忍以己之私而伤长者之意，愿足下更虑之！"

荆轲知太子不忍，乃遂私见樊於期曰："秦之遇将军可谓深矣，父母宗族皆为戮没。今闻购将军首金千斤，邑万家，将奈何？"於期仰天太息流涕曰："於期每念之，常痛于骨髓，顾计不知所出耳！"荆轲曰："今有一言可解燕国之患，报将军之仇者，何如？"於期乃前曰："为之奈何？"荆轲曰："愿得将军之首以献秦王，秦王必喜而见臣，臣左手把其袖，右手揕其胸，然则将军之仇报而燕见陵之愧除矣。将军岂有意乎？"樊於期偏袒扼腕而进曰："此臣之日夜切齿腐心也，乃今得闻教！"遂自刭。太子闻之，驰往，伏尸而哭，极哀。既已不可奈何，乃遂盛樊於期首函封之。

于是太子豫求天下之利匕首，得赵人徐夫人⑧匕首，取之百金，使工以药焠之，以试人，血濡缕，人无不立死者。乃装为遣荆卿。燕国有勇士秦舞阳，年十三，杀人，人不敢忤视。乃令秦舞阳为副。荆轲有所待，欲与俱；其人居远未来，而为治行。顷之，未发，太子迟之，疑其改悔，乃复请曰："日已尽矣，荆卿岂有意哉？丹请得先遣秦舞阳。"荆轲怒，叱太子曰："何太子之遣，往而不反者，竖子也！且提一匕首入不测之强秦，仆所以留者，待吾客与俱，今太子迟之，请辞决矣！"遂发。

太子及宾客知其事者，皆白衣冠以送之。至易水之上，既祖，取道，高渐离击筑，荆轲和而歌，为变徵之声，士皆垂泪涕泣。又前而为歌曰："风萧萧兮易水寒，壮士一去兮不复还！"复为羽声慷慨。士皆瞋目，发尽上指冠。于是荆轲就车而去，终已不顾。

遂至秦，持千金之资币物，厚遗秦王宠臣中庶子蒙嘉。嘉为先言于秦王曰："燕王诚振怖大王之威，不敢举兵以逆军吏，愿举国为内臣，比诸侯之列，给贡职如郡县，而得奉守先王之宗庙。恐惧不敢自陈，谨斩樊於期之头，及献燕督亢之地图，函封，燕王拜送于庭，使使以闻大王，唯大王命之。"秦王闻之，大喜，乃朝服，设九宾，见燕使者咸阳宫。

荆轲奉樊於期头函，而秦舞阳奉地图匣，以次进。至陛，秦舞阳色变振恐，群臣怪之。荆轲顾笑舞阳，前谢曰："北藩蛮夷之鄙人，未尝见天子，故振慑。愿大王少假借之，使得毕使于前。"秦王谓轲曰："取舞阳所持地图。"轲既取图奏之秦王，发图，图穷而匕首见。因左手把秦王之袖，而右手持匕首揕之。未至身，秦王惊，自引而起，袖绝，拔剑，剑长，操其室。时惶急，剑坚，故不可立拔。荆轲逐秦王，秦王环柱而走。群臣皆愕，猝起不意，尽失其度。而秦法，群臣侍殿上者不得持尺寸之兵；诸郎中执兵皆陈殿下，非有诏召不得上。方急时，不及召下兵，以故荆轲乃逐秦王。而卒惶急，无以击轲，而以手共搏之。是时侍医夏无且以其所奉药囊提荆轲也。秦王方环柱走，卒惶急，不知所为，左右乃曰："王负剑！"负剑，遂拔以击荆轲，断其左股。

荆轲废，乃引其匕首以掷秦王，不中，中铜柱。秦王复击轲，轲被八创。轲自知事不就，倚柱而笑，箕踞以骂曰："事所以不成者，以欲生劫之，必得约契以报太子也。"

于是左右既前杀轲，秦王不怡者良久。已而论功，赏群臣及当坐者各有差，而赐夏无且黄金二百镒，曰："无且爱我，乃以药囊提荆轲也。"

于是秦王大怒，益发兵诣赵，诏王翦军以伐燕。十月而拔蓟城。燕王喜、太子丹等尽率其精兵东保于辽东。秦将李信追击燕王急，代王嘉乃遗燕王喜书曰："秦所以尤追燕急者，以太子丹故也。今王诚杀丹献之秦王，秦王必解，而社稷幸得血食。"其后李信追丹，丹匿衍水中，燕王乃使使斩太子丹，献之秦。秦复进兵攻之。后五年，秦卒灭燕，虏燕王喜。

其明年，秦并天下，立号为皇帝。于是秦逐太子丹、荆轲之客，皆亡。高渐离变名姓为人庸保⑨，匿作于宋子⑩。久之，作苦，闻其家堂上客击筑，傍徨不能去。每出言曰："彼有善有不善。"从者以告其主，曰："彼庸乃知音，窃言是非。"家丈人召使前击筑，一坐称善，赐酒。而高渐离念久隐畏约无穷时，乃退，出其装匣中筑与其善衣，更容貌而前。举坐客皆惊，下与抗礼，以为上客。使击筑而歌，客无不流涕而去者。宋子传客之，闻于秦始皇。秦始皇召见，人有识者，乃曰："高渐离也。"秦皇帝惜其善击筑，重赦之，乃矐⑪其目。使击筑，未尝不称善，稍益近之。高渐离乃以铅置筑中，复进得近，举筑朴秦皇帝，不中。于是遂诛高渐离，终身不复近诸侯之人。

鲁勾践已闻荆轲之刺秦王，私曰："嗟乎，惜哉其不讲于刺剑之术也！甚矣吾不知人也！曩者吾叱之，彼乃以我为非人也！"

太史公曰：世言荆轲，其称太子丹之命，"天雨粟，马生角⑫"也，太过。又言荆轲伤秦王，皆非也。始公孙季功、董生与夏无且游，具知其事，为余道之如是。自曹沫至荆轲五人，此其义或成或不成，然其立意较然，不欺其志，名垂后世，岂妄也哉！

【注释】

①皮面决眼：皮面，谓以刀刺其面皮，欲令人不识。决眼，谓挖出其眼睛。

②於邑：悲伤郁结。《楚辞》："气於邑而不可止。"

③濡忍：人性湿润，则能含忍，故曰濡忍。

④摄之：谓不称己意，故怒视以摄整之。

⑤筑：古乐器，形如琴，十三弦，以竹尺击之，随调应律，今已失传。

⑥购：同"媾"，连和。

⑦督亢：地名，燕膏腴地。今河北涿州市东南有督亢陂。

⑧徐夫人：徐，姓；夫人，名。乃男子，非妇人。

⑨庸保：受人雇佣作酒店店员。庸，同"佣"。

⑩宋子：县名，故城在今河北赵县北。

⑪矐：以马矢熏，令其失明。

⑫天雨粟，马生角：燕太子丹在秦想回国，秦王曰："乌间白，天雨粟，马生角，乃许耳。"丹乃仰天叹，乌头即白，天亦落谷，马亦生角。《风俗通》及《论衡》皆有此说，然不可信。

李斯列传　谏逐客书

臣闻吏议逐客，窃以为过矣。昔穆公求士，西取由余①于戎，东得百里奚于宛，迎蹇叔于宋，来丕豹、公孙支于晋。此五子者，不产于秦，而穆公用之，并国二十，遂霸西戎。孝公用商鞅之法，移风易俗，民以殷盛，国以富强，百姓乐用，诸侯亲服，获楚、魏之师，举地千里，至今治强。惠王用张仪之计，拔三川之地，西并巴、蜀，北收上郡，南取汉中，包九夷，制鄢、郢，东据成皋之险，割膏腴之壤，遂散六国之从，使之西面事秦，功施到今。昭王得范睢，废穰侯，逐华阳，强公室，杜私门，蚕食诸侯，使秦成帝业。此四君者，皆以客之功。由此观之，客何负于秦哉！向使四君却客而不纳，疏士而不用，是使国无富利之实，而秦无强大之名也。

今陛下致昆山之玉，有随、和之宝②，垂明月之珠，服太阿之剑，乘纤离③之马，建翠凤之旗，树灵鼍之鼓。此数宝者，秦不生一焉，而陛下说之，何也？必秦国之所生然后可，则是夜光之璧不饰朝廷，犀象之器不为玩好，郑、卫之女不充后宫，而骏良駃騠不实外厩，江南金锡不为用，西蜀丹青不为采。所以饰后宫，充下陈④，娱心意，说耳目者，必出于秦然后可，则是宛珠之簪，傅玑之珥，阿缟之衣，锦绣之饰不进于前，而随俗雅化、佳冶窈窕赵女不立于侧也。夫击瓮叩缶，弹筝搏髀，而歌呼呜呜快耳目者，真秦之声也；《郑》《卫》《桑间》《韶》《虞》《武》《象》者，异国之乐也。今弃击瓮叩缶而就《郑》《卫》，退弹筝而取《韶》《虞》，若是者何也？快意当前，适观而已矣。今取人则不然。不问可否，不论曲直，非秦者去，为客者逐。然则是所重者在乎色乐珠玉，而所轻者在乎人民也。此非所以跨海内制诸侯之术也。

臣闻地广者粟多，国大者人众，兵强则士勇。是以泰山不让土壤，故能成其大；河海不择细流，故能就其深；王者不却众庶，故能明其德。是以地无四方，民无异国，四时充美，鬼神降福，此五帝、三王之所以无敌也。今乃弃黔首以资敌国，却宾客以业诸侯，使天下之士退而不敢西向，裹足不入秦，此所谓"藉寇兵而赍盗粮"者也。

夫物不产于秦，可宝者多；士不产于秦，而愿忠者众。今逐客以资敌国，损民以益仇，内自虚而外树怨于诸侯，求国无危，不可得也。

【注释】

①由余：春秋时秦臣，本为晋人，亡入戎，戎王闻秦穆公贤，使由余入秦以观之。穆公与之语，以为由余贤因留不遣。

②随、和之宝：谓随珠、卞和璧。

③纤离：骏马名。

④下陈：犹后列。

淮阴侯列传

淮阴侯韩信者，淮阴人也。始为布衣时，贫无行，不得推择为吏，又不能治生商贾，常从人寄食饮，人多厌之者。常数从其下乡南昌亭长寄食，数月，亭长妻患之，乃晨炊蓐食。食时信往，不为具食。信亦知其意，怒，竟绝去。

信钓于城下，诸母漂，有一母见信饥，饭信，竟漂数十日。信喜，谓漂母曰："吾必有以重报母。"母怒曰："大丈夫不能自食，吾哀王孙而进食，岂望报乎！"

淮阴屠中少年有侮信者，曰："若虽长大，好带刀剑，中情怯耳。"众辱之曰："信能死，刺我；不能死，出我胯下。"于是信熟视之，俯出胯下，蒲伏。一市人皆笑信，以为怯。

及项梁渡淮，信仗剑从之，居戏下，无所知名。项梁败，又属项羽，羽以为郎中。数以策干项羽，羽不用。汉王之入蜀，信亡楚归汉，未得知名，为连敖^①。坐法当斩，其辈十三人皆已斩，次至信，信乃仰视，适见滕公，曰："上不欲就天下乎？何为斩壮士！"滕公奇其言，壮其貌，释而不斩。与语，大说之，言于上。上拜以为治粟都尉，上未之奇也。

信数与萧何语，何奇之。至南郑，诸将行道亡者数十人，信度何等已数言上，上不我用，即亡。何闻信亡，不及以闻，自追之。人有言上曰："丞相何亡。"上大怒，如失左右手。居一二日，何来谒上，上且怒且喜，骂何曰："若亡，何也？"何曰："臣不敢亡也，臣追亡者。"上曰："若所追者谁？"何曰："韩信也。"上复骂曰："诸将亡者以十数，公无所追；追信，诈也。"何曰："诸将易得耳。至如信者，国士无双。王必欲长王汉中，无所事信；必欲争天下，非信无所与计事者。顾王策安所决耳。"王曰："吾亦欲东耳，安能郁郁久居此乎？"何曰："王计必欲东，能用信，信即留；不能用，信终亡耳。"王曰："吾为公以为将。"何曰："虽为将，信必不留。"王曰："以为大将。"何曰："幸甚。"于是王欲召信拜之。何曰："王素慢无礼，今拜大将，如呼小儿耳，此乃信所以去也。王必欲拜之，择良日，斋戒，设坛场，具礼，乃可耳。"王许之。诸将皆喜，人人各自以为得大将。至拜大将，乃韩信也，一军皆惊。

信拜礼毕，上坐。王曰："丞相数言将军，将军何以教寡人计策？"信谢，因问王曰："今东向争权天下，岂非项王邪？"汉王曰："然。"曰："大王自料勇悍仁强孰与项王？"汉王默然良久，曰："不如也。"信再拜贺曰："唯信亦以为大王不如也。然臣尝事之，请言项王之为人也。项王喑噁叱咤^②，千人皆废，然不能任属贤将，此特匹夫之勇耳。项王见人恭敬慈爱，言语呕呕^③，人有疾病，涕泣分食饮。至使人有功当封爵者，印刓弊，忍不能予，此所谓妇人之仁也。项王虽霸天下而臣诸侯，不居关中，而都彭城，有背义帝之约，而以亲爱王，诸侯不平。诸侯之见项王迁逐义帝置江南，亦皆归逐其主而自王善地。项王所过无不残灭者，天下多怨，百姓不亲附，特劫于威强耳。名虽为霸，实失天下心。故曰其强易弱。今大王诚能反其道，任天下武勇，何所不诛！以天下城邑封功臣，何所不服！以义兵从思东归之士，何所不散！且三秦王为秦将，将秦子弟数岁矣，所杀亡不可胜计，又欺其众降诸侯，至新安，项王诈坑秦降卒二十余万，唯独邯、欣、翳得脱，秦父兄怨此三人，痛入骨髓。今楚强以威王此三人，秦民莫爱也。大王之入武关，秋毫无所害，除秦苛法，与秦民约，法三章耳，秦民无不欲得大王王秦者。于诸侯之约，大王当王关中，关中民咸知之。大王失职入汉中，秦民无不恨者。今大王举而东，三秦可传檄而定也。"于是汉王大喜，自以为得信晚。遂听信计，部署诸将所击。

八月，汉王举兵东出陈仓，定三秦。汉二年，出关，收魏、河南，韩、殷王皆降。合齐、赵共击楚。四月，至彭城，汉兵败散而还。信复收兵与汉王会荥阳，复击破楚京、索④之间，以故楚兵卒不能西。

汉之败却彭城，塞王欣、翟王翳亡汉降楚，齐、赵亦反汉与楚和。六月，魏王豹谒归视亲疾，至国，即绝河关反汉，与楚约和。汉王使郦生说豹，不下。其八月，以信为左丞相，击魏。魏王盛兵蒲坂，塞临晋⑤。信乃益为疑兵，陈船欲渡临晋，而伏兵从夏阳以木罂缻⑥渡军，袭安邑。魏王豹惊，引兵迎信。信遂虏豹，定魏为河东郡。汉王遣张耳与信俱，引兵东，北击赵、代。后九月，破代兵，禽夏说阏与⑦。信之下魏破代，汉辄使人收其精兵，诣荥阳以距楚。

信与张耳以兵数万，欲东下井陉击赵。赵王、成安君陈余闻汉且袭之也，聚兵井陉口，号称二十万。广武君李左车说成安君曰："闻汉将韩信涉西河，虏魏王，禽夏说，新喋血⑧阏与，今乃辅以张耳，议欲下赵，此乘胜而去国远斗，其锋不可当。臣闻'千里馈粮，士有饥色，樵苏⑨后爨，师不宿饱。'今井陉之道，车不得方轨，骑不得成列，行数百里，其势粮食必在其后。愿足下假臣奇兵三万人，从间道绝其辎重。足下深沟高垒，坚营勿与战。彼前不得斗，退不得还，吾奇兵绝其后，使野无所惊，不至十日，而两将之头可致于戏下。愿君留意臣之计。否，必为二子所禽矣。"成安君，儒者也，常称义兵不用诈谋奇计，曰："吾闻兵法十则围之，倍则战之。

今韩信兵号数万，其实不过数千。能千里而袭我，亦已罢极。今如此避而不击，后有大者，何以加之！则诸侯谓吾怯，而轻来伐我。"不听广武君策。

广武君策不用。韩信使人间视，知其不用。还报，则大喜，乃敢引兵遂下。未至井陉口三十里，止舍。夜半传发，选轻骑二千人，人持一赤帜，从间道萆山⑩而望赵军，诫曰："赵见我走，必空壁逐我，若疾入赵壁，拔赵帜，立汉赤帜。"令其裨将传飧，曰："今日破赵会食！"诸将皆莫信，佯应曰："诺。"谓军吏曰："赵已先据便地为壁，且彼未见吾大将旗鼓，未肯击前行。恐吾至险阻而还。"信乃使万人先行，出，背水陈。赵军望见而大笑。平旦，信建大将之旗鼓，鼓行出井陉口，赵开壁击之，大战良久。于是信、张耳佯弃旗鼓，走水上军。水上军开入之，复疾战。赵果空壁争汉旗鼓，逐韩信、张耳。韩信、张耳已入水上军，军皆殊死战，不可败。信所出奇兵二千骑，共候赵空壁逐利，则驰入赵壁，皆拔赵旗，立汉赤帜二千。赵军已不胜，不能得信等，欲还，归壁，壁皆汉赤帜，而大惊，以为汉皆已得赵王将矣，兵遂乱，遁走，赵将虽斩之，不能禁也。于是汉兵夹击，大破虏赵军，斩成安君泜水上，禽赵王歇。

信乃令军中毋杀广武君，有能生得者购千金。于是有缚广武君而致戏下者，信乃解其缚，东向坐，西向对，师事之。

诸将效首虏，毕贺，因问信曰："兵法'右倍山陵，前左水泽'，今者将军令臣等反背水陈，曰'破赵会食'，臣等不服。然竟以胜，此何术也？"信曰："此在兵法，顾诸君不察耳。兵法不曰'陷之死地而后生，置之亡地而后存'？且信非得素拊循士大夫也，此所谓'驱市人而战之'，其势非置之死地，使人人自为战；今予之生地，皆走，宁尚可得而用之乎！"诸将皆服，曰："善。非臣所及也。"

于是信问广武君曰："仆欲北攻燕，东伐齐，何若而有功？"广武君辞谢曰："臣闻'败军之将，不可以言勇，亡国之大夫，不可以图存。'今臣败亡之虏，何足以权大事乎！"信曰："仆闻之，百里奚居虞而虞亡，在秦而秦霸，非愚于虞而智于秦也，用与不用，听与不听也。诚令成安君听足下计，若信者亦已为禽矣。以不用足下，故信得侍耳。"因固问曰："仆委心归计，愿足下勿辞。"广武君曰："臣闻智者千虑，必有一失；愚者千虑，必有一得。故曰'狂夫之言，圣人择焉'。顾恐臣计未必足用，愿效愚忠。夫成安君有百战百胜之计，一旦而失之，军败鄗下，身死泜上。今将军涉西河，虏魏王，禽夏说阏与，一举而下井陉，不终朝破赵二十万众，诛成安君。名闻海内，威震天下，农夫莫不辍耕释耒，褕衣甘食①，倾耳以待命者。若此，将军之所长也。然而众劳卒罢，其实难用。今将军欲举倦弊之兵，顿之燕坚城之下，欲战恐久力不能拔，情见势屈，旷日粮竭，而弱燕不服，齐必距境以自强也。燕、齐相持而不下，则刘、项之权未有所分也。若此者，将军所短也。臣愚，窃以为亦过矣。故善用兵者不以短击长，而以长击短。"韩信曰："然则何由？"广武君对曰："方今为将军计，莫如案甲休兵，镇赵，抚其孤，百里之内，牛酒日至，以飨士大夫醳兵，北首燕路，而后遣辩士奉咫尺之书，暴其所长于燕，燕必不敢不听从。燕已从，使谊言者东告齐，齐必从风而服，虽有智者，亦不知为齐计矣。如是，则天下事皆可图也，兵固有先声而后实者，此之谓也。"韩信曰："善。"从其策，发使使燕，燕从风而靡。乃遣使报汉，因请立张耳为赵王，以镇抚其国。汉王许之，乃立张耳为赵王。

楚数使奇兵渡河击赵，赵王耳、韩信往来救赵，因行定赵城邑，发兵诣汉。楚方急围汉王于荥阳，汉王南出，之宛、叶间，得黥布，走入成皋。楚又复急围之。六月，汉王出成皋，东渡河，独与滕公俱，从张耳军修武。至，宿传舍。晨，自称汉使，驰入赵壁。张耳、韩信未起，即其卧内，上夺其印符，以麾召诸将，易置之。信、耳起，乃知汉王来，大惊。汉王夺两人军，即令张耳备守赵地，拜韩信为相国，收赵兵未发者击齐。

信引兵东，未渡平原，闻汉王使郦食其已说下齐，韩信欲止。范阳辩士蒯通说信曰："将军受诏击齐，而汉独发间使下齐，宁有诏止将军乎？何以得毋行也！且郦生一士，伏轼掉三寸之舌，下齐七十余城；将军将数万众，岁余乃下赵五十余城。为将数岁，反不如一竖儒之功乎？"于是信然之，从其计，遂渡河。齐已听郦生，即留纵酒，罢备汉守御。信因袭齐历下②军，遂至临淄。齐王田广以郦生卖己，乃烹之，而走高密，使使至楚请救。韩信已定临淄，遂东追广至高密西。楚亦使龙且将，号称二十万，救齐。

齐王广、龙且并军与信战，未合。人或说龙且曰："汉兵远斗穷战，其锋不可当。齐、楚自居其地战，兵易败散。不如深壁，令齐王使其信臣招所亡城，亡城闻其王在，楚来救，必反汉。汉兵二千里客居，齐城皆反之，其势无所得食，可无战而降也。"龙且曰："吾平生知韩信为人，易与耳。且夫救齐，不战而降之，吾何功？今战而胜之，齐之半可得，何为止！"遂战，与信夹潍水陈。韩信乃夜令人为万余囊，满盛沙，壅水上流，引军半渡，击龙且，佯不胜，还走。龙且果喜曰："固知信怯也。"遂追信渡水。信使人决壅囊，水大至，龙且军大半不得渡。即急击，杀龙且。龙且水东军散走，齐王广亡去。信遂追北至城阳，皆虏楚卒。

汉四年，遂皆降平齐。使人言汉王曰："齐伪诈多变，反覆之国也，南边楚，不为假王以镇之，其势不定。愿为假王便。"当是时，楚方急围汉王于荥阳，韩信使者至，发书，汉王大怒，骂曰："吾困于此，旦暮望若来佐我，乃欲自立为王！"张良、陈平蹑汉王足，因附耳语曰："汉方不利，宁能禁信之王乎？不如因而立，善遇之，使自为守。不然，变生。"汉王亦悟，因复骂曰："大丈夫定诸侯，即为真王耳，何以假为！"乃遣张良往，立信为齐王，征其兵击楚。

楚已亡龙且，项王恐，使盱眙人武涉往说齐王信曰："天下共苦秦久矣，相与戮力击秦。秦已破，计功割地，分土而王之，以休士卒。今汉王复兴兵而东，侵人之分，夺人之地。已破三秦，引兵出关，收诸侯之兵以东击楚，其意非尽吞天下者不休，其不知厌足如是甚也。且汉王不可必，身居项王掌握中数矣，项王怜而活之。然得脱，辄倍约，复击项王，其不可亲信如此。今足下虽自以与汉王为厚交，为之尽力用兵，终为之所禽矣。足下所以得须臾至今者，以项王尚存也。当今二王之事，权在足下。足下右投则汉王胜，左投则项王胜。项王今日亡，则次取足下。足下与项王有故，何不反汉与楚连和，三分天下王之？今释此时，而自必于汉以击楚，且为智者固若此乎？"韩信谢曰："臣事项王，官不过郎中，位不过执戟，言不听，画不用，故倍楚而归汉。汉王授我上将军印，予我数万众，解衣衣我，推食食我，言听计用，故吾得以至于此。夫人深亲信我，我倍之，不祥，虽死不易！幸为信谢项王。"

武涉已去，齐人蒯通知天下权在韩信，欲为奇策而感动之，以相人说韩信曰："仆尝受相人之术。"韩信曰："先生相人何如？"对曰："贵贱在于骨法，忧喜在于容色，成败在于决断，以此参之，万不失一。"韩信曰："善。先生相寡人何如？"对曰："愿少间。"信曰："左右去矣。"通曰："相君之面，不过封侯，又危不安。相君之背⑬，贵乃不可言。"韩信曰："何谓也？"蒯通曰："天下初发难也，俊雄豪杰建号壹呼，天下之士云合雾集，鱼鳞杂遝，飘至风起。当此之时，忧在亡秦而已。今楚汉分争，使天下无罪之人肝胆涂地，父子暴骸骨于中野，不可胜数。楚人起彭城，转斗逐北，至于荥阳，乘利席卷，威震天下。然兵困于京、索之间，迫西山而不能进者，三年于此矣。汉王将数十万之众，距巩、洛，阻山河之险，一日数战，无尺寸之功，折北不救，败荥阳，伤成皋，遂走宛、叶之间，此所谓智勇俱困者也。夫锐气挫于险塞，而粮食竭于内府，百姓罢极怨望，容容无所倚。以臣料之，其势非天下之贤圣固不能息天下之祸。当今两主之命县于足下，足下为汉则汉胜，与楚则楚胜。臣愿披腹心，输肝胆，效愚计，恐足下不能用也。诚能听臣之计，莫若两利而俱存之，三分天下，鼎足而居，其势莫敢先动。夫以足下之贤圣，有甲兵之众，据强齐，从燕、赵，出空虚之地而制其后，因民之欲，西向为百姓请命，则天下风走而响应矣，孰敢不听！割大弱强，以立诸侯，诸侯已立，天下服听而归德于齐。案齐之故，有胶、泗之地，怀诸侯以德，深拱揖让，则天下之君王相率而朝于齐矣。盖闻'天与弗取，反受其咎；时至不行，反受其殃。'愿足下熟虑之。"

　　韩信曰："汉王遇我甚厚，载我以其车，衣我以其衣，食我以其食。吾闻之，乘人之车者载人之患，衣人之衣者怀人之忧，食人之食者死人之事，吾岂可以向利倍义乎！"蒯生曰："足下自以为善汉王，欲建万世之业，臣窃以为误矣。始常山王、成安君为布衣时，相与为刎颈之交，后争张黡、陈泽⑭之事，二人相怨，常山王背项王，奉项婴⑮头而窜，逃归于汉王。汉王借兵而东下，杀成安君泜水之南，头足异处，卒为天下笑。此二人相与，天下至欢也。然而卒相禽者，何也？患生于多欲而人心难测也。今足下欲行忠信以交于汉王，必不能固于二君之相与也，而事多大于张黡、陈泽。故臣以为足下必汉王之不危己，亦误矣。大夫种、范蠡存亡越，霸勾践，立功成名而身死亡。野兽已尽而猎狗烹。夫以交友言之，则不如张耳之与成安君者也；以忠信言之，则不过大夫种、范蠡之于勾践也。此二人者，足以观矣。愿足下深虑之。且臣闻勇略震主者身危，而功盖天下者不赏。臣请言大王功略：足下涉西河，虏魏王，禽夏说，引兵下井陉，诛成安君，徇赵，胁燕，定齐，南摧楚人之兵二十万，东杀龙且，西向以报，此所谓功无二于天下，而略不世出者也。今足下戴震主之威，挟不赏之功，归楚，楚人不信；归汉，汉人震恐。足下欲持是安归乎？夫势在人臣之位而有震主之威，名高天下，窃为足下危之。"韩信谢曰："先生且休矣，吾将念之。"

后数日，蒯通复说曰："夫听者事之侯也，计者事之机也，听过计失而能久安者，鲜矣。听不失一二者，不可乱以言；计不失本末者，不可纷以辞。夫随厮养之役者，失万乘之权；守儋石⑯之禄者，阙卿相之位。故知者决之断也，疑者事之害也。审豪氂之小计，遗天下之大数，智诚知之，决弗敢行者，百事之祸也。故曰：'猛虎之犹豫，不若蜂虿之致螫；骐骥之跼躅，不如驽马之安步；孟贲之狐疑，不如庸夫之必至也。虽有舜、禹之智，吟而不言，不如喑聋之指麾也。'此言贵能行之。夫功者难成而易败，时者难得而易失也。时乎时，不再来。愿足下详察之。"韩信犹豫，不忍倍汉，又自以为功多，汉终不夺我齐，遂谢蒯通。蒯通说不听，已，佯狂为巫。

汉王之困固陵，用张良计，召齐王信，遂将兵会垓下。项羽已破，高祖袭夺齐王军。汉五年正月，徙齐王信为楚王，都下邳。

信至国，召所从食漂母，赐千金。及下乡南昌亭长，赐百钱，曰："公，小人也，为德不卒。"召辱己之少年令出胯下者以为楚中尉。告诸将相曰："此壮士也。方辱我时，我宁不能杀之邪？杀之无名，故忍而就于此。"

项王亡将钟离眛家在伊庐⑰，素与信善。项王死后，亡归信。汉王怨眛，闻其在楚，诏楚捕眛。信初之国，行县邑，陈兵出入。汉六年，人有上书告楚王信反。高帝以陈平计，天子巡狩会诸侯，南方有云梦，发使告诸侯会陈："吾将游云梦。"实欲袭信，信弗知。高祖且至楚，信欲发兵反，自度无罪，欲谒上，恐见禽。人或说信曰："斩眛谒上，上必喜，无患。"信见眛计事。眛曰："汉所以不击取楚，以眛在公所。若欲捕我以自媚于汉，吾今日死，公亦随手亡矣。"乃骂信曰："公非长者！"卒自刭。信持其首，谒高祖于陈。上令武士缚信，载后车。信曰："果若人言'狡兔死，良狗烹；

高鸟尽，良弓藏；敌国破，谋臣亡'。天下已定，我固当烹！"上曰："人告公反。"遂械系信。至洛阳，赦信罪，以为淮阴侯。

信知汉王畏恶其能，常称病不朝从。信由此日夜怨望，居常鞅鞅，羞与绛、灌等列。信尝过樊将军哙，哙跪拜送迎，言称臣，曰："大王乃肯临臣！"信出门，笑曰："生乃与哙等为伍！"

上常从容与信言诸将能不，各有差。上问曰："如我，能将几何？"信曰："陛下不过能将十万。"上曰："于君何如？"曰："臣多多而益善耳。"上笑曰："多多益善，何为为我禽？"信曰："陛下不能将兵，而善将将，此乃信之所以为陛下禽也。且陛下所谓天授，非人力也。"

陈豨拜为钜鹿守，辞于淮阴侯。淮阴侯挈其手，辟左右与之步于庭，仰天叹曰："子可与言乎？欲与子有言也。"豨曰："唯将军令之。"淮阴侯曰："公之所居，天下精兵处也；而公，陛下之信幸臣也。人言公之畔，陛下必不信；再至，陛下乃疑矣；三至，必怒而自将。吾为公从中起，天下可图也。"陈豨素知其能也，信之，曰："谨奉教！"汉十年，陈豨果反。上自将而往，信病不从。阴使人至豨所，曰："第举兵，吾从此助公。"信乃谋与家臣夜诈诏赦诸官徒奴，欲发以袭吕后、太子。部署已定，待豨报。其舍人得罪于信，信囚，欲杀之。舍人弟上变，告信欲反状于吕后。吕后欲召，恐其党不就，乃与萧相国谋，诈令人从上所来，言豨已得死，列侯群臣皆贺。相国绐信曰："虽疾，强入贺。"信入，吕后使武士缚信，斩之长乐钟室[18]。信方斩，曰："吾悔不用蒯通之计，乃为儿女子所诈，岂非天哉！"遂夷信三族。

高祖已从豨军来，至，见信死，且喜且怜之，问："信死亦何言？"吕后曰："信言恨不用蒯通计。"高祖曰："是齐辩士也。"乃诏齐捕蒯通。蒯通至，上曰："若教淮阴侯反乎？"对曰："然，臣固教之，竖子不用臣之策，故令自夷于此。如彼竖子用臣之计，陛下安得而夷之乎！"上怒曰："烹之。"通曰："嗟乎，冤哉烹也！"上曰："若教韩信反，何冤？"对曰："秦之纲绝而维弛，山东大扰，异姓并起，英俊乌集。秦失其鹿，天下共逐之，于是高材疾足者先得焉。跖之狗吠尧，尧非不仁，狗因吠非其主。当是时，臣唯独知韩信，非知陛下也。且天下锐精持锋欲为陛下所为者甚众，顾力不能耳，又可尽烹之邪？"高帝曰："置之。"乃释通之罪。

太史公曰：吾如淮阴，淮阴人为余言，韩信虽为布衣时，其志与众异。其母死，贫无以葬，然乃行营高敞地，令其旁可置万家。余视其母冢，良然。假令韩信学道谦让，不伐己功，不矜其能，则庶几哉。于汉家勋可以比周、召、太公之徒，后世血食矣。不务出此，而天下已集，乃谋畔逆，夷灭宗族，不亦宜乎！

【注释】

①连敖：官名，即典客，接待宾客的官员。

②喑哑叱咤：厉声呵斥。喑哑，怀怒气；叱咤，发怒声。

③呕呕：和好貌。

④京、索：地名。京：今河南荥阳市东南；索即索亭，古邑名，今河南荥阳市。

⑤临晋：关名，即古蒲津关，今陕西大荔县东。

⑥木罂瓿：以木为器，状如瓮盆，用以渡水。

⑦夏说阏与：夏说，代相。阏与，古邑名，在今山西和顺县西北。

⑧喋血：杀人血流滂沱。

⑨樵苏：樵，取薪；苏，取草。

⑩萆山：依山自覆蔽，勿令赵军知。

⑪美衣甘食：谓恐灭亡不久，故废止作业，而事美衣甘食。

⑫历下：地名，故城位于今山东历城县西，城在历山下，故名。

⑬相君之背：谓能背叛，则大贵。

⑭张黡、陈泽：秦将王离围常山王张耳于巨鹿，张耳使张黡、陈泽让武安君陈余，余使五千人令张黡、陈泽先尝秦军，至，皆没。及项羽破王离，张耳出巨鹿，责让陈余，问黡、泽所在，陈余怒曰："张黡、陈泽以必死责臣，臣使将五千人先尝秦军，皆没不出。"张耳不信，以为杀之，遂相怨。

⑮项婴：项羽之族人。

⑯儋石：齐人呼小罂为儋石。石，斗。一罂所容不过一二石耳。

⑰伊庐：邑名，在今江苏灌云县东北。

⑱长乐钟室：即长乐宫悬钟之室。

季布栾布列传

季布者，楚人也。为气任侠①，有名于楚。项籍使将兵，数窘汉王。及项羽灭，高祖购求布千金，敢有舍匿，罪及三族。季布匿濮阳周氏，周氏曰："汉购将军急，迹且至臣家，将军能听臣，臣敢献计；即不能，愿先自刭。"季布许之。乃髡钳季布，衣褐衣，置广柳车②中，并与其家僮数十人，之鲁朱家所卖之。朱家心知是季布，乃买而置之田。诫其子曰："田事听此奴，必与同食。"朱家乃乘轺车之洛阳，见汝阴侯滕公。滕公留朱家饮数日，因谓滕公曰："季布何大罪，而上求之急也？"滕公曰："布数为项羽窘上，上怨之，故必欲得之。"朱家曰："君视季布何如人也？"曰："贤者也。"朱家曰："臣各为其主用，季布为项籍用，职耳。项氏臣可尽诛邪？今上始得天下，独以己之私怨求一人，何示天下之不广也！且以季布之贤，而汉求之急如此，此不北走胡即南走越耳。夫忌壮士以资敌国，此伍子胥所以鞭荆平王之墓也。君何不从容为上言邪？"汝阴侯滕公心知朱家大侠，意季布匿其所，乃许曰："诺。"待间，果言如朱家指，上乃赦季布。当是时，诸公皆多季布能摧刚为柔，朱家亦以此名闻当世。季布召见，谢，上拜为郎中。

孝惠时，为中郎将。单于尝为书嫚吕后，不逊，吕后大怒，召诸将议之。上将军樊哙曰："臣愿得十万众，横行匈奴中。"诸将皆阿吕后意，曰："然。"季布曰："樊哙可斩也！夫高帝将兵四十余万众，困于平城，今哙奈何以十万众横行匈奴中，面欺！且秦以事于胡，陈胜等起。于今创痍未瘳，哙又面谀，欲摇动天下。"是时殿上皆恐，太后罢朝，遂不复议击匈奴事。

季布为河东守，孝文时，人有言其贤者，孝文召，欲以为御史大夫。复有言其勇，使酒难近。至，留邸一月，见罢。季布因进曰："臣无功窃宠，待罪河东。陛下无故召臣，此人必有以臣欺陛下者；今臣至，无所受事，罢去，此人必有以毁臣者。夫陛下以一人之誉而召臣，一人之毁而去臣，臣恐天下有识闻之，有以窥陛下也。"上默然惭，良久曰："河东吾股肱郡，故特召君耳。"布辞之官。

楚人曹丘生，辩士，数招权顾金钱。事贵人赵同等，与窦长君善。季布闻之，寄书谏窦长君曰："吾闻曹丘生非长者，勿与通。"及曹丘生归，欲得书请季布。窦长君曰："季将军不说足下,足下无往。"固请书,遂行。使人先发书,季布果大怒,待曹丘。曹丘至,即揖季布曰："楚人谚曰:'得黄金百斤,不如得季布一诺。'足下何以得此声于梁、楚间哉?且仆楚人,足下亦楚人也。仆游扬足下之名于天下,顾不重邪?何足下距仆之深也!"季布乃大说,引入,留数月,为上客,厚送之。季布名所以益闻者,曹丘扬之也。

季布弟季心,气盖关中,遇人恭谨,为任侠,方数千里,士皆争为之死。尝杀人,亡之吴,从袁丝匿。长事袁丝,弟畜灌夫、籍福之属。尝为中司马,中尉郅都不敢不加礼。少年多时时窃籍其名以行。当是时,季心以勇,布以诺,著闻关中。

季布母弟丁公,为楚将。丁公为项羽逐窘高祖彭城西,短兵接,高祖急,顾丁公曰:"两贤岂相厄哉!"于是丁公引兵而还,汉王遂解去。及项王灭,丁公谒见高祖。高祖以丁公徇军中,曰:"丁公为项王臣不忠,使项王失天下者,乃丁公也。"遂斩丁公,曰:"使后世为人臣者无效丁公!"

栾布者,梁人也。始梁王彭越为家人时,尝与布游。穷困,赁佣于齐,为酒人保。数岁,彭越去,之巨野中为盗,而布为人所略卖,为奴于燕。为其家主报仇,燕将臧荼举以为都尉。臧荼后为燕王,以布为将。及臧荼反,汉击燕,虏布。梁王彭越闻之,乃言上,请赎布以为梁大夫。

使于齐,未还,汉召彭越,责以谋反,夷三族。已而枭彭越头于洛阳,下诏曰:"有敢收视者,辄捕之。"布从齐还,奏事彭越头下,祠而哭之。吏捕布以闻。上召布,骂曰:"若与彭越反邪?吾禁人勿收,若独祠而哭之,与越反明矣。趣烹之。"方提趣汤,布顾曰:"愿一言而死。"上曰:"何言?"布曰:"方上之困于彭城,败荥阳、成皋间,项王所以不能遂西,徒以彭王居梁地,与汉合从苦楚也。当是之时,彭王一顾,与楚则汉破,与汉而楚破。且垓下之会,微彭王,项氏不亡。天下已定,彭王剖符受封,亦欲传之万世。今陛下一征兵于梁,彭王病不行,而陛下疑以为反,反形未见,以苛小案诛灭之,臣恐功臣人人自危也。今彭王已死,臣生不如死,请就烹。"于是上乃释布罪,拜为都尉。

孝文时,为燕相,至将军。布乃称曰:"穷困不能辱身下志,非人也;富贵不能快意,非贤也。"于是尝有德者厚报之,有怨者必以法灭之。吴楚反时，以军功封俞侯，复为燕相。燕、齐之间皆为栾布立社，号曰栾公社。

景帝中五年薨。子贲嗣，为太常，牺牲不如令，国除。

太史公曰：以项羽之气，而季布以勇显于楚，身屡军搴旗者数矣，可谓壮士。然至被刑戮，为人奴而不死，何其下也！彼必自负其材，故受辱而不羞，欲有所用其未足也，故终为汉名将。贤者诚重其死，夫婢妾贱人感慨而自杀者，非能勇也，其计画无复之耳。栾布哭彭越，趣汤如归者，彼诚知所处，不自重其死。虽往古烈士，何以加哉！

【注释】

①任侠：交友信曰任，同是非曰侠。

②广柳车：犹今运输之大车，以柳覆其上，故名。

游侠列传

韩子曰："儒以文乱法，而侠以武犯禁。"二者皆讥，而学士多称于世云。至如以术取宰相卿大夫，辅翼其世主，功名俱著于春秋，固无可言者。及若季次①、原宪②，闾巷人也，读书怀独行君子之德，义不苟合当世，当世亦笑之。故季次、原宪终身空室蓬户，褐衣疏食不厌。死而已四百余年，而弟子志之不倦。今游侠，其行虽不轨于正义，然其言必信，其行必果，已诺必诚，不爱其躯，赴士之厄困。既已存亡死生矣，而不矜其能，羞伐其德，盖亦有足多者焉。且缓急，人之所时有也。太史公曰：昔者虞舜窘于井廪，伊尹负于鼎俎，傅说匿于傅险，吕尚困于棘津，夷吾桎梏，百里饭牛，仲尼畏匡，菜色陈、蔡。此皆学士所谓有道仁人也，犹然遭此灾，况以中材而涉乱世之末流乎？其遇害何可胜道哉！

鄙人有言曰："何知仁义，已飨其利者为有德。"故伯夷丑周，饿死首阳山，而文、武不以其故贬王；跖、𫏋暴戾，其徒诵义无穷。由此观之，"窃钩者诛，窃国者侯，侯之门仁义存"，非虚言也。

今拘学或抱咫尺之义，久孤于世，岂若卑论侪俗，与世沉浮而取荣名哉！而布衣之徒，设取予然诺，千里诵义，为死不顾世，此亦有所长，非苟而已也。故士穷窘而得委命，此岂非人之所谓贤豪间者邪？诚使乡曲之侠，予季次、原宪比权量力，效功于当世，不同日而论矣。要以功见言信，侠客之义又曷可少哉！

古布衣之侠，靡得而闻已。近世延陵、孟尝、春申、平原、信陵之徒，皆因王者亲属，藉于有土卿相之富厚，招天下贤者，显名诸侯，不可谓不贤者矣。比如顺风而呼，声非加疾，其势激也。至如闾巷之侠，修行砥名，声施于天下，莫不称贤，是为难耳。然儒、墨皆排摈不载。自秦以前，匹夫之侠，湮灭不见，余甚恨之。以余所闻，汉兴有朱家、田仲、王公、剧孟、郭解之徒，虽时扞当世之文罔，然其私义廉洁退让，有足称者。名不虚立，士不虚附。至如朋党宗强比周，设财役贫，豪暴侵凌孤弱，恣欲自快，游侠亦丑之。余悲世俗不察其意，而猥以朱家、郭解等令与暴豪之徒同类而共笑之也。

鲁朱家者，与高祖同时。鲁人皆以儒教，而朱家用侠闻。所藏活豪士以百数，其余庸人不可胜言。然终不伐其能，歆其德，诸所尝施，惟恐见之。振人不赡，先从贫贱始。家无余财，衣不完采，食不重味，乘不过牸牛。专趋人之急，甚己之私。既阴脱季布将军之厄，及布尊贵，终身不见也。自关以东，莫不延颈愿交焉。

楚田仲以侠闻，喜剑，父事朱家，自以为行弗及。田仲已死，而洛阳有剧孟。周人以商贾为资，而剧孟以任侠显诸侯。吴、楚反时，条侯为太尉，乘传车将至河南，得剧孟，喜曰："吴、楚举大事而不求孟，吾知其无能为已矣。"天下骚动，宰相得之，若得一敌国云。剧孟行大类朱家，而好博，多少年之戏。然剧孟母死，自远方送丧盖千乘。及剧孟死，家无余十金之财。而符离人王孟亦以侠称江淮之间。

是时济南瞷氏、陈周庸亦以豪闻，景帝闻之，使使尽诛此属。其后代诸白[③]、梁韩无辟[④]、阳翟薛兄、陕[⑤]韩孺纷纷复出焉。

郭解，轵人也，字翁伯，善相人者许负外孙也。解父以任侠，孝文时诛死。解为人短小精悍，不饮酒。少时阴贼，慨不快意，身所杀甚众。以躯借交报仇，藏命作奸，剽攻不休，乃铸钱掘冢，固不可胜数。适有天幸，窘急常得脱，若遇赦。及解年长，更折节为俭，以德报怨，厚施而薄望。然其自喜为侠益甚。既已振人之命，不矜其功，其阴贼著于心，卒发于睚眦如故云。而少年慕其行，亦辄为报仇，不使知也。解姊子负解之势，与人饮，使之嚼。非其任，强必灌之。人怒，拔刀刺杀解姊子，亡去。解姊怒曰："以翁伯之义，人杀吾子，贼不得。"弃其尸于道，弗葬，欲以辱解。解使人微知贼处。贼窘自归，具以实告解。解曰："公杀之固当，吾儿不直。"遂去其贼，罪其姊子，乃收而葬之。诸公闻之，皆多解之义，益附焉。

解出入，人皆避之。有一人独箕踞视之，解遣人问其名姓。客欲杀之，解曰："居邑屋至不见敬，是吾德不修也，彼何罪！"乃阴属尉史曰："是人，吾所急也⑥，至践更⑦时脱之。"每至践更，数过，吏弗求。怪之，问其故，乃解使脱之。箕踞者乃肉袒谢罪。少年闻之，愈益慕解之行。

洛阳人有相仇者，邑中贤豪居间者以十数，终不听。客乃见郭解。解夜见仇家，仇家曲听解。解乃谓仇家曰："吾闻洛阳诸公在此间，多不听者。今子幸而听解，解奈何乃从他县夺人邑中贤大夫权乎！"乃夜去，不使人知，曰："且无用待我，待我去，令洛阳豪居其间，乃听之。"

解执恭敬，不敢乘车入其县廷。之旁郡国，为人请求事，事可出，出之；不可者，各厌其意，然后乃敢尝酒食。诸公以故严重之，争为用。邑中少年及旁近县贤豪，夜半过门常十余车，请得解客舍养之。

及徙豪富茂陵⑧也，解家贫，不中訾⑨，吏恐，不敢不徙。卫将军为言："郭解家贫，不中徙。"上曰："布衣权至使将军为言，此其家不贫。"解家遂徙。诸公送者出千余万。轵人杨季主子为县掾，举徙解。解兄子断杨掾头。由此杨氏与郭氏为仇。

解入关，关中贤豪知与不知，闻其声，争交欢解。解为人短小，不饮酒，出未尝有骑。已又杀杨季主。杨季主家上书，人又杀之阙下。上闻，乃下吏捕解。解亡，置其母家室夏阳⑩，身至临晋⑪。临晋籍少公素不知解，解冒，因求出关。籍少公已出解，解转入太原，所过辄告主人家。吏逐之，迹至籍少公。少公自杀，口绝。久之，乃得解。穷治所犯，为解所杀，皆在赦前。轵有儒生侍使者坐，客誉郭解，生曰："郭解专以奸犯公法，何谓贤？"解客闻，杀此生，断其舌。吏以此责解，解实不知杀者。杀者亦竟绝，莫知为谁，吏奏解无罪。御史大夫公孙弘议曰："解布衣为任侠行权，以睚眦杀人，解虽弗知，此罪甚于解杀之。当大逆无道。"遂族郭解翁伯。

自是之后，为侠者极众，敖而无足数者。然关中长安樊仲子，槐里赵王孙，长陵⑫高公子，西河郭公仲，太原卤公孺，临淮⑬儿长卿，东阳田君孺，虽为侠而逡逡有退让君子之风。至若北道姚氏，西道诸杜，南道仇景，东道赵他、羽公子，南阳赵调之徒，此盗跖居民间者耳，曷足道哉！此乃向者朱家之羞也。

太史公曰：吾视郭解，状貌不及中人，言语不足采者。然天下无贤与不肖，知与不知，皆慕其声，言侠者皆引以为名。谚曰："人貌荣名⑭，岂有既乎！"於戏，惜哉！

【注释】

①季次：仲尼弟子，公皙哀之字。

②原宪：仲尼弟子，字子思，又作原思。

③诸白：指代郡那些姓白的豪侠。

④韩无辟：韩，姓；无辟，名。

⑤陕：当作郏，今河南郏县。

⑥吾所急也：指吾心中所焦虑之事。《汉书》作重。

⑦践更：为践更之卒，言出雇之使其替代。

⑧茂陵：今陕西兴平市。

⑨不中訾：按訾不满三百万以上为不中。

⑩夏阳：县名，今陕西韩城市南。

⑪临晋：县名，今陕西大荔县。

⑫长陵：县名，今陕西咸阳市东北。

⑬临淮：县名，今安徽盱眙县。

⑭人貌荣名：言人以颜色为貌，则貌有衰落，唯以荣名为表饰，则称誉无极。

管晏列传

管仲夷吾者，颍上人也。少时常与鲍叔牙游，鲍叔知其贤。管仲贫困，常欺鲍叔，鲍叔终善遇之，不以为言。已而鲍叔事齐公子小白，管仲事公子纠。及小白立为桓公，公子纠死，管仲囚焉。鲍叔遂进管仲。管仲既用，任政于齐，齐桓公以霸，九合诸侯，一匡天下，管仲之谋①也。

管仲曰："吾始困时，尝与鲍叔贾，分财利多自与，鲍叔不以我为贪，知我贫也。吾尝为鲍叔谋事而更穷困，鲍叔不以我为愚，知时有利不利也。吾尝三仕三见逐于君，鲍叔不以我为不肖，知我不遭时也。吾尝三战三走，鲍叔不以我为怯，知我有老母也。公子纠败，召忽死之，吾幽囚受辱，鲍叔不以我为无耻，知我不羞小节而耻功名不显于天下也。生我者父母，知我者鲍子也。"

鲍叔既进管仲，以身下之。子孙世禄于齐，有封邑者十余世，常为名大夫。天下不多管仲之贤，而多鲍叔能知人也。

管仲既任政相齐，以区区之齐在海滨，通货积财，富国强兵，与俗同好恶。故其称曰："仓廪实而知礼节，衣食足而知荣辱，上服度则六亲固。四维不张，国乃灭亡。下令如流水之原，令顺民心。"故论卑而易行。俗之所欲，因而予之；俗之所否，因而去之。其为政也，善因祸而为福，转败而为功。贵轻重，慎权衡②。桓公实怒少姬，南袭蔡，管仲因而伐楚，责包茅不入贡于周室。桓公实北征山戎，而管仲因而令燕修召公之政。于柯之会，桓公欲背曹沫之约，管仲因而信之，诸侯由是归齐。故曰："知与之为取，政之宝也。"

管仲富拟于公室，有三归③、反坫④，齐人不以为侈。管仲卒，齐国遵其政，常强于诸侯。后百余年而有晏子焉。

晏平仲婴者，莱之夷维人也。事齐灵公、庄公、景公，以节俭力行重于齐。既相齐，食不重肉，妾不衣帛。其在朝，君语及之，即危言；语不及之，即危行。国有道，即顺命；无道，即衡命。以此三世显名于诸侯。

越石父贤，在缧绁中。晏子出，遭之涂，解左骖赎之，载归。弗谢，入闺，久之，越石父请绝。晏子戄然，摄衣冠谢曰："婴虽不仁，免子于厄，何子求绝之速也？"石父曰："不然。吾闻君子诎于不知己而信于知己⑤者。方吾在缧绁中，彼不知我也。夫子既已感寤而赎我，是知己；知己而无礼，固不如在缧绁之中。"晏子于是延入为上客。

晏子为齐相，出，其御之妻从门间而窥其夫。其夫为相御，拥大盖，策驷马，意气扬扬，甚自得也。既而归，其妻请去。夫问其故。妻曰："晏子长不满六尺，身相齐国，名显诸侯。今者妾观其出，志念深矣，常有以自下者。今子长八尺，乃为人仆御，然子之意自以为足，妾是以求去也。"

其后夫自抑损。晏子怪而问之，御以实对。晏子荐以为大夫。

太史公曰：吾读管氏《牧民》《山高》《乘马》《轻重》《九府》，及《晏子春秋》，详哉其言之也。既见其著书，欲观其行事，故次其传。至其书，世多有之，是以不论，论其轶事。

管仲，世所谓贤臣，然孔子小之。岂以为周道衰微，桓公既贤，而不勉之至王，乃称霸哉？语曰："将顺其美，匡救其恶，故上下能相亲也。"岂管仲之谓乎？

方晏子伏庄公尸⑥哭之，成礼然后去，岂所谓"见义不为无勇"者邪？至其谏说，犯君之颜，此所谓"进思尽忠，退思补过"者哉！假令晏子而在，余虽为之执鞭，所忻慕焉。

【注释】

①管仲之谋：指《管子》所言："相齐以九惠之教：一曰老，二曰慈，三曰孤，四曰疾，五曰独，六曰病，七曰通，八曰赈，九曰绝也。"

②贵轻重，慎权衡：轻重，指耻辱；权衡，指得失。有耻辱甚贵重之，有得失甚戒慎之。

③三归：娶三个女子。妇人谓嫁曰归。一说三归为台名。

④反坫：覆酒杯的土台。

⑤信于知己：信，读曰申，《周礼》皆然。

⑥伏庄公尸：庄公，齐君。《左传》"崔杼弑庄公。晏婴入，枕庄公尸股而哭之，成礼而出。"

孟子荀卿列传

太史公曰：余读《孟子》书，至梁惠王问"何以利吾国"，未尝不废书而叹也。曰：嗟乎，利诚乱之始也！夫子罕言利者，常防其原也。故曰"放于利而行，多怨"。自天子至于庶人，好利之弊何以异哉！

孟轲，邹人也。受业子思之门人。道既通，游事齐宣王，宣王不能用。适梁，梁惠王不果所言，则见以为迂远而阔于事情。当是之时，秦用商君，富国强兵；楚、魏用吴起，战胜弱敌；齐威王、宣王用孙子、田忌之徒，而诸侯东面朝齐。天下方务于合从连衡，以攻伐为贤，而孟轲乃述唐、虞、三代之德，是以所如者不合。退而与万章之徒序《诗》《书》，述仲尼之意，作《孟子》七篇。

其后有邹子之属。齐有三邹子。其前邹忌，以鼓琴干威王，因及国政，封为成侯而受相印，先孟子。其次邹衍①，后孟子。邹衍睹有国者益淫侈，不能尚德，若《大雅》整之于身，施及黎庶矣。乃深观阴阳消息而作怪迂之变，《终始》《大圣》之篇十余万言。其语闳大不经，必先验小物，推而大之，至于无垠。先序今以上至黄帝，学者所共术，大并世盛衰②，因载其机祥度制，推而远之，至天地未生，窈冥不可考而原也。先列中国名山大川，通谷禽兽，水土所殖，物类所珍，因而推之，及海外人之所不能睹。称引天地剖判以来，五德转移，治各有宜，而符应若兹。以为儒者所谓中国者，于天下乃八十一分居其一分耳。中国名曰赤县神州。赤县神州内自有九州，禹之序九州是也。不得为州数。中国外如赤县神州者九，乃所谓九州也。于是有裨海③环之，人民禽兽莫能相通者，如一区中者，乃为一州。如此者九，乃有大瀛海环其外，天地之际焉。其述皆此类也。然要其归，必止乎仁义节俭，君臣上下六亲之施，始也滥耳。王公大人初见其术，惧然顾化④，其后不能行之。

是以邹子重于齐。适梁，惠王郊迎，执宾主之礼。适赵，平原君侧行撇席⑤。如燕，昭王拥彗先驱，请列弟子之座而受业，筑碣石宫，身亲往师之。作《主运》。其游诸侯见尊礼如此，岂与仲尼菜色陈、蔡，孟轲困于齐、梁同乎哉！故武王以仁义伐纣而王，伯夷饿不食周粟；卫灵公问陈，而孔子不答；梁惠王谋欲攻赵，孟轲称大王去邠。此岂有意阿世俗苟合而已哉！持方枘欲内圜凿，其能入乎？或曰，伊尹负鼎而勉汤以王，百里奚饭牛车下而缪公用霸，作先合，然后引之大道。邹衍其言虽不轨，倘亦有牛鼎⑥之意乎？

自邹衍与齐之稷下⑦先生，如淳于髡、慎到、环渊、接子、田骈、邹奭之徒，各著书言治乱之事，以干世主，岂可胜道哉！

淳于髡，齐人也。博闻强记，学无所主。其谏说，慕晏婴之为人也，然而承意观色为务。客有见髡于梁惠王，惠王屏左右，独坐而再见之，终无言也。惠王怪之，以让客曰："子之称淳于先生，管、晏不及，及见寡人，寡人未有得也。岂寡人不足为言邪？何故哉？"客以谓髡。髡曰："固也，吾前见王，王志在驱逐。后复见王，王志在音声。吾是以默然。"客具以报王，王大骇，曰："嗟乎，淳于先生诚圣人也！前淳于先生之来，人有献善马者，寡人未及视，会先生至。后先生之来，人有献讴者，未及试，亦会先生来。寡人虽屏人，然私心在彼，有之。"后淳于髡见，一语连三日三夜无倦。惠王欲以卿相位待之，髡因谢去。于是送以安车驾驷，束帛加璧，黄金百镒。终身不仕。

慎到，赵人。田骈、接子，齐人。环渊，楚人。皆学黄老道德之术，因发明序其指意。故慎到著十二论，环渊著上下篇，而田骈、接子皆有所论焉。

邹奭者，齐诸邹子，亦颇采邹衍之术以纪文。

于是齐王嘉之，自如淳于髡以下，皆命曰列大夫，为开第康庄[8]之衢，高门大屋，尊宠之。览天下诸侯宾客，言齐能致天下贤士也。

荀卿，赵人。年五十始来游学于齐。邹衍之术迂大而闳辩，奭也文具难施，淳于髡久与处，时有得善言。故齐人颂曰："谈天衍[9]，雕龙奭[10]，炙毂过[11]髡。"田骈之属皆已死。齐襄王时，而荀卿最为老师。齐尚修列大夫之缺，而荀卿三为祭酒焉。齐人或谗荀卿，荀卿乃适楚，而春申君以为兰陵令。春申君死而荀卿废，因家兰陵。李斯尝为弟子，已而相秦。荀卿嫉浊世之政，亡国乱君相属，不遂大道而营于巫祝，信机祥，鄙儒小拘，如庄周等又滑稽乱俗。于是推儒、墨、道德之行事兴坏，序列著数万言而卒。因葬兰陵。

而赵亦有公孙龙，为坚白同异之辩，剧子之言；魏有李悝，尽地力之教；楚有尸子、长卢，阿之吁子[12]焉。

自如孟子至于吁子，世多有其书，故不论其传云。盖墨翟，宋之大夫，善守御，为节用。或曰并孔子时，或曰在其后。

【注释】

①邹衍：齐国人。阴阳家代表人物，提出"五德终始"说，把"五行"说附会到社会历史变动和王朝兴替上。《汉书·艺文志》有《邹子》四十九篇。

②大并世盛衰：大，《史记志疑》认为当作"及"。并，通"傍"。

③裨海：小海。

④顾化：予以重视，欲依此而行。

⑤侧行撇席：侧行，侧身而行，表示谦敬；撇席：拂拭坐席，以示敬意。

⑥牛鼎：《吕氏春秋》："涵牛之鼎，不可以烹鸡。"此指邹衍之术迂腐不实用。

⑦稷下：齐有稷下馆，学者集会之场所。

⑧康庄：五达谓之康，六达谓之庄，此指大道。

⑨谈天衍：邹衍之所言五德终始，天地广大尽为天事，故曰谈天。

⑩雕龙奭：邹奭修衍之文饰，若雕镂龙文，故曰雕龙。

⑪过：通"锅"。

⑫吁子：吁婴。《汉书·艺文志》有《吁子》十八篇。

史部

《前汉书》精华

【著录】

《汉书》，又称《前汉书》，是中国历史上第一部纪传体断代史，它记叙了西汉及王莽建立的新朝二百三十年的历史。

《汉书》由东汉初著名的历史学家、文学家班固撰写。班固，字孟坚，东汉扶风安陵（今陕西省咸阳市东北）人，生于东汉光武帝建武八年（32年），卒于和帝永元四年（92年），享年61岁。

班氏家族世代为官于汉王朝，至其曾祖时，家世更为高贵、显赫，在仕宦及学术方面也享有极高的声望。至其父班彪时，更以博学显名于当时。班彪，字叔皮，汉光武帝时官至望都长。"家有藏书，内足于财，好古之士，自远方至，父党扬子云以下，莫不造其门。"（《汉书·叙传》）这样一个生活富裕、有家学传统的家庭环境，一方面决定了它的思想观点，另一方面也为班固的成长及以后的著述提供了良好的条件。

《汉书》其实也不是班固一个人完成的，它前后经四人之手，历三四十年，才大功告成。早在其父班彪时，因不满当时人对司马迁《史记》一书的续补（《史记》所记只及汉武帝中期），乃采集史事，作《史记后传》一百篇，此书现已不存，但它的内容大部分为《汉书》所吸收，为《汉书》的写作打下了基础。班彪死后，班固决心完成父亲的未竟之业，从汉明帝永平元年（58年）开始《汉书》的编撰，后来又被任命为兰台令史、迁校书郎，明帝诏令他继续完成《汉书》的写作，班固利用了朝廷良好的藏书条件及工作环境，"潜精积思二十余年，至建初中乃成"（《后汉书·班彪传》）全书基本完成之后，班固于永元四年去世，尚有八表及《天文志》还未完成，和帝又令其妹班昭作八表，马续作《天文志》，《汉书》才得以最终完成。

《汉书》共一百篇，后人把其中一些篇幅长的划分为上、下或上、中、下卷，析成为一百二十卷。一百篇包括纪十二篇，表八篇，志十篇，列传七十篇。其体例袭用了司马迁所开创的纪传体，但变通史为断代史，并进行部分的调整，将"本纪"改为"纪"，"列传"改为"传"，"书"改为"志"，取消"世家"等，其体例为后代所继承，成为修纂各皇朝历史的典范。

从内容方面看，虽然《汉书》所记汉武帝中期以前史实多抄袭《史记》，但直至今日，它仍然是研究西汉历史最原始、最系统的史料文献。而且从历史文学角度看，它也是继《史记》之后，取得了独特成就的名著。当前，要阅读《汉书》，最好的版本是中华书局所出的点校本。

汉文帝本纪 　赐南粤王赵佗书　遗匈奴书

皇帝谨问南粤王①，甚苦心劳意。朕，高皇帝侧室之子②，弃外③奉北藩于代，道里辽远，壅蔽朴愚，未尝致书。高皇帝弃群臣，孝惠皇帝④即世，高后自临事，不幸有疾，日进不衰，以故悖暴乎治。诸吕为变故乱法，不能独制，乃取他姓子⑤为孝惠皇帝嗣。赖宗庙之灵，功臣之力，诛之已毕。朕以王侯吏不释之故，不得不立，今即位。

乃者闻王遗将军隆虑侯⑥书，求亲昆弟，请罢长沙两将军。朕以王书罢将军博阳侯⑦，亲昆弟在真定者，已遣人存问，修治先人冢。前日闻王发兵于边，为寇灾不止。当其时长沙苦之，南郡尤甚，虽王之国，庸独利乎？必多杀士卒，伤良将吏，寡人之妻，孤人之子，独人父母，得一亡十，朕不忍为也。

朕欲定地犬牙相入⑧者，以问吏，吏曰："高皇帝所以介长沙土也"，朕不能擅变焉。吏曰："得王之地不足以为大，得王之财不足以为富，服领以南，王自治之。"虽然，王之号为帝。两帝并立，亡一乘之使以通其道，是争也；争而不让，仁者不为也。愿与王分弃前患，终今以来，通使如故。故使贾⑨驰谕告王朕意，王亦受之，毋为寇灾矣。上褚五十衣，中褚三十衣，下褚二十衣，遗王。愿王听乐娱忧，存问邻国。

皇帝敬问匈奴大单于无恙。使当户且渠⑩雕渠难、郎中韩辽遗朕马二匹，已至，敬受。先帝制，长城以北引弓之国受令单于，长城以内冠带之室朕亦制之，使万民耕织，射猎衣食，父子毋离，臣主相安，俱无暴虐。今闻渫恶民贪降其趋，背义绝约，忘万民之命，离两主之欢，然其事已在前矣。书云"二国已和亲，两主欢说，寝兵休卒养马，世世昌乐，翕然更始"，朕甚嘉之。圣者日新，改作更始，使老者得息，幼者得长，各保其首领，而终其天年。朕与单于俱由此道，顺天恤民，世世相传，施之无穷，天下莫不咸嘉。使汉与匈奴邻敌之国，匈奴处北地，寒，杀气早降，故诏吏遗单于秫蘖金帛绵絮他物岁有数。今天下大安，万民熙熙，独朕与单于为之父母，朕追念前事，薄物细故，谋臣计失，皆不足以离昆弟之欢。朕闻天不颇覆，地不偏载。朕与单于皆捐细故，俱蹈大道也，堕坏前恶，以图长久，使两国之民若一家子。元元万民，下及鱼鳖，上及飞鸟，跂行喙息蠕动⑪之类，莫不就安利，避危殆。故来者不止，天之道也。俱去前事，朕释逃虏民⑫，单于毋言章尼⑬等。朕闻古之帝王，约分明而不食言。单于留志，天下大安，和亲之后，汉过不先。单于其察之。

【注释】

①南粤王：姓赵名佗，真定（今河北正定）人。秦时为龙川令，二世时，任嚣召佗为尉，佗便自立为南越武王。高帝十一年，派陆贾立佗为南粤王。

②侧室之子：侧室，小老婆，文帝是汉高祖薄姬所生，故云。

③弃外：高帝十一年冬，破陈豨，定代，立为代王。

④孝惠皇帝：名盈，高帝子，在位七年。

⑤他姓子：指少帝，汉惠帝死后，吕太后命张皇后取他人之子抚养成人，继惠帝之位。

⑥隆虑侯：即周灶，吕太后所遣进攻赵佗的人。

⑦博阳侯：即周聚。

⑧犬牙相入：言地形如犬之牙，互相交错。

⑨贾：陆贾，时为太中大夫。

⑩当户且渠：官名。雕渠难是他的姓名。

⑪跂行喙息蠕动：跂行，有足而行者；喙息，以口出气者；蠕，蠕动貌。

⑫逃虏民：指汉人逃入匈奴者。

⑬章尼：背单于逃汉者。

武帝本纪　议不举孝廉者罪诏　报李广诏

公卿大夫，所使总方略，壹统类，广教化，美风俗也。夫本仁祖义，褒道禄贤，劝善刑暴，五帝三王所由昌也。朕夙兴夜寐，嘉与宇内之士臻于斯路。故旅耆老①，复孝敬②，选豪俊，讲文学，稽参政事，祈进民心，深诏执事，兴廉举孝，庶几成风，绍休圣绪。夫十室之邑，必有忠信；三人并行，厥有我师。今或至阖郡而不荐一人，是化不下究，而积行之君子壅于上闻③也。二千石官长纪纲人伦，将何以佐朕烛幽隐，劝元元，厉蒸庶，崇乡党之训哉？且进贤受上赏，蔽贤蒙显戮，古之道也。其与中二千石④、礼官、博士议不举者罪。

将军者，国之爪牙也。《司马法》⑤曰："登车不式，遭丧不服，振旅抚师，以征不服；率三军之心，同战士之力，故怒形则千里悚，威振则万物伏；是以名声暴于夷貉，威棱芙乎邻国⑥。"夫报忿除害，捐残去杀，朕之所图于将军也；若乃免冠徒跣，稽颡请罪，岂朕之指哉！将军其率师东辕，弥节⑦白檀⑧，以临右北平⑨盛秋⑩。

【注释】

①旅耆老：指加惠于耆老之人，就像对待宾客一样。

②复孝敬：复，免其徭役也。谓优侍孝弟之人，免除其徭役。

③壅于上闻：指因仕途壅塞，有才能的人不能为天子所了解。

④中二千石：中，满也。自太常至执金吾，秩皆中二千石。按汉制二千石，一岁得一千四百四十石，实不满二千石。其云中二千石者，一岁得二千一百六十石。

⑤《司马法》：兵书名，司马穰苴著。

⑥威棱芙乎邻国：谓其威力震动邻国也。

⑦弥节：指在某处暂时停留，就像说驻节。

⑧白檀：在今河北滦平东北。

⑨右北平：郡名，辖境相当于今河北承德、天津蓟县以东。

⑩盛秋：谓盛秋马肥，恐虏为寇，所以令李广前去加强防御。

楚元王传　刘向

向字子政，本名更生。年十二，以父德任为辇郎。既冠，以行修饬擢为谏大夫。是时，宣帝循武帝故事，招选名儒俊材置左右，更生以通达能属文辞，与王褒、张子侨等并进对，献赋颂凡数十篇。上复兴神仙方术之事，而淮南有枕中《鸿宝》《苑秘书》①。书言神仙使鬼物为金之术，及邹衍重道延命方，世人莫见，而更生父德武帝时治淮南狱得其书。更生幼而读诵，以为奇，献之，言黄金可成。上令典尚方②铸作事，费甚多，方不验。上乃下更生吏，吏劾更生铸伪黄金，系当死。更生兄阳城侯安民上书，入国户半，赎更生罪。上亦奇其材，得逾冬减死③论。会初立《谷梁春秋》，征更生受《谷梁》，讲论《五经》于石渠④。复拜为郎中，给事黄门，迁散骑、谏大夫、给事中。

元帝初即位，太傅萧望之为前将军，少傅周堪为诸吏光禄大夫，皆领尚书事，甚见尊任。更生年少于望之、堪，然二人重之，荐更生宗室忠直，明经有行，擢为散骑宗正给事中，与侍中金敞拾遗于左右。四人同心辅政，患苦外戚许、史在位放纵，而中书宦官弘恭、石显弄权。望之、堪、更生议，欲白罢退之。未白而语泄，遂为许、史及恭、显所谮诉，堪、更生下狱，及望之皆免官。语在《望之传》。其春地震，夏，客星见昴、卷舌间。上感悟，下诏赐望之爵关内侯，奉朝请。秋，征堪、向，欲以为谏大夫，恭、显白皆为中郎。冬，地复震。时恭、显、许、史子弟侍中诸曹，皆侧目于望之等，更生惧焉，乃使其外亲上变事，言：

窃闻故前将军萧望之等，皆忠正无私，欲致大治，忤于贵戚尚书。今道路人闻望之等复进，以为且复见毁谮，必曰尝有过之臣不宜复用。是大不然。臣闻春秋地震，为在位执政太盛也，不为三独夫动，亦已明矣。且往者高皇帝时，季布有罪，至于夷灭，后赦以为将军，高后、孝文之间卒为名臣。孝武帝时，窍宽有重罪系，按道侯韩说谏曰："前吾丘寿王死，陛下至今恨之；今杀宽，后将复大恨矣！"上感其言，遂赏⑤宽，复用之，位至御史大夫，御史大夫未有及宽者也。又董仲舒坐私为灾异书，主父偃取奏之，下吏，罪至不道，幸蒙不诛，复为太中大夫，胶西相，以老病免归。汉有所欲兴，常有诏问。仲舒为世儒宗，定议有益天下。孝宣皇帝时，夏侯胜坐诽谤系狱三年，免为庶人。宣帝复用胜，至长信少府，太子太傅，名敢直言，天下美之。若乃群臣，多此比类，难一二记。有过之臣，无负国家，有益天下，此四臣者，足以观矣。

前弘恭奏望之等狱决，三月，地大震。恭移病出⑥，后复视事，天阴雨雪。由是言之，地动殆为恭等。臣愚以为宜退恭、显以章蔽善之罚，进望之等以通贤者之路。如此，太平之门开，灾异之原塞矣。

书奏，恭、显疑其更生所为，白请考奸诈。辞果服，遂逮更生系狱，下太傅韦玄成、谏大夫贡禹，与廷尉杂考。劾更生前为九卿，坐与望之、堪谋排车骑将军高、许、史氏侍中者，毁离亲戚，欲退去之，而独专权。为臣不忠，幸不伏诛，复蒙恩征用，不悔前过，而教令人言变事，诬罔不道。更生坐免为庶人。而望之亦坐使子上书自冤前事，恭、显白令诣狱置对。望之自杀。天子甚悼恨之，乃擢周堪为光禄勋，堪弟子张猛光禄大夫给事中，大见信任。恭、显惮之，数谮毁焉。更生见堪、猛在位，几已得复进，惧其倾危，乃上封事谏曰：

臣前幸得以骨肉备九卿，奉法不谨，乃复蒙恩。窃见灾异并起，天地失常，征表为国。欲终不言，念忠臣虽在畎⑦亩，犹不忘君，芾芾之义也。况重以骨肉之亲，又加以旧恩未报乎！欲竭愚诚，又恐越职，然惟二恩未报，忠臣之义，一抒愚意，退就农亩，死无所恨。

臣闻舜命九官，济济相让，和之至也。众贤和于朝，则万物和于野，故箫《韶》九成，而凤凰来仪；击石拊石，百兽率舞。四海之内，靡不和宁。及至周文，开基西郊，杂遝⑧众贤，罔不肃和，崇推让之风，以销分争之讼。文王既没，周公思慕，歌咏文王之德，其《诗》曰："于穆清庙，肃雍显相；济济多士，秉文之德。"当此之时，武王、周公继政，朝臣和于内，万国欢于外，故尽得其欢心，以事其先祖。其《诗》曰："有来雍雍，至止肃肃，相维辟公，天子穆穆。"言四方皆以和来也。诸侯和于下，天应报于上，故《周颂》曰："降福穰穰，"又曰"饴我厘临"。厘临，麦也，始自天降。

此皆以和致和，获天助也。

下至幽、厉之际，朝廷不和，转相非怨，诗人疾而忧之曰："民之无良，相怨一方。"众小在位而从邪议，歙歙相是而背君子，故其《诗》曰："歙歙瞒瞒，亦孔之哀！谋之其臧，则具是违；谋之不臧，则具是依！"君子独处守正，不桡众枉，勉强以从王事则反见憎毒谗笮，故其《诗》曰："密勿从事，不敢告劳，无罪无辜，谗口嗷嗷！"当是之时，日月薄蚀而无光，其《诗》曰："朔日辛卯，日有蚀之，亦孔之丑！"又曰："彼月而微，此日而微，今此下民，亦孔之哀！"又曰："日月鞠凶，不用其行；四国无政，不用其良！"天变见于上，地变动于下，水泉沸腾，山谷易处。其《诗》曰："百川沸腾，山冢卒崩，高岸为谷，深谷为陵。哀今之人，胡苷莫惩！"霜降失节，不以其时，其《诗》曰："正月繁霜，我心忧伤；民之讹言，亦孔之将！"言民以是为非，甚众大也。此皆不和，贤不肖易位之所致也。

自此以后，天下大乱，篡杀殃祸并作，厉王奔彘，幽王见杀。至乎平王末年，鲁隐之始即位也，周大夫祭伯乖离不和，出奔于鲁，而《春秋》为讳，不言来奔，伤其祸殃自此始也。是后尹氏世卿而专恣，诸侯背畔而不朝，周室卑微。二百四十二年之间，日蚀三十六，地震五，山陵崩陁二，彗星三见，夜常星不见，夜中星陨如雨一，火灾十四，长狄入三国，五石陨坠，六鹢退飞，多麋，有蜮、蜚，鸲鹆来巢者，皆一见。昼冥晦。雨木冰。李梅冬实。七月霜降，草木不死。八月杀菽。大雨雹。雨雪雷霆失序相乘。水、旱、饥、蝝、螽、螟、蜂午并起。当是时，祸乱辄应，弑君三十六，亡国五十二，诸侯奔走，不得保其社稷者，不可胜数也。周室多祸：晋败其师于贸戎；伐其郊；郑伤桓王；戎执其使；卫侯朔召不往，齐逆命而助朔；五大夫争权，三君更立，莫能正理。遂至陵夷不能复兴。

由此观之，和气致祥，乖气致异；祥多者其国安，异众者其国危，天地之常经，古今之通义也。陛下开三代之业，招文学之士，优游宽容，使得并进。今贤不肖浑殽，白黑不分，邪正杂糅，忠谗并进。章交公车，人满北军。朝臣舛午，胶戾乖刺，更相谗笮，转相是非。传授增加，文书纷纠，前后错谬，毁誉浑乱。所以营或耳目，感移心意，不可胜载。

分曹为党，往往群朋，将同心以陷正臣。正臣进者，治之表也；正臣陷者，乱之机也。乘治乱之机，未知孰任，而灾异数见，此臣所以寒心者也。夫乘权藉势之人，子弟鳞集于朝，羽翼阴附者众，辐凑于前，毁誉将必用，以终乖离之咎。是以日月无光，雪霜夏陨，海水沸出，陵谷易处，列星失行，皆怨气之所致也。夫遵衰周之轨迹，循诗人之所刺，而欲以成太平，致雅颂，犹却行而求及前人也。初元以来六年矣，按《春秋》六年之间，灾异未有稠如今者也。夫有《春秋》之异，无孔子之救，犹不能解纷，况甚于《春秋》乎？

原其所以然者，谗邪并进也。谗邪之所以并进者，由上多疑心，既已用贤人而行善政，如或谮之，则贤人退而善政还。夫执狐疑之心者，来谗贼之口；持不断之意者，开群枉之门。谗邪进则众贤退，群枉盛则正士消。故《易》有《否》、《泰》，小人道长，君子道消，君子道消，则政日乱，故为否。否者，闭而乱也。君子道长，小人道消，小人道消，则政日治，故为泰。泰者，通而治也。《诗》又云"雨雪麃麃，见睍曰消"，与《易》同义。昔者鲧、共工、骧兜与舜、禹杂处尧朝，周公与管、蔡并居周位，当是时，迭进相毁，流言相谤，岂可胜道哉！帝尧、成王能贤舜、禹、周公而消共工、管、蔡，故以大治，荣华至今。孔子与季、孟偕仕于鲁，李斯与叔孙俱宦于秦，定公、始皇贤季、孟、李斯而消孔子、叔孙，故以大乱，污辱至今。故治乱荣辱之端，在所信任；信任既贤，在于坚固而不移。《诗》云："我心匪石，不可转也。"言守善笃也。《易》曰："涣汗其大号"。言号令如汗，汗出而不反者也。今出善令，未能逾时而反，是反汗也；用贤未能三旬而退，是转石也。《论语》曰："见不善如探汤。"今二府奏佞谄不当在位，历年而不去。故出令则如反汗，用贤则如转石，去佞则如拔山，如此望阴阳之调，不亦难乎！

是以群小窥见间隙，缘饰文字，巧言丑诋，流言飞文，哗于民间。故《诗》云："忧心悄悄，愠于群小。"小人成群，诚足愠也。昔孔子与颜渊、子贡更相称誉，不为朋党；禹、稷与皋陶传相汲引，不为比周。何则？忠于为国，无邪心也。故贤人在上位，则引其类而聚之于朝，《易》曰"飞龙在天，大人聚也"；在下位，则思与其类俱进，《易》曰"拔茅茹以其汇，征吉"。在上则引其类，在下则惟其类，故汤用伊尹，不仁者远，而众贤至，类相致也。今佞邪与贤臣并在交戟⑨之内，合党共谋，违善依恶，歙歙訛訛，数设危险之言，欲以倾移主上。如忽然用之，此天地之所以先戒，灾异之所以重至者也。

自古明圣，未有无诛而治者也，故舜有四放⑩之罚，而孔子有两观之诛⑪，然后圣化可得而行也。今以陛下明知，诚深思天地之心，迹察两观之诛，览《否》《泰》之卦，观雨雪之诗，历周、唐之所进以为法，原秦、鲁之所消以为戒，考祥应之福，省灾异之祸，以揆当世之变，放远佞邪之党，坏散险簒之聚，杜闭群枉之门，广开众正之路，决断狐疑，分别犹豫，使是非炳然可知，则百异消灭，而众祥并至，太平之基，万世之利也。

臣幸得托肺腑，诚见阴阳不调，不敢不通所闻。窃推《春秋》灾异，以救今事一二，条其所以，不宜宣泄。臣谨重封昧死上。

恭、显见其书，愈与许、史比而怨更生等。堪性公方，自见孤立，遂直道而不曲。是岁夏寒，日青无光，恭、显及许、史皆言堪、猛用事之咎。上内重堪，又患众口之缩润，无所取信。时长安令杨兴以材能幸，常称誉堪。上欲以为助，乃见问兴："朝臣断断不可光禄勋，何也？"兴者倾巧士，谓上疑堪，因顺指曰："堪非独不可于朝廷，自州里亦不可也。臣见众人闻堪前与刘更生等谋毁骨肉，以为当诛，故臣前言堪不可诛伤，为国养恩也。"上曰："然此何罪而诛？今宜奈何？"兴曰："臣愚以为可赐爵关内侯，食邑三百户，勿令典事。明主不失师傅之恩，此最策之得者也。"上于是疑。会城门校尉诸葛丰亦言堪、猛短，上因发怒免丰。语在其传。又曰："丰言堪、猛贞信不立，朕闵而不治，又惜其材能未有所效，其左迁堪为河东太守，猛槐里令。"

显等专权日甚。后三岁余，孝宣庙阙灾，其晦，日有蚀之。于是上召诸前言日变在堪、猛者责问，皆稽首谢。乃因下诏曰："河东太守堪，先帝贤之，命而傅朕。资质淑茂，道术通明，论议正直，秉心有常，发愤悃幅，信有忧国之心，以不能阿尊事贵，孤特寡助，抑厌遂退，卒不克明。往者众臣见异，不务自修，深惟其故，面反砯昧说天，托咎此人，朕不得已，出而试之，以彰其材。堪出之后，大变仍臻，众亦默然。堪治未期年，而三老官属有识之士咏颂其美，使者过郡，靡人不称。此固足以彰先帝之知人，而朕有以自明也。俗人乃造端作基，非议诋欺，或引幽隐，非所宜明，意疑以类，欲以陷之，朕亦不取也。朕迫于俗，不得专心，乃者天著大异，朕甚惧焉。今堪年衰岁暮，恐不得自信，排于异人，将安究之哉？其征堪诣行在所。"拜为光禄大夫，秩中二千石，领尚书事。猛复为太中大夫给事中。显干尚书事，尚书五人，皆其党也。堪希得见，常因显白事，事决显口。会堪疾喑，不能言而卒。显诬谮猛，令自杀于公车。更生伤之，乃著《疾谗》《摘要》《救危》及《世颂》，凡八篇，依兴古事，悼己及同类也。遂废十余年。

成帝即位，显等伏辜，更生乃复进用，更名向。向以故九卿召拜为中郎，使领护三辅都水。数奏封事，迁光禄大夫。是时帝元舅阳平侯王凤为大将军秉政，倚太后，专国权，兄弟七人皆封为列侯。时数有大异，向以为外戚贵盛，凤兄弟用事之咎。而上方精于《诗》《书》，观古文，诏向领校中《五经》秘书。向见《尚书·洪范》箕子为武王陈五行阴阳休咎之应。向乃集合上古以来历春秋六国至秦、汉符瑞灾异之记，推迹行事，连传祸福，著其占验，比类相从，各有条目，凡十一篇，号曰《洪范五行传论》，奏之。天子心知向忠精，故为凤兄弟起此论也，然终不能夺王氏权。

久之，营起昌陵，数年不成，复还归延陵，制度泰奢。向上疏谏曰：

臣闻《易》曰："安不忘危，存不忘亡，是以身安而国家可保也。"故贤圣之君，博观终始，穷极事情，而是非分明。王者必通三统，明天命所授者博，非独一姓也。孔子论《诗》，至于"殷士肤敏，祼将于京"，喟然叹曰："大哉天命！善不可不传于子孙，是以富贵无常；不如是，则王公其何以戒慎，民萌何以劝勉？"盖伤微子之事周，而痛殷之亡也。虽有尧、舜之圣，不能化丹朱之子；虽有禹、汤之德，不能训末孙之桀、纣。自古及今，未有不亡之国也。昔高皇帝既灭秦，将都洛阳，感寤刘敬之言，自以德不及周，而贤于秦，遂徙都关中，依周之德，因秦之阻。世之长短，以德为效，故常战栗，不敢讳亡。孔子所谓"福贵无常"，盖谓此也。

孝文皇帝居霸陵，北临厕，意凄怆悲怀，顾谓群臣曰："嗟乎！以北山石为椁，用箧絮斫陈漆其间^⑫，岂可动哉！"张释之进曰："使其中有可欲，虽锢南山犹有隙；使其中无可欲，虽无石椁，又何感焉？"夫死者无终极，而国家有废兴，故释之之言，为无穷计也。孝文寤焉，遂薄葬，不起山坟。

《易》曰："古之葬者，厚衣之以薪^⑬，臧之中野，不封不树。后世圣人易之以棺椁。"棺椁之作，自黄帝始。黄帝葬于桥山^⑭，尧葬济阴，丘垅皆小，葬具甚微。舜葬苍梧，二妃不从。禹葬会稽，不改其列。殷汤无葬处。文、武、周公葬于毕，秦穆公葬于雍橐泉宫祈年馆下，樗里子葬于武库，皆无丘垅之处。此圣帝明王贤君智士远览独虑无穷之计也。其贤臣孝子亦承命顺意而薄葬之，此诚奉安君父，忠孝之至也。

夫周公，武王弟也，葬兄甚微。孔子葬母于防，称古墓而不坟，曰："丘，东西南北之人也，不可不识也。"为四尺坟，遇雨而崩。弟子修之，以告孔子，孔子流涕曰："吾闻之，古者不修墓。"盖非之也。延陵季子适齐而反，其子死，葬于嬴、博之间，穿不及泉，敛以时服，封坟掩坎，其高可隐^⑮，而号曰："骨肉归复于土，命也，魂气则无不之也。"夫嬴、博去吴千有余里，季子不归葬。孔子往观曰："延陵季子于礼合矣。"故仲尼孝子，而延陵慈父，舜、禹忠臣，周公弟弟，其葬君亲骨肉，皆微薄矣；非苟为俭，诚便于体也。宋桓司马为椁，仲尼曰："不如速朽。"秦相吕不韦集知略之士而造《春秋》，亦言薄葬之义，皆明于事情者也。

逮至吴王阖闾，违礼厚葬，十有余年，越人发之。及秦惠文、武、昭、严、襄五王，皆大作丘陇，多其瘞臧，咸尽发掘暴露，甚足悲也。秦始皇帝葬于骊山之阿，下锢三泉，上崇山坟，其高五十余丈，周回五里有余；石椁为游馆^⑯，人膏为灯烛，水银为江海，黄金为凫雁。金宝之臧，机械之变，棺椁之丽，宫馆之盛，不可胜原。又多杀宫人，生埋工匠，计以万数，天下苦其役而反之，骊山之作未成，而周章^⑰百万之师至其下矣。项籍燔其宫室营宇，往者咸见发掘。其后牧儿亡羊，羊入其凿，牧者持火照求羊，失火烧其臧椁。自古至今，葬未有盛如始皇者也，数年之间，外被项籍之灾，内离牧竖之祸，岂不哀哉！

是故德弥厚者葬弥薄，知愈深者葬愈微。无德寡知，其葬愈厚，丘陇弥高，宫室甚丽，发掘必速。由是观之，明暗之效，葬之吉凶，昭然可见矣。周德既衰而奢侈，宣王贤而中兴，更为俭宫室，小寝庙。诗人美之，《斯干》之诗是也，上章道宫室之如制，下章言子孙之众多也。及鲁严公刻饰宗庙，多筑台圃，后嗣再绝，《春秋》刺焉。周宣如彼而昌，鲁、秦如此而绝，是则奢俭之得失也。

陛下即位，躬亲节俭，始营初陵，其制约小，天下莫不称贤明。及徙昌陵，增埤为高，积土为山，发民坟墓，积以万数，营起邑居，期日迫卒，功费大万百余。死者恨于下，生者愁于上，怨气感动阴阳，因之以饥馑，物故流离以十万数，臣甚悯焉。以死者为有知，发人之墓，其害多矣；若其无知，又安用大？谋之贤知则不悦，以示众庶则苦之；若苟以说愚夫淫侈之人，又何为哉！陛下慈仁笃美甚厚，聪明疏达盖世，宜弘汉家之德，崇刘氏之美，光昭五帝、三王，而顾与暴秦乱君竞为奢侈，比方丘陇，说愚夫之目，隆一时之观，违贤知之心，亡万世之安，臣窃为陛下羞之。唯陛下上览明圣黄帝、尧、舜、禹、汤、文、武、周公、仲尼之制，下观贤知穆公、延陵、樗里、张释之之意。孝文皇帝去坟薄葬，以俭安神，可以为则；秦昭、始皇增山厚臧，以侈生害，足以为戒。初陵之橅[18]，宜从公卿大臣之议，以息众庶。书奏，上甚感向言，而不能从其计。

向睹俗弥奢淫，而赵、卫[19]之属起微贱，逾礼制。向以为王教由内及外，自近者始。故采取《诗》《书》所载贤妃贞妇，兴国显家可法则，及孽嬖乱亡者，序次为《列女传》，凡八篇，以戒天子。及采传记行事，著《新序》《说苑》凡五十篇奏之。数上疏言得失、陈法戒。书数十上，以助观览，补疑阙。上虽不能尽用，然内嘉其言，常嗟叹之。

时上无继嗣，政由王氏出，灾异渐甚。向雅奇陈汤智谋，与相亲友，独谓汤曰："灾异如此，而外家日盛，其渐必危刘氏。吾幸得同姓末属，累世蒙汉厚恩，身为宗室遗老，历事三主。上以我先帝旧臣，每进见常加优礼，吾而不言，孰当言者？"向遂上封事极谏曰：

臣闻人君莫不欲安，然而常危；莫不欲存，然而常亡，失御臣之术也。夫大臣操权柄，持国政，未有不为害者也。昔晋有六卿，齐有田、崔，卫有孙、宁，鲁有季、孟，常掌国事，世执朝柄。终后田氏取齐，六卿分晋；崔杼弑其君光；孙林父，宁殖出其君衎，弑其君剽，季氏八佾舞于庭，三家者以《雍》彻，并专国政，卒逐昭公。周大夫尹氏管朝事，浊乱王室，子朝、子猛更立，连年乃定。故经曰："王室乱"，又曰："尹氏杀王子克"，甚之也。《春秋》举成败，录祸福，如此类甚众，皆阴盛而阳微，下失臣道之所致也。故《书》曰："臣之有作威作福，害于国家，凶于而国。"孔子曰："禄去公室，政逮大夫"，危亡之兆。秦昭王舅穰侯及泾阳、叶阳君专国擅势，上假太后之威，三人者权重于昭王，家富于秦国，国甚危殆，赖痤范睢之言，而秦复存。二世委任赵高，专权自恣，壅蔽大臣，终有阎乐望夷之祸[20]，秦遂以亡。近事不远，即汉所代也。

汉兴，诸吕无道，擅相尊王。吕产、吕禄席太后之宠，据将相之位，兼南北军之众，拥梁、赵王之尊，骄盈无厌，欲危刘氏。赖忠正大臣绛侯、朱虚侯等竭诚尽节以诛灭之，然后刘氏复安。今王氏一姓乘朱轮华毂者二十三人，青紫貂蝉充盈幄内，鱼鳞左右。大将军秉事用权，五侯骄奢僭盛，并作威福，击断自恣，行汙而寄治，身私而托公，依东宫之尊，假甥舅之亲，以为威重。尚书九卿州牧郡守皆出其门管执枢机，朋党比周。称誉者登进，忤恨者诛伤；游谈者助之说，执政者为之言。排摈宗室，孤弱公族，其有智能者，尤非毁而不进。远绝宗室之任，不令得给事朝省，恐其与己分权；数称燕王，盖主以疑上心，避讳吕、霍而弗肯称。内有管、蔡之萌，外假周公之论，兄弟据重，宗族磐互。历上古至秦、汉，外戚僭贵未有如王氏者也。虽周皇甫、秦穰侯、汉武安、吕、霍、上官之属，皆不及也。

物盛必有非常之变先见，为其人征象。孝昭帝时，冠石[21]立于泰山，仆柳起于上林。而孝宣帝即位，今王氏先祖坟墓在济南者，其梓柱生枝叶，扶疏上出屋，根垂地中，虽立石起柳，无以过此之明也。事势不两大，王氏与刘氏亦且不并立，如下有泰山之安，则上有累卵之危。陛下为人子孙，守持宗庙，而令国祚移于外亲，降为皂隶，纵不为身，奈宗庙何！妇人内夫家，外父母家，此亦非皇太后之福也。孝宣皇帝不与舅平昌、乐昌侯权，所以安全之也。

夫明者起福于无形，销患于未然。宜发明诏，吐德音，援近宗室，亲而纳信，黜远外戚，毋授以政，皆罢令就第，已则效先帝之所行，厚安外戚，全其宗族，诚东宫之意，外家之福也。王氏永存，保其爵禄，刘氏长安，不失社稷，所以褒睦外内之姓，子子孙孙无疆之计也。如不行此策，田氏复见于今，六卿必起于汉，为后嗣忧，昭昭甚明，不可不深图，不可不蚤虑。《易》曰："君不密，则失臣；臣不密，则失身；几事不密，则害成。"唯陛下深留圣思，审固几密，览往事之戒，以折中取信，居万安之实，用保宗庙，久承皇太后，天下幸甚。

书奏，天子召见向，叹息悲伤其意，谓曰："君且休矣，吾将思之。"以向为中垒校尉。

向为人简易无威仪，廉靖乐道，不交接世俗，专积思于经术，昼诵书传，夜观星宿，或不寐达旦。元延中，星孛东井，蜀郡岷山崩雍江。向恶此异，语在《五行志》。怀不能已，复上奏，其辞曰：

臣闻帝舜戒伯禹，毋若丹朱敖；周公戒成王，毋若殷王纣。《诗》曰"殷监不远，在夏后之世"，亦言汤以桀为戒也。圣帝明王常以败乱自戒，不讳废兴，故臣敢极陈其愚，唯陛下留神察焉。

谨案春秋二百四十二年，日蚀三十六，襄公尤数，率三岁五月有奇而壹食。汉兴讫竟宁，孝景帝尤数，率三岁一月而一食。臣向前数言日当食，今连三年比食。自建始以来，二十岁间而八食，率二岁六月而一发，古今罕有。异有小大希稠，占有舒疾缓急，而圣人所以断疑也。《易》曰："观乎天文，以察时变。"昔孔子对鲁哀公，并言夏桀、殷纣暴虐天下，故历失则摄提失方[22]，孟陬无纪，此皆易姓之变也。秦始皇之末至二世时，日月薄食，山陵沦亡，辰星出于四孟[23]太白经天而行，无云而雷，枉矢夜光，荧惑袭月，孽孽火烧宫，野禽戏廷，都门内崩，长人见临洮，石陨于东郡，星孛大角、大角以亡。观孔子之言，考暴秦之异，天命信可畏也。及项籍之败，亦孛大角。汉之入秦，五星聚于东井，得天下之象也。孝惠时，有雨血，日食于冲，灭光星见之异。孝昭时，有泰山卧石自立，上林僵柳复起，大星如月西行，众星随之，此为特异。孝宣兴起之表，天狗夹汉而西，久阴不雨者二十余日，昌邑不终之兆也。皆著于《汉纪》。观秦、汉之易世，览惠、昭之无后，察昌邑之不终，视孝宣之绍起，天之去就，岂不昭昭然哉！高宗、成王亦有雊雉拔木之变，能思其故，故高宗有百年之福，成王有复风之报。神明之应，应若景向，世所同闻也。

臣幸得托末属，诚见陛下有宽明之德，冀销大异，而兴高宗、成王之声，以崇刘氏，故狠狠^㉔数奸^㉕死亡之诛。今日食尤屡，星孛东井，摄提炎及紫宫，有识长老莫不震动，此变之大者也。其事难一二记，故《易》曰"书不尽言，言不尽意"，是以设卦指爻，而复说义。《书》曰"伻来以图"，天文难以相晓，臣虽图上，犹须口说，然后可知，愿赐清燕之闲，指图陈状。

上辄入之，然终不能用也。向每召见，数言公族者国之枝叶，枝叶落则本根无所庇荫；方今同姓疏远，母党专政。禄去公室，权在外家，非所以强汉宗，卑私门，保守社稷，安固后嗣也。

向自见得信于上，故常显讼宗室，讥刺王氏及在位大臣，其言多痛切，发于至诚。上数欲用向为九卿，辄为王氏居位者及丞相御史所持，故终不迁。居列大夫官前后三十余年，年七十二卒。卒后十三岁而王氏代汉。向三子皆好学：长子伋，以《易》教授，官至郡守；中子赐，九卿丞，蚤卒；少子歆，最知名。

【注释】

①枕中《鸿宝》、《苑秘书》：《鸿宝》、《苑秘书》，均为道术篇名。枕中，概指藏在枕中不漏泄。

②尚方：官名，管理冶炼金银。

③逾冬减死：每至春天，朝廷一般行宽赦之诏，所以过了冬天便有希望减罪。

④石渠：阁名，在未央大殿北，以藏秘书。

⑤贳：延缓其罪。

⑥移病出：谓以病移出，不居官府。

⑦甽：同"畎"，田中沟。

⑧杂遝：与"沓"通，聚积貌。

⑨交戟：指宿卫。

⑩四放：谓流共工于幽州，放驩兜于崇山，窜三苗于三危，殛鲧于羽山。

⑪两观之诛：孔子摄司寇，诛少正卯于两观之下。两观，两阙。

⑫用箧絮斫陈漆其间：斫，斫斩；陈，施。即以箧絮斫碎置于其中，再

以漆涂之。一种漆器工艺。

⑬厚衣之以薪：指积薪加以覆盖。

⑭桥山：今陕西子长县西北大理河以南，以沮水穿山而过，形若大桥，故名。

⑮其高可隐：指坟的高度只达到人立可隐时的程度。

⑯游馆：谓累石墓穴之中，修筑离宫别馆。

⑰周章：陈胜之将。

⑱初陵之杭：指规划墓地。

⑲赵、卫：赵皇后、昭仪、卫婕好。

⑳阎乐望夷之祸：望夷，秦宫名。谓二世斋于望夷宫，阎乐带兵杀之。

㉑冠石：冠山下有石自立，三石为足，一石在上，故曰冠石。

㉒摄提失方：摄提，星名。随斗杓建十二月，历不正，则失其所建。

㉓四孟：四时之孟月。

㉔狠狠：款诚之意。

㉕奸：犯。

晁错传　言兵事书

臣闻汉兴以来，胡虏数入边地，小入则小利，大入则大利。高后时再入陇西①，攻城屠邑，驱略畜产；其后复入陇西，杀吏卒，大寇盗。窃闻战胜之威，民气百倍；败兵之卒，没世不复②。自高后以来，陇西三困于匈奴矣，民气破伤，亡有胜意。今兹陇西之吏，赖社稷之神灵，奉陛下之明诏，和辑士卒，底厉其节，起破伤之民以当乘胜之匈奴，用少击众，杀一王，败其众而大有利。非陇西之民有勇怯，乃将吏之制巧拙异也。故兵法曰："有必胜之将，无必胜之民。"由此观之，安边境，立功名，在于良将，不可不择也。

臣又闻用兵，临战合刃之急者三：一曰得地形，二曰卒服习，三曰器用利。兵法曰：丈五之沟，渐车之水，山林积石，经川丘阜，草木所在，此步兵之地也，车骑二不当一。土山丘陵，曼衍相属③，平原广野，此车骑之地也，步兵十不当一。平陵相远，川谷居间，仰高临下，此弓弩之地也，短兵百不当一。两阵相近，平地浅草，可前可后，此长戟之地也，剑楯三不当一。萑苇竹萧，草木蒙茏，支叶茂接，此矛绊之地也，长戟二不当一。曲道相伏，险阨相薄，此剑楯之地也，弓弩三不当一。士不选练，卒不服习，起居不精，动静不集，趋利弗及，避难不毕，前击后解，与金鼓④之指相失，此不习勒卒之过也，百不当十。兵不完利，与空手同；甲不坚密，与袒裼同；弩不可以及远，与短兵同；射不能中，与亡矢同；中不能入，与亡镞同；此将不省兵之祸也，五不当一。故兵法曰：器械不利，以其卒予敌也；卒不可用，以其将予敌也；将不知兵，以其主予敌也；君不择将，以其国予敌也。四者，兵之至要也。

臣又闻小大异形，强弱异势，险易异备。夫卑身以事强，小国之形也；合小以攻大，敌国之形也；以蛮夷攻蛮夷，中国之形也，今匈奴地形技艺与中国异。上下山阪，出入溪涧，中国之马弗与也；险道倾仄，且驰且射，中国之骑弗与也；风雨罢劳，饥渴不困；中国之人弗与也；此匈奴之长技也。若夫平原易地，轻车突骑，则匈奴之众易挠乱也；劲弩长戟，射疏及远，则匈奴之弓弗能格也；坚甲利刃，长短相杂，游弩往来，什伍俱前，则匈奴之兵弗能当也；材官驺发，矢道同的，则匈奴之革笥⑤木荐⑥弗能支也；下马地斗，剑戟相接，去就相薄，则匈奴之足弗能给也。此中国之长技也。以此观之，匈奴之长技三，中国之长技五。陛下又兴数十万之众，以诛数万之匈奴，众寡之计，以十击一之术也。

虽然，兵，凶器；战，危事也。以大为小，以强为弱，在俯仰之间耳。夫以人之死争胜，跌而不振，则悔之亡及也。帝王之道，出于万全。今降胡义渠⑦蛮夷之属来归谊者，其众数千，饮食长技与匈奴同，可赐之坚甲絮衣，劲弓利矢，益以边郡之良骑。令明将能知其习俗和辑其心者，以陛下之明约将之。即有险阻，以此当之；平地通道，则以轻车材官制之。两军相为表里，各用其长技，衡加之以众，此万全之术也。

传曰："狂夫之言，而明主择焉。"臣错愚陋，昧死上狂言，唯陛下裁择。

又《食货志》载错《贵粟疏》云：

圣王在上而民不冻饥者，非能耕而食之，织而衣之也，为开其资财之道也。故尧、禹有九年之水，汤有七年之旱，而国无捐瘠者，以蓄积多而备先具也。今海内为一，土地人民之众不避汤、禹，加以无天灾数年之水旱，而畜积未及者，何也？地有遗利，民有余力，生谷之土未尽垦，山泽之利未尽出也，游食之民未尽归农也。民贫，则奸邪生。贫生于不足，不足生于不农，不农则不地著⑧，不地著则离乡轻家，民如鸟兽，虽有高城深池，严法重刑，犹不能禁也。

夫寒之于衣，不待轻暖；饥之于食，不待甘旨；饥寒至身，不顾廉耻。人情，一日不再食则饥，终岁不制衣则寒。夫腹饥不得食，肤寒不得衣，虽慈母不能保其子，君安能以有其民哉！明主知其然也，故务民于农桑，薄赋敛，广畜积，以实仓廪，备水旱，故民可得而有也。

民者，在上所以牧之，趋利如水走下，四方亡择也。夫珠玉金银，饥不可食，寒不可衣，然而众贵之者，以上用之故也。其为物轻微易臧，在于把握，可以周海内而亡饥寒之患。此令臣轻背其主，而民易去其乡，盗贼有所劝，亡逃者得轻资也。粟米布帛生于地，长于时，聚于力，非可一日成也；数石之重，中人弗胜，不为奸邪所利，一日弗得而饥寒至。是以明君贵五谷而贱金玉。

今农夫五口之家，其服役者不下二人，其能耕者不过百亩，百亩之收不过百石。春耕夏耘，秋获冬藏，伐薪樵，治官府，给徭役；春不得避风尘，夏不得避暑热，秋不得避阴雨，冬不得避寒冻，四时之间亡日休息；又私自送往迎来，吊死问疾，养孤长幼在其中。勤苦如此，尚复被水旱之灾，急政暴虐，赋敛不时，朝令而暮改。当具有者半贾而卖，亡者取倍称之息，于是有卖田宅鬻子孙以偿责者矣。而商贾大者积贮倍息，小者坐列贩卖，操其奇赢⑨，日游都市，乘上之急，所卖必倍。故其男不耕耘，女不蚕织，衣必文采，食必粱肉；亡农夫之苦，有仟伯之得。因其富厚，交通王侯，力过吏势，以利相倾；千里游敖，冠盖相望，乘坚策肥，履丝曳缟。此商人所以兼并农人，农人所以流亡者也。

今法律贱商人，商人已富贵矣；尊农夫，农夫已贫贱矣。故俗之所贵，主之所贱也；吏之所卑，法之所尊也。上下相反，好恶乖迕，而欲国富法立，不可得也。

方今之务，莫若使民务农而已矣。欲民务农，在于贵粟；贵粟之道，在于使民以粟为赏罚。今募天下入粟县官，得以拜爵，得以除罪。如此，富人有爵，农民有钱，粟有所渫⑩。夫能入粟以受爵，皆有余者也；取于有余，以供上用，则贫民之赋可损，所谓损有余补不足，令出而民利者也。顺于民心，所补者三：一曰主用足，二曰民赋少，三曰劝农功。今令民有车骑马一匹者，复卒三人，车骑者，天下武备也，故为复卒。神农之教曰："有石城十仞，汤池百步，带甲百万，而亡粟，弗能守也。"以是观之，粟者，王者大用，政之本务。令民入粟受爵至五大夫[11]以上，乃复一人耳，此其与骑马之功相去远矣。爵者，上之所擅，出于口而亡穷；粟者，民之所种，生于地而不乏。夫得高爵与免罪，人之所甚欲也。使天下人入粟于边，以受爵免罪，不过三岁，塞下之粟必多矣。

【注释】

①陇西：郡名，今甘肃临洮以南。

②不复：魂返曰复；不复，指死后魂不返回故乡。

③曼衍相属：连延相续。

④金鼓：金，指金钲，形似鼓。击金则进，击鼓则退。

⑤革笥：用皮革做的铠甲。

⑥木荐：以木板做的盾。

⑦义渠：西戎之一种，今甘肃庆阳市一带。

⑧地著：久居其地不移徙。

⑨奇赢：谓有余财，而蓄聚奇异之物。

⑩渫：散。

⑪五大夫：秦汉行二十等爵制，五大夫乃其中第九等。后帝从晁错议，令民以粟输边，六百石受爵上造，稍增至四千石，为五大夫，万二千石为大庶长，各以多少而级数有差。

霍光传

霍光字子孟，票骑将军去病弟也。父中①孺，河东平阳人也，以县吏给事平阳侯家，与侍者卫少儿私通而生去病。中孺吏毕归家，娶妇生光，因绝不相闻，久之，少儿女弟子夫得幸于武帝，立为皇后，去病以皇后姊子贵幸。既壮大，乃自知父为霍中孺，未及求问，会为票骑将军击匈奴，道出河东，河东太守郊迎，负弩矢先驱，至平阳传舍，遣吏迎霍中孺。中孺趋入拜谒，将军迎拜，因跪曰："去病不早自知为大人遗体也。"中孺扶服叩头，曰："老臣得托命将军，此天力也。"去病大为中孺买田宅奴婢而去。还，复过焉，乃将光西至长安，时年十余岁，任光为郎，稍迁诸曹侍中。去病死后，光为奉车都尉光禄大夫，出则奉车，入侍左右，出入禁闼二十余年，小心谨慎，未尝有过，甚见亲信。

征和二年，卫太子为江充所败，而燕王旦、广陵王胥皆多过失。是时上年老，宠姬钩弋赵婕妤[2]男，上心欲以为嗣，命大臣辅之。察群臣唯光任大重，可属社稷。上乃使黄门画者画周公负成王朝诸侯以赐光。后元二年春，上游五柞宫，病笃，光涕泣问曰："如有不讳，谁当嗣者？"上曰："君未谕前画意邪？立少子，君行周公之事。"光顿首让曰："臣不如金日磾。"日磾亦曰："臣外国人，不如光。"上以光为大司马大将军，日磾为车骑将军，及太仆上官桀为左将军，搜粟都尉桑弘羊为御史大夫，皆拜卧内床下，受遗诏辅少主。明日，武帝崩，太子袭尊号，是为孝昭皇帝。帝年八岁，政事壹决于光。

先是，后元年，侍中仆射莽何罗与弟重合侯通谋为逆，时光与金日磾、上官桀等共诛之，功未录。武帝病，封玺书曰："帝崩发书以从事。"遗诏封金日磾为秺侯，上官桀为安阳侯，光为博陆侯，皆以前捕反者功封。时卫尉王莽子男忽侍中，扬语曰："帝病，忽常在左右，安得遗诏封三子事！群儿自相贵耳。"光闻之，切让王莽，莽鸩杀忽。

光为人沉静详审，长财七尺三寸，白皙，疏眉目，美须髯。每出入下殿门，止进有常处，郎仆射窃识视之，不失尺寸，其资性端正如此。初辅幼主，政自己出，天下想闻其风采。殿中尝有怪，一夜群臣相惊，光召尚符玺郎，郎不肯授光。光欲夺之，郎按剑曰："臣头可得，玺不可得也！"光甚谊之。明日，诏增此郎秩二等。众庶莫不多光。

光与左将军桀结婚相亲，光长女为桀子安妻。有女年与帝相配，桀因帝姊鄂邑盖主[3]内安女后宫为婕妤，数月立为皇后。父安为票骑将军，封桑乐侯。光时休沐出，桀辄入代光决事。桀父子既尊盛，而德长公主。公主内行不修，近幸河间丁外人。桀、安欲为外人求封，幸依国家故事以列侯尚公主者，光不许。又为外人求光禄大夫，欲令得召见，又不许。

长公主以是怨光。而桀、安数为外人求官爵，弗能得，亦惭。自先帝时，桀已为九卿，位在光右。及父子并为将军，有椒房④中宫之重，皇后亲安女，光乃其外祖，而顾专制朝事，由是与光争权。

燕王旦自以昭帝兄，常怀怨望。及御史大夫桑弘羊建造酒榷盐铁，为国兴利，伐其功，欲为子弟得官，亦怨恨光。于是盖主、上官桀、安及弘羊皆与燕王旦通谋，诈令人为燕王上书，言："光出都肄郎⑤羽林，道上称趣，太官先置。又引苏武前使匈奴，拘留二十年不降，还乃为典属国，而大将军长史敞亡功为搜粟都尉。又擅调益莫府⑥校尉。光专权自恣，疑有非常。臣旦愿归符玺，入宿卫，察奸臣变。"候司光出沐日奏之。桀欲从中下其事，桑弘羊当与诸大臣共执退光。书奏，帝不肯下。

明旦，光闻之，止画室中⑦不入。上问："大将军安在？"左将军桀对曰："以燕王告其罪，故不敢入。"有诏召大将军。光入，免冠顿首谢，上曰："将军冠。朕知是书诈也，将军亡罪。"光曰："陛下何以知之？"上曰："将军之广明，都郎属耳⑧。调校尉以来未能十日，燕王何以得知之？且将军为非，不须校尉。"是时帝年十四，尚书左右皆惊，而上书者果亡，捕之甚急。桀等惧，白上小事不足遂，上不听。

后桀党与有谮光者，上辄怒曰："大将军忠臣，先帝所属以辅朕身，敢有毁者坐之。"自是桀等不敢复言，乃谋令长公主置酒请光，伏兵格杀之，因废帝，迎立燕王为天子。事发觉，光尽诛桀、安、弘羊、外人宗族。燕王、盖主皆自杀。光威震海内。昭帝既冠，遂委任光，讫十三年，百姓充实，四夷宾服。

元平元年，昭帝崩，亡嗣。武帝六男独有广陵王胥在，群臣议所立，咸持广陵王。王本以行失道，先帝所不用。光内不自安。郎有上书言："周太王废太伯立王季，文王舍伯邑考立武王，唯在所宜，虽废长立少可也。广陵王不可以承宗庙。"言合光意。光以其书示丞相敞等，擢郎为九江太守，即日承皇太后诏，遣行大鸿胪事少府乐成、宗正德、光禄大夫吉、中郎将利汉迎昌邑王贺。

贺者，武帝孙，昌邑哀王子也。既至，即位，行淫乱。光忧懑，独以问所亲故吏大司农田延年。延年曰："将军为国柱石，审此人不可，何不建白太后，更选贤而立之？"光曰："今欲如是，于古尝有此否？"延年曰："伊尹相殷，废太甲以安宗庙，后世称其忠。将军若能行此，亦汉之伊尹也。"光乃引延年给事中，阴与车骑将军张安世图计，遂召丞相、御史、将军、列侯、中二千石、大夫、博士会议未央宫。光曰："昌邑王行昏乱，恐危社稷，如何？"群臣皆惊鄂失色，莫敢发言，但唯唯而已。田延年前，离席按剑，曰："先帝属将军以幼孤，寄将军以天下，以将军忠贤能安刘氏也。今群下鼎沸，社稷将倾，且汉之传谥常为孝者，以长有天下，令宗庙血食也。如令汉家绝祀，将军虽死，何面目见先帝于地下乎？今日之议，不得旋踵。群臣后应者，臣请剑斩之。"光谢曰："九卿责光是也。天下匈匈不安，光当受难。"于是议者皆叩头，曰："万姓之命在于将军，唯大将军令。"

光即与群臣俱见白太后，具陈昌邑王不可以承宗庙状。皇太后乃车驾幸未央承明殿，诏诸禁门毋内昌邑群臣。王入朝太后还，乘辇欲归温室，中黄门宦者各持门扇，王入，门闭，昌邑群臣不得入。王曰："何为？"大将军跪曰："有皇太后诏，毋内昌邑群臣。"王曰："徐之，何乃惊人如是！"光使尽驱出昌邑群臣，置金马门外。车骑将军安世将羽林骑收缚二百余人，皆送廷尉诏狱。令故昭帝侍中中臣侍守王。光敕左右："谨宿卫，卒有物故自裁，令我负天下，有杀主名。"王尚未自知当废，谓左右："我故群臣从官安得罪，而大将军尽系之乎？"顷之，有太后诏召王。王闻召，意恐，乃曰："我安得罪而召我哉？"太后被珠襦，盛服坐武帐中，侍御数百人皆持兵，期门武士陛戟，陈列殿下。群臣以次上殿，召昌邑王伏前听诏。光与群臣连名奏王，尚书令读奏曰：

丞相臣敞、大司马大将军臣光、车骑将军臣安世、度辽将军臣明友、前将军臣增、后将军臣充国、御史大夫臣谊、宜春侯臣谭、当涂侯臣圣、随桃侯臣昌乐、杜侯臣屠耆堂、太仆臣延车、太常臣昌、大司农臣延年、宗正臣德、少府臣乐成、延尉臣光、执金吾臣延寿、大鸿胪臣贤、左冯翊臣广明、右扶风臣德、长信少府臣嘉、典属国臣武、京辅都尉臣广汉、司隶校尉臣辟兵、诸吏文学光禄大夫臣迁、臣畸、臣吉、臣赐、臣管、臣胜、臣梁、臣长幸、臣夏侯胜、太中大夫臣德、臣卬昧死言皇太后陛下：臣敞等顿首死罪。天子所以永保宗庙总壹海内者，以慈孝礼谊赏罚为本。孝昭皇帝早弃天下，亡嗣，臣敞等议，礼曰："为人后者为之子也"，昌邑王宜嗣后，遣宗正、大鸿胪、光禄大夫奉节使征昌邑王典丧。服斩礶，亡悲哀之心，废礼谊，居道上不素食，使从官略女子载衣车，内所居传舍。始至谒见，立为皇太子，常私买鸡豚以食。受皇帝信玺、行玺⑨大行前，就次发玺不封。从官更持节，引内昌邑从官驺宰官奴二百余人，常与居禁闼内敖戏。自之符玺取节十六，朝暮临，令从官更持节从。为书曰："皇帝问侍中君卿：使中御府令高昌奉黄金千斤，赐君卿取十妻。"大行在前殿，发乐府乐器，引内昌邑乐人，击鼓歌吹作俳倡。会下还，上前殿⑩，击钟磬，召内泰壹宗庙乐人辇道牟首⑪，鼓吹歌舞，悉奏众乐。发长安厨三太牢具祠阁室⑫中，祠已，与从官饮啖。驾法驾，皮轩鸾旗，驱驰北宫、桂宫，弄彘斗虎。召皇太后御小马车⑬，使宫奴骑乘，游戏掖庭中。与孝昭皇帝宫人蒙等淫乱，诏掖庭令敢泄言要斩。

太后曰："止！为人臣子当悖乱如是邪！"王离席伏。尚书令复读曰：

取诸侯王、列侯、二千石绶及墨绶黄绶以并佩昌邑郎官者免奴⑭。变易节上黄旄以赤。发御府金钱刀剑玉器采缯，赏赐所与游戏者。与从官官奴夜饮，湛沔⑮于酒。诏太官上乘舆食如故。食监奏未释服未可御故食，复诏太官趣具，无关食监。太官不敢具，即使从官出买鸡豚，诏殿门内，以为常。独夜设九宾温室，延见姊夫昌邑关内侯。祖宗庙祠未举，为玺书使使者持节，以三太牢祠昌邑哀王⑯园庙，称嗣子皇帝。受玺以来二十七日，使者旁午⑰，持节诏诸官署征发，凡千一百二十七事。文学光禄大夫夏侯胜等及侍中傅嘉数进谏以过失，使人簿责⑱胜，缚嘉系狱。荒淫迷惑，失帝王礼谊，乱汉制度。臣敞等数进谏，不变更，日以益甚，恐危社稷，天下不安。

臣敞等谨与博士臣霸、臣隽舍⑲、臣德、臣虞舍、臣射、臣仓议，皆曰："高皇帝建功业为汉太祖，孝文皇帝慈仁节俭为太宗，今陛下嗣孝昭皇帝后，行淫辟不轨。《诗》云：'籍曰未知，亦既抱子。'五辟之属，莫大不孝。周襄王不能事母，《春秋》曰：'天王出居于郑'，由不孝出之，绝之于天下也。宗庙重于君，陛下未见命高庙，不可以承天序，奉祖宗庙，子万姓，当废。"臣请有司御史大夫臣谊、宗正臣德、太常臣昌与太祝以一太牢具，告祠高庙，臣敞等昧死以闻。

皇太后诏曰："可。"光令王起拜受诏，王曰："闻天子有争臣七人，虽无道不失天下。"光曰："皇太后诏废，安得天子！"乃即持其手，解脱其玺组，奉上太后，扶王下殿，出金马门，群臣随送。王西面拜，曰："愚戆不任汉事。"起就乘舆副车。大将军光送至昌邑邸，光谢曰："王行自绝于天，臣等驽怯，不能杀身报德。臣宁负王，不敢负社稷。愿王自爱，臣长不复见左右。"光涕泣而去。群臣奏言："古者废放之人屏于远方，不及以政，请徙王贺汉中房陵县。"太后诏归贺昌邑，赐汤沐邑二千户。昌邑群臣坐亡辅导之谊，陷王于恶，光悉诛杀二百余人。出死，号呼市中曰："当断不断，反受其乱。"

光坐庭中，会丞相以下议定所立。广陵王已前不用，及燕刺王反诛，其子不在议中。近亲唯有卫太子孙号皇曾孙在民间，咸称述焉。光遂复与丞相敞等上奏曰："《礼》曰：'人道亲亲故尊祖，尊祖故敬宗。'太宗亡嗣，择支子孙贤者为嗣。孝武皇帝曾孙病已，武帝时有诏掖庭养视，至今年十八，师受《诗》《论语》《孝经》，躬行节俭，慈仁爱人，可以嗣孝昭皇帝后，奉承祖宗庙，子万姓。臣昧死以闻。"皇太后诏曰："可。"光遣宗正刘德至曾孙家尚冠里，洗沐赐御衣，太仆以轺猎车迎曾孙就斋宗正府，入未央宫见皇太后，封为阳武侯。已而光奉上皇帝玺绶，谒于高庙，是为孝宣皇帝。明年，下诏曰："夫褒有德，赏元功，古今通谊也。大司马大将军光宿卫忠正，宣德明恩，守节秉谊，以安宗庙。其以河北、东武阳益封光万七千户。"与故所食凡二万户。赏赐前后黄金七千斤，钱六千万，杂缯三万匹，奴婢百七十人，马二千匹，甲第一区。

自昭帝时，光子禹及兄孙云皆中郎将，云弟山奉车都尉侍中，领胡越兵。光两女婿为东西宫卫尉，昆弟诸婿外孙皆奉朝请，为诸曹大夫、骑都尉、给事中。党亲连体，根据于朝廷。光自后元秉持万机，及上即位，乃归政。上谦让不受，诸事皆先关白光，然后奏御天子。光每朝见，上虚己敛容，礼下之已甚。

光秉政前后二十年，地节二年春病笃，车驾自临问光病，上为之涕泣。

光上书谢恩曰："愿分国邑三千户，以封兄孙奉车都尉山为列侯，奉兄票骑将军去病祀。"事下丞相御史，即日拜光子禹为右将军。

光薨，上及皇太后亲临光丧。太中大夫任宣与侍御史五人持节护丧事。中二千石治莫府冢上。赐金钱、缯絮，绣被百领，衣五十箧，璧珠玑玉衣、梓宫、便房[20]、黄肠[21]题凑各一具，枞木外臧[22]椁十五具。东园温明，皆如乘舆制度。载光尸柩以辒辌车[23]、黄屋左纛，发材官轻车北军五校士军陈至茂陵，以送其葬。谥曰宣成侯。发三河卒穿复土，起冢祠堂，置园邑三百家，长丞奉守如旧法。

既葬，封山为乐平侯，以奉车都尉领尚书事。天予思光功德，下诏曰："故大司马大将军博陆侯宿卫孝武皇帝三十有余年，辅孝昭皇帝十有余年，遭大难，躬秉谊，率三公九卿大夫定万世册以定社稷，天下蒸庶咸以康宁。功德茂盛，朕甚嘉之。复其后世，畴其爵邑，世世无有所与，功如萧相国。"明年夏，封太子外祖父许广汉为平恩侯。复下诏曰："宣成侯光宿卫忠正，勤劳国家。善善及后世，其封光兄孙中郎将云为冠阳侯。"

禹既嗣为博陆侯，太夫人显改光时所自造茔制而侈大之。起三出阙，筑神道，北临昭灵，南出承恩[24]，盛饰祠室，辇阁通属永巷，而幽良人婢妾守之，广治第室，作乘舆辇，加画绣茵冯，黄金涂，韦絮荐轮[25]，侍婢以五采丝挽显，游戏第中。初，光爱幸监奴[26]冯子都，常与计事，及显寡居，与子都乱。而禹、山亦并缮治第宅，走马驰逐平乐馆。云当朝请，数称病私出，多从宾客，张围猎黄山苑中，使苍头奴上朝谒，莫敢谴者。而显及诸女，昼夜出入长信宫殿中，亡期度。

宣帝自在民间闻知霍氏尊盛日久，内不能善。光薨，上始躬亲朝政，御史大夫魏相给事中。显谓禹、云、山："女曹不务奉大将军余业，今大夫给事中，他人壹间，女能复自救邪？"后两家奴争道，霍氏奴入御史府，欲蹋大夫门，御史为叩头谢，乃去。人以谓霍氏，显等始知忧。会魏大夫为丞相，数燕见言事。平恩侯与侍中金安上等径出入省中。时霍山自若领尚书，上令吏民得奏封事，不关尚书，群臣进见独往来，于是霍氏甚恶之。

宣帝始立，立微时许妃为皇后。显爱小女成君，欲贵之，私使乳医淳于衍行毒药杀许后，因劝光内成君，代立为后。语在《外戚传》。始许后暴崩，吏捕诸医，劾衍侍疾亡状不道，下狱。吏簿问急，显恐事败，即具以实语光。光大惊，欲自发举，不忍，犹与。会奏上，因署[27]衍勿论。光薨后，语稍泄。于是上始闻之而未察，乃徙光女婿度辽将军未央卫尉平陵侯范明友为光禄勋，次婿诸吏中郎将羽林监任胜出为安定太守。数月，复出光姊婿给事中光禄大夫张朔为蜀郡太守，群孙婿中郎将王汉为武威太守。顷之，复徙光长女婿长乐卫尉邓广汉为少府。更以禹为大司马，冠小冠，亡印绶，罢其右将军屯兵官属，将使禹官名与光俱大司马者。又收范明友度辽将军印绶，但为光禄勋。及光中女婿赵平为散骑骑都尉光禄大夫将屯兵，又收平骑都尉印绶。诸领胡越骑、羽林及两宫上将屯兵，悉易以所亲信许、史子弟代之。

禹为大司马，称病。禹故长史任宣候问，禹曰："我何病？县官非我家将军不得至是，今将军坟墓未干，尽外我家，反任许、史，夺我印绶，令人不省死。"宣见禹恨望深，乃谓曰："大将军时何可复行！持国权柄，杀生在手中。廷尉李种、王平、左冯翊贾胜胡及车丞相女婿少府徐仁皆坐逆将军意下狱死。使乐成小家子得幸将军，至九卿封侯。百官以下但事冯子都、王子方等，视丞相亡如也。各自有时，今许、史自天子骨肉，贵正宜耳。大司马欲用是怨恨，愚以为不可。"禹默然。数日，起视事。

显及禹、山、云自见日侵削，数相对啼泣，自怨。山曰："今丞相用事，县官信之，尽变易大将军时法令，以公田赋与贫民，发扬大将军过失。又诸儒生多窭人子，远客饥寒，喜妄说狂言，不避忌讳，大将军常雠之，今陛下好与诸儒生语，人人自使书对事，多言我家者。尝有上书言大将军时主弱臣强，专制擅权，今其子孙用事，昆弟益骄恣，恐危宗庙，灾异数见，尽为是也。其言绝痛，山屏不奏其书。后上书者益黠，尽奏封事，辄下中书令出取之，不关尚书，益不信人。"显曰："丞相数言我家，独无罪乎？"山曰："丞相廉正，安得罪？我家昆弟诸婿多不谨，又闻民间讙言霍氏毒杀许皇后，宁有是耶？"显恐急，即其以实告山、云、禹。山、云、禹惊曰："如是，何不早告禹等！县官离散斥逐诸婿，用是故也。此大事，诛罚不小，奈何？"于是始有邪谋矣。

初，赵平客石夏善为天官，语平曰："荧惑守御星，御星，太仆奉车都尉也，不黜则死。"平内忧山等。云舅李竟所善张赦见云家卒卒，谓竟曰："今丞相与平恩侯用事，可令太夫人言太后，先诛此两人。移徙陛下，在太后耳。"长安男子张章告之，事下廷尉。执金吾捕张赦、石夏等，后有诏止勿捕。山等愈恐，相谓曰："此县官重太后，故不竟也。然恶端已见，又有弑许后事，陛下虽宽仁，恐左右不听，久之犹发，发即族矣，不如先也。"遂令诸女各归报其夫，皆曰："安所相避？"

会李竟坐与诸侯王交通，辞语及霍氏，有诏云、山不宜宿卫，免就第。光诸女遇太后无礼，冯子都数犯法，上并以为让，山、禹等甚恐。显梦第中井水溢流庭下，灶居树上，又梦大将军谓显曰："知捕儿不？亟下捕之。"第中鼠暴多，与人相触，以尾画地。硙数鸣殿前树上。第门自坏。云尚冠里宅中门亦坏。巷端人共见有人居云屋上，彻瓦投地，就视，亡有，大怪之。禹梦车骑声正欢来捕禹，举家忧愁。山曰："丞相擅减宗庙羔、菟、龟㉘，可以此罪也。"谋令太后为博平君置酒，召丞相、平恩侯以下，使范明友、邓广汉承太后制引斩之，因废天子而立禹。约定未发，云拜为玄菟太守，太中大夫任宣为代郡太守。山又坐写秘书，显为上书献城西第，人马千匹，以赎山罪。书报闻。会事发觉，云、山、明友自杀，显、禹、广汉等捕得。禹要斩，显及诸女昆弟皆弃市。唯独霍后废处昭台宫。与霍氏相连坐诛灭者数千家。

上乃下诏曰："乃者东织室令史张赦使魏郡豪李竟报冠阳侯云谋为大逆，朕以大将军故，抑而不扬，冀其自新。今大司马博陆侯禹与母宣成侯夫人显及从昆弟子冠阳侯云、乐平侯山诸姊妹婿谋为大逆，欲诖误百姓。赖宗庙神灵，先发得，咸伏其辜，朕甚悼之。诸为霍氏所诖误，事在丙申前，未发觉在吏者，皆赦除之。男子张章先发觉，以语期门董忠，忠告左曹杨恽，恽告侍中金安上。恽召见对状，后章上书以闻。侍中史高与金安上建发其事，言无人霍氏禁闼，卒不得遂其谋，皆雠有功。封章为博成侯，忠高昌侯，恽平通侯，安上都成侯，高乐陵侯。"

初，霍氏奢侈，茂陵徐生曰："霍氏必亡。夫奢则不逊，不逊必侮上。侮上者，逆道也。在人之右，众必害之。霍氏秉权日久，害之者多矣。天下害之，而又行以逆道，不亡何待！"乃上疏言："霍氏泰盛，陛下即爱厚之，宜以时抑制，无使至亡。"书三上，辄报闻。其后霍氏诛灭，而告霍氏者皆封。人为徐生上书曰："臣闻客有过主人者，见其灶直突，傍有积薪，客谓主人，更为曲突，远徙其薪，不者且有火患。主人嘿然不应。俄而家果失火，邻里共救之，幸而得息。于是杀牛置酒，谢其邻人，灼烂者在于上行，余各以功次坐，而不录言曲突者。人谓主人曰：'向使听客之言，不费牛酒，终亡火患。今论功而请宾，曲突徙薪亡恩泽，焦头烂额为上客邪？'主人乃寤而请之。今茂陵徐福数上书言霍氏且有变，宜防绝之。向使福说得行，则国亡裂土出爵之费，臣亡逆乱诛灭之败。往事既已，而福独不蒙其功，唯陛下察之，贯徙薪曲突之策，使居焦发灼烂之右。"上乃赐福帛十匹，后以为郎。

宣帝始立，谒见高庙，大将军光从骖乘，上内严惮之，若有芒刺在背。后车骑将军张安世代光骖乘，天子从容肆体，甚安近焉。及光身死而宗族竟诛，故俗传之曰："威震主者不畜，霍氏之祸萌于骖乘。"

至成帝时，为光置守冢百家，吏卒奉祠焉。元始二年，封光从父昆弟曾孙阳为博陆侯，千户。

【注释】

①中：同"仲"。

②钩弋赵婕妤：婕妤居钩弋宫，故称。

③鄂邑盖主：鄂邑所食邑，为盖侯所尚，故曰盖主。

④椒房：殿名，皇后所居。

⑤都肄郎：都，试；肄，习。谓总阅试习武备。

⑥莫府：大将军府。

⑦止画室中：近臣休息的雕画之室。

⑧广明都郎属耳：广明，亭名；属耳，附近。

⑨行玺：汉初有三玺，天子之玺自佩，行玺、信玺在符节台。

⑩下还，上前殿：下，谓柩之入冢。谓葬还不居丧位，便处前殿。

⑪牟首：池名。言召泰壹乐人在辇道牟首鼓吹歌舞。

⑫阁室：阁道之有室者。

⑬小马车：皇太后所驾游宫中辇车。汉厩有果下马高三尺以驾辇，小马可于果树下乘，故号果下马。

⑭免奴：谓免放为良人者。

⑮湛沔：湛，同"沈"，沈沔，荒迷。

⑯祠昌邑哀王：时在丧服，故未祠宗庙，而私祭昌邑哀王。

⑰旁午：一纵一横为旁午，犹言交横。

⑱簿责：以文簿具责之。

⑲隽舍：隽，姓；舍，名。下有臣虞舍，故以姓别之。

⑳便房：藏中便坐。

㉑黄肠：以柏木黄心致累棺外曰黄肠。

㉒外臧：在正臧外，婢妾臧。

㉓辒辌车：本安车，可以卧息，后因载丧，故遂为丧车。

㉔昭灵、承恩：皆馆名。

㉕韦絮荐轮：御辇以韦缘轮，著之以絮，取其行走时安稳不动摇。

㉖监奴：管家奴。

㉗署：题其奏后。

㉘擅减宗庙羔、菟、龟：高后时下令，辄有擅议宗庙者弃市。羔、菟、龟用以供祭。

货殖传序

　　昔先王之制，自天子公侯卿大夫士至于皂隶抱关击柝①者，其爵禄奉养宫室车服棺椁祭祀死生之制各有差品，小不得僭大，贱不得逾贵。夫然，故上下序而民志定。于是辩其土地川泽丘陵衍沃原隰②之宜，教民种树畜养，五谷六畜及至鱼鳖鸟兽萑蒲材干器械之资，所以养生送终之具，靡不毕育。育之以时，而用之有节。草木未落，斧斤不入于山林。豺獭未祭，罝网不布于野泽；鹰隼未击，矰弋不施于徯遂③。既顺时而取物，然犹山不茬蘗④，泽不伐天，砻鱼麛卵，咸有常禁。所以顺时宣气，蕃阜庶物，积足功用，如此之备也，然后四民因其土宜，各任智力，夙兴夜寐，以治其业，相与通功易事，交利而俱赡，非有征发期会，而远近咸足。故《易》曰："后以财成辅相天地之宜，以左右民。""备物致用，立成器以为天下利，莫大乎圣人。"此之谓也。《管子》云古之四民不得杂处，士相与言仁谊于闲宴，工相与议技巧于官府，商相与语财利于市井⑤，农相与谋稼穑于田野，朝夕从事，不见异物而迁⑥焉。故其父兄之教不肃而成，子弟之学不劳而能，各安其居而乐其业，甘其食而美其服，虽见奇丽纷华，非其所习，辟犹戎、翟之与于越⑦，不相入矣。是以欲寡而事节，财足而不争。于是在民上者，道之以德，齐之以礼，故民有耻而且敬，贵谊而贱利。此三代之所以直道而行，不严而治之大略也。

及周室衰，礼法堕，诸侯刻桷丹楹，大夫山节藻棁，八佾舞于庭，《雍》彻于堂。其流至于士庶人，莫不离制而弃本，稼墙之民少，商旅之民多，谷不足而货有余。

陵夷至于桓、文之后，礼谊大坏，上下相冒，国异政，家殊俗，嗜欲不制，僭差亡极。于是商通难得之货，工作亡用之器，士设反道之行，以追时好而取世资。伪民背实而要名，奸夫犯害而求利，篡弑取国者为王公，圉⑧夺成家者为雄杰。礼谊不足以拘君子，刑戮不足以威小人。富者木土被文锦，犬马余肉粟，而贫者褐裼⑨不完，胱菽饮水。其为编户齐民，同列而以财力相君，虽为仆虏，犹亡愠色。故夫饰变诈为奸轨者，自足乎一世之间；守道循理者，不免于饥寒之患。其教自上兴，由法度之无限也。故列其行事，以传世变云。

【注释】

①皂隶抱关击柝：皂，养马者；隶，奴隶；抱关，守门者；击柝，更夫。

②衍沃原隰：衍，谓地平衍；沃，水之所灌沃；广平为原；下湿为隰。

③僕遂：小径。

④茬蘖：茬，古槎字，斫木；蘖，伐光。

⑤市井：市，交易之处；井，共汲之所。故总言市井。

⑥不见异物而迁：言非其本业则不观视，故能各精其事而不移易。

⑦于越：于，发语声。于越即越。

⑧圉：谓禁守其人。

⑨硕褐：硕，布长襦；褐，编秽衣。

游侠传 陈遵

陈遵字孟公，杜陵人也。祖父遂，字长子，宣帝微时与有故，相随博弈，数负进①。及宣帝即位，用遂，稍迁至太原太守，乃赐遂玺书曰："制诏太原太守：官尊禄厚，可以偿博进矣。妻君宁②时在旁，知状。"遂于是辞谢，因曰："事在元平元年赦令前。"其见厚如此。元帝时，征遂为京兆尹，至廷尉。

遵少孤，与张竦伯松俱为京兆史。竦博学通达，以廉俭自守，而遵放纵不拘，操行虽异，然相亲友，哀帝之末俱著名字，为后进冠，并入公府，公府掾史率皆赢车小马，不上鲜明，而遵独极舆马衣服之好，门外车骑交错。又日出醉归，曹事数废。西曹以故事适之③，侍曹辄诣寺舍白遵曰："陈卿今日以某事适。"遵曰："满百乃相闻。"故事，有百适者斥，满百，西曹白请斥，大司徒马宫大儒优士，又重遵，谓西曹："此人大度士，奈何以小文责之？"乃举遵能治三辅剧县，补郁夷令，久之，与扶风相失，自免去。

槐里大贼赵朋、霍鸿等起，遵为校尉，击朋、鸿有功，封嘉威侯。居长安中，列侯近臣贵戚皆贵重之，牧守当之官，及郡国豪杰至京师者，莫不相因到遵门。

遵耆④酒，每大饮，宾客满堂，辄关门，取客车辖投井中，虽有急，终不得去，尝有部刺史奏事，过遵，值其方饮，刺史大穷，候遵沾醉时，突入见遵母，叩头自白当对尚书有期会状，母乃令从后阁出去。遵大率常醉，然事亦不废。

长八尺余，长头大鼻，容貌甚伟。略涉传记。赡于文辞。性善书，与人尺牍，主皆藏去以为荣。请求不敢逆，所到，衣冠怀之⑤，唯恐在后。时列侯有与遵同姓字者，每至人门，曰陈孟公，坐中莫不震动，既至而非，因号其人曰陈惊坐云。

王莽素奇遵材，在位多称誉者，由是起为河南太守；既至官，当遣从史西，召善书吏十人于前，治私书谢京师故人。遵冯⑥几，口占书吏⑦，且省官事，书数百封，亲疏各有意，河南大惊。数月免。

初，遵为河南太守，而弟级为荆州牧，当之官，俱过长安富人故淮阳王外家左氏饮食作乐。后司直陈崇闻之，劾奏："遵兄弟幸得蒙恩超等历位，遵爵列侯，备郡守，级州牧奉使，皆以举直察枉宣扬圣化为职，不正身自慎。始遵初除，乘藩车⑧入闾巷，过寡妇左阿君置酒歌讴，遵起舞跳梁，顿仆坐上，暮因留宿，为侍婢扶卧。遵知饮酒饫宴有节，礼不入寡妇之门，而湛酒溷肴，乱男女之别，轻辱爵位，羞污印韨⑨，恶不可忍闻。臣请皆免。"遵既免，归长安，宾客愈盛，饮食自若。

久之，复为九江及河内都尉，凡三为二千石。而张竦亦至丹阳太守，封淑德侯。后俱免官，以列侯归长安。竦居贫，无宾客，时时好事者从之质疑问事，论道经书而已。而遵昼夜呼号，车骑满门，酒肉相属。

先是，黄门郎扬雄作《酒箴》以讽谏成帝，其文为酒客难法度士，譬之于物，曰："子犹瓶矣。观瓶之居，居井之眉，处高临深，动常近危。酒醪不入口，臧水满怀，不得左右，牵于纆徽。一旦墩碍，为㖟所䤖⑩，身提黄泉⑪，骨肉为泥。自用如此，不如鸱夷⑫。鸱夷滑稽⑬，腹如大壶，尽日盛酒，人复借酤。常为国器，托于属车⑭，出入两宫，经营公家。由是言之，酒何过乎！"遵大喜之，常谓张竦："吾与尔犹是矣。足下讽诵经书，苦身自约，不敢差跌，而我放意自恣，浮湛俗问，官爵功名，不减于子，而差独乐，顾不优邪！"竦曰："人各有性，长短自裁。子欲为我亦不能，吾而效子亦败矣。虽然，学我者易持，效子者难将，吾常道也。"

及王莽败，二人俱客于池阳，竦为贼兵所杀。更始至长安，大臣荐遵为大司马护军，与归德侯刘飒俱使匈奴。单于欲胁诎遵，遵陈利害，为言曲直，单于大奇之，遣还。会更始败，遵留朔方，为贼所败，时醉见杀。

【注释】

①进：赌资。

②君宁：遵妻名。

③以故事适之：谓依据旧法令而惩罚之。

④耆：通"嗜"。

⑤怀之：怀，来；怀之，谓招来而礼之。

⑥冯：通"凭"。

⑦口占书吏：占，隐度。谓口隐其辞以授吏。

⑧藩车：有屏蔽之车。

⑨绁：官印的带子。

⑩牵于缧徽，一旦典硋，为罋所轠：言瓶忽悬硋不得下，而为井壁所击，则破碎。

⑪身提黄泉：提，掷。谓掷入黄泉之中。

⑫鸱夷：皮囊，用以盛酒。

⑬滑稽：形状圆滑。

⑭属车：天子属车，常载酒食，故有鸱夷。

王莽传　赞

赞曰：王莽始起外戚，折节力行，以要名誉，宗族称孝，师友归仁。及其居位辅政，成、哀之际，勤劳国家，直道而行，动见称述。岂所谓"在家必闻，在国必闻"，"色取仁而行违"者邪？莽既不仁而有佞邪之材，又乘四父历世之权，遭汉中微，国统三绝，而太后寿考为之宗主，故得肆其奸慝，以成篡盗之祸。推是言之，亦天时，非人力之致矣。及其窃位南面，处非其据，颠覆之势险于桀、纣，而莽晏然自以黄、虞复出也。乃始恣睢，奋其威诈，滔天虐民，穷凶极恶，毒流诸夏，乱延蛮貉，犹未足逞其欲焉。是以四海之内，嚣然①丧其乐生之心，中外愤怨，远近俱发，城池不守，支体分裂，遂令天下城邑为虚，丘垄发掘，害遍生民，辜及朽骨，自书传所载乱臣贼子无道之人，考其祸败，未有如莽之甚者也。昔秦燔《诗》《书》以立私议，莽诵《六艺》以文奸言，同归殊途，俱用灭亡，皆亢龙绝气②，非命③之运，紫色哇声④，余分闰位⑤，圣王之驱除⑥云尔！

【注释】

①嚣然：喧哗。

②亢龙绝气：《易》曰："亢龙有悔。"谓无德而居高位。

③非命：非天之命。

④紫色哇声：紫，间色。哇，邪音也。

⑤余分闰位：言王莽不得正主之命，如岁月之余分为闰。

⑥圣王之驱除：言驱逐蠲除，以待圣人。

诸侯王表序

昔周监于二代，三圣制法，立爵五等，封国八百，同姓五十有余。周公、康叔建于鲁、卫，各数百里；太公于齐，亦五侯九伯之地。《诗》载其制曰："介人①惟藩，大师惟垣。大邦惟屏，大宗惟翰。怀德惟宁，宗子惟城。毋俾城坏。毋独斯畏。"所以亲亲贤贤，褒表功德，关诸盛衰，深根固本，为不可拔者也。故盛则周、邵相其治，致刑错；衰则五伯扶其弱，与共守。自幽、平之后，日以陵夷，至乎虏厄②河、洛之间，分为二周，有逃债之台③，被窃铁之言④。然天下谓之共主，强大弗之敢倾。历载八百余年，数极德尽，即于王赧，降为庶人，用天年终。号位已绝于天下，尚犹枝叶相持，莫得居其虚位，海内无主，三十余年。秦据势胜之地，骋狙诈之兵，蚕食山东，一切取胜。因矜其所习，自任私知，姗笑三代，荡灭古法，窃自号为皇帝，而子弟为匹夫，内亡骨肉本根之辅，外亡尺土藩翼之卫。陈、吴奋其白梃，刘、项随而毙之。故曰：周过其历⑤，秦不及期，国势然也。

汉兴之初，海内新定，同姓寡少，惩戒亡秦孤立之败，于是剖裂疆土，立二等之爵。功臣侯者百有余邑，尊王子弟，大启九国。自雁门以东，尽辽阳，为燕、代。常山以南，太行左转，度河、济，渐于海，为齐、赵。谷、泗以往，奄有龟、蒙，为梁、楚。东带江、湖，薄会稽，为荆吴⑥。北界淮濒，略庐、衡，为淮南。波汉之阳，亘九嶷，为长沙。诸侯比境，周匝三垂，外接胡越。天子自有三河、东郡、颍川、南阳，自江陵以西至巴蜀，北自云中至陇西，与京师内史凡十五郡，公主、列侯颇邑其中。而藩国大者夸州兼郡，连城数十，宫室百官同制京师，可谓矫枉过其正矣。虽然，高祖创业，日不暇给，孝惠享国又浅，高后女主摄位，而海内晏如，亡狂狡之忧，卒折诸吕之难，成太宗之业者，亦赖之于诸侯也。

然诸侯原本以大，末流滥以致溢，小者淫荒越法，大者睽孤[7]横逆，以害身丧国。故文帝采贾生之议分齐、赵，景帝用晁错之计削吴、楚。武帝施主父之册，下推恩之令，使诸侯王得分户邑以封子弟，不行黜陟，而藩国自析。自此以来，齐分为七，赵分为六，梁分为五，淮南分为三。皇子始立者，大国不过十余城。长沙、燕、代虽有旧名，皆亡南北边矣。景遭七国之难，抑损诸侯，减黜其官。武有衡山、淮南之谋[8]，作左官[9]之律，设附益[10]之法，诸侯惟得衣食税租，不与政事。

至于哀、平之际，皆继体苗裔，亲属疏远，生于帷墙之中，不为士民所尊，势与富室亡异。而本朝短世，国统三绝[11]，是故王莽知汉中外殚微，本末俱弱，亡所忌惮，生其奸心，因母后之权，假伊、周之称，颛作威福庙堂之上，不降阶序而运天下。诈谋既成，遂据南面之尊，分遣五威之吏[12]，驰传天下，班行符命。汉诸侯王厥角稽首[13]，奉上玺韍[14]，惟恐在后，或乃称美颂德，以求容媚，岂不哀哉！是以究其终始强弱之变，明监戒焉。

【注释】

①"介人"八句：《大雅·板》之诗。指天子必须以善良守法之人为藩篱，以公卿贵官为垣墙，以诸侯大国为屏蔽，以宗室为主干。并且推行德政，分封宗子，建立城邦。才能使天下安宁，列城坚固。否则民不堪命，民不堪命就祸及宗子，使列城坠毁，并最终使群臣离异，天子孤立而畏惧。

②庳厄：庳，狭；厄，崎岖。

③逃责之台：周赧王负债，不还，债主追迫，逃于此台，所以后人称之为逃之债台。责，同债。

④窃铁之言：铁钺，王者施刑之具。周室衰微，政令不行，虽有铁钺，无处可用，就像将偷来的东西隐藏起来一样。

⑤周过其历：武王克商，卜世三十，卜年七百，今周三十六世。八百六十七岁，故谓过其历。

⑥荆吴：即吴。高帝六年建荆国，十年更名为吴。

⑦睽孤：《易·睽卦》九四爻辞曰："睽孤，见豕负涂。"睽孤，违背、

离异之意。

⑧衡山、淮南之谋：衡山王赐、淮南王安谋叛不成，皆自杀。

⑨左官：汉朝时尊右卑左，武帝宣布王国之官为左官，以示贬损。

⑩附益：附，附着，依附，指限制王国官吏与诸侯王互相勾结。

⑪国统三绝：谓成帝、哀帝、平帝，皆早崩，无子嗣。

⑫五威之吏：王莽遣五威将帅颁符命四十二于天下。所谓五威，指每一将各置左右前后中五帅，衣冠军服驾马，各如其方面之色数，称之为五威。

⑬厥角稽首：厥，顿；角，指额角；稽首，首至地。

⑭绂：指玺的绶带。

地理志　各地风俗物产

本秦京师为内史①，分天下作三十六郡，汉兴，以其郡太大，稍复开置，又立诸侯王国。武帝开广三边，故自高祖增二十六，文、景各六，武帝二十八，昭帝一，讫于孝平，凡郡国一百三，县邑千三百一十四，道三十二，侯国二百四十一。地东西九千三百二里，南北万三千三百六十八里。提封田一万万四千五百一十三万六千四百五顷，其一万万二百五十二万八千八百八十九顷，邑居道路，山川林泽，群不可垦，其三千二百二十九万九百四十七顷，可垦不可垦，定垦田八百二十七万五百三十六顷。民户千二百二十三万三千六十二。口五千九百五十九万四千九百七十八。汉极盛矣。

凡民函五常之性，而其刚柔缓急，音声不同，系水土之风气，故谓之风；好恶取舍，动静亡常，随君上之情欲，故谓之俗。孔子曰："移风易俗，莫善于乐。"言圣王在上，统理人伦，必移其本，而易其末，此混同天下一之乎中和，然后王教成也。汉承百王之末，国土变改，民人迁徙，成帝时刘向略言其域分，丞相张禹使属颍川朱赣条其风俗，犹未宣究，故辑而论之，终其本末著于篇。

秦地，于天官东井、舆鬼之分野也。其界自弘农故关以西，京兆、扶风、冯翊、北地、上郡、西河、安定、天水、陇西，南有巴、蜀、广汉、犍为、武都，西有金城、武威、张掖、酒泉、敦煌，又西南有牂柯、越巂、益州，皆宜属焉。

秦之先曰伯益，出自帝颛顼，尧时助禹治水，为舜朕虞，养育草木鸟兽，赐姓嬴氏，历夏、殷为诸侯。至周有造父，善驭习马，得骅骝、绿耳之乘，幸于穆王，封于赵城，故更为赵氏。后有非子，为周孝王养马汧、渭之间。孝王曰："昔伯益知禽兽，子孙不绝。"乃封为附庸，邑之于秦，今陇西秦亭秦谷是也。至玄孙，氏为庄公，破西戎，有其地。子襄公时，幽王为犬戎所败，平王东迁洛邑。襄公将兵救周有功，赐受胟、酆之地，列为诸侯。后八世，穆公称伯，以河为境。十余世，孝公用商君，制辕田[2]，开仟伯[3]，东雄诸侯，子惠公初称王，得上郡、西河。孙昭王开巴蜀，灭周，取九鼎。昭王曾孙政并六国，称皇帝，负力怙威，燔书坑儒，自任私智。至子胡亥，天下畔之。

故秦地于《禹贡》时跨雍、梁二州，《诗·风》兼秦、豳两国。昔后稷封斄[4]，公刘处豳，大王徙胟，文王作酆[5]，武王治镐，其民有先王遗风，好稼穑，务本业，故《豳诗》言农桑衣食之本甚备。有鄠、杜竹林，南山檀柘，号称陆海，为九州膏腴。始皇之初，郑国穿渠，引泾水溉田，沃野千里，民以富饶。汉兴，立都长安，徙齐诸田，楚昭、屈、景及诸功臣家于长陵。后世世徙吏二千石、高訾富人及豪杰并兼之家于诸陵。盖亦以强干弱支，非独为奉山园也。是故五方杂厝，风俗不纯。其世家则好礼文，富人则商贾为利，豪杰则游侠通奸。濒南山，近夏阳，多阻险轻薄，易为盗贼，常为天下剧，又郡国辐凑，浮食者多，民去本就末，列侯贵人车服僭上，众庶放效，羞不相及，嫁娶尤崇侈靡，送死过度。

天水、陇西，山多林木，民以板为室屋。及安定、北地、上郡、西河，皆迫近戎狄，修习战备，高上气力，以射猎为先。故《秦诗》曰"在其板屋"，又曰"王于兴师，修我甲兵，与子偕行"。及《车辚》《四载》《小戎》之篇，皆言车马田狩之事。汉兴，六郡[6]良家子选给羽林、期门，以材力为官，名将多出焉。孔子曰："君子有勇而亡谊则为乱，小人有勇而亡谊则为盗。"故此数郡，民俗质木，不耻寇盗。

自武威以西，本匈奴昆邪王、休屠王地，武帝时攘之，初置四郡，以通西域，鬲绝南羌、匈奴。其民或以关东下贫，或以报怨过当，或以笼逆亡道，家属徙焉。习俗颇殊，地广民稀，水草宜畜牧，故凉州之畜为天下饶。保边塞，二千石治之，咸以兵马为务；酒礼之会，上下通焉，吏民相亲。是以其俗风雨时节，谷籴常贱，少盗贼，有和气之应，贤于内郡。此政宽厚，吏不苛刻之所致也。

巴、蜀、广汉本南夷，秦并以为郡，土地肥美，有江水沃野，山林竹木蔬食果实之饶。南贾滇、僰僮，西近邛、笮马旄牛。民食稻鱼，亡凶年忧，俗不愁苦，而轻易淫泆，柔弱褊厄。景、武间，文翁为蜀守，教民读书法令，未能笃信道德，反以好文刺讥，贵慕权势，及司马相如游宦京师诸侯，以文辞显于世，乡党慕循其迹。后有王褒、严遵、扬雄之徒，文章冠天下。繇文翁倡其教，相如为之师，故孔子曰："有教亡类。"

武都地杂氐、羌，及犍为、牂柯、越嶲，皆西南外夷，武帝初开置，民俗略与巴、蜀同，而武都近天水，俗颇似焉。

故秦地天下三分之一，而人众不过什三，然量其富居什六。（秦圖）吴札观乐，为之歌《秦》，曰："此之谓夏声。夫能夏则大，大之至也，其周旧乎？"

自井十度至柳三度，谓之鹑首之次，秦之分也。

魏地，觜觽、参之分野也。其界自高陵以东，尽河东、河内，南有陈留及汝南之召陵、茖强、新汲、西华、长平，颍川之舞阳、郾、许、鄢陵，河南之开封、中牟、阳武、酸枣、卷，皆魏分也。

河内本殷之旧都，周既灭殷，分其畿内为三国，《诗·风》邶、庸、卫[⑦]国是也。鄁邑封纣子武庚；庸，管叔尹之；卫，蔡叔尹之：以监殷民，谓之三监。故《书序》曰："武王崩，三监畔。"周公诛之，尽以其地封弟康叔，号曰孟侯，以夹辅周室。迁邶、庸之民于洛邑，故邶、庸、卫三国之诗相与同风。《邶诗》曰："在浚之下。"《庸》曰："大浚之郊。"《邶》又曰："亦流于淇。""河水洋洋。"《庸》曰："送我淇上。""在彼中河。"《卫》曰："瞻彼淇奥。""河水洋洋。"故吴公子札聘鲁观周乐，闻《邶》《庸》《卫》之歌，曰："美哉渊乎！吾闻康叔之德如是，是其《卫风》乎？"至十六世，懿公亡道，为狄所灭。齐桓公帅诸侯伐狄，而更封卫于河南曹、楚丘，是为文公。而河内殷虚⑧，更属于晋。康叔之风既歇，而纣之化犹存，故俗刚强，多豪杰侵夺，薄恩礼，好生分。

河东土地平易，有盐铁之饶，本唐尧所居，《诗·风》唐、魏之国也。周武王子唐叔在母未生，武王梦帝谓己曰："余名而子曰虞，将与之唐，属之参。"及生，名之曰虞。至成王灭唐，而封叔虞。唐有晋水，及叔虞子燮为晋侯云，故参为晋星。其民有先王遗教，君子深思，小人俭陋。故《庸诗》《蟋蟀》《山枢》《葛生》之篇曰："今我不乐，日月其迈"，"宛其死矣，它人是偷"，"百岁之后，归于其居"。皆思奢俭之中，念死生之虑。吴札闻《唐》之歌，曰："思深哉！其有陶唐氏之遗民乎？"

魏国，亦姬姓也，在晋之南河曲，故其诗曰："彼汾一曲"，"置诸河之侧"。自唐叔十六世至献公，灭魏以封大夫毕万⑨，灭耿以封大夫赵夙⑩，及大夫韩武子⑪食采于韩原，晋于是始大。至于文公，伯诸侯，尊周室，始有河内之土。吴礼闻《魏》之歌，曰："美哉沨沨乎！以德辅此，则明主也。"文公后十六世为韩、赵、魏所灭，三家皆自立为诸侯，是为三晋。赵与秦同祖，韩、魏皆姬姓也。自毕万后十世称侯，至孙称王，徙都大梁，故魏一号为梁，七世为秦所灭。

周地，柳、七星、张之分野也。今之河南洛阳、谷城、平阴、偃师、巩、缑氏，是其分也。

昔周公营洛邑，以为在于土中，诸侯蕃屏四方，故立京师。至幽王淫褒姒，以灭宗周，子平王东居洛邑。其后五伯更帅诸侯以尊周室，故周于三代最为长久。八百余年至于赧王，乃为秦所兼。初洛邑与宗周通封畿，东西长而南北短，短长相覆为千里。至襄王以河内赐晋文公，又为诸侯所侵，故其分地小。

周人之失，巧伪趋利，贵财贱义，高富下贫，啬为商贾，不好仕宦。

自柳三度至张十二度，谓之鹑火之次，周之分也。

韩地，角、亢、氐之分野也。韩分晋得南阳郡及颍川之父城、定陵、襄城、颍阳、颍阴、长社、阳翟、郑，东接汝南，西接弘农得新安、宜阳，皆韩分也。及《诗·风》陈、郑之国，与韩同星分焉。

郑国，今河南之新郑，本高辛氏火正祝融之虚也。及成皋、荥阳，颍川之崇高、阳城，皆郑分也。本周宣王弟友为周司徒，食采于宗周畿内，是为郑。郑桓公问于史伯曰："王室多故，何所可以逃死？"史伯曰："四方之国，非王母弟甥舅则夷狄，不可入也，其济、洛、河、颍之间乎！子男之国，虢、会^⑫为大，恃势与险，崇侈贪冒，君若寄帑与赂，周乱而敝，必将背君；君以成周之众，奉辞伐罪，亡不克矣。"公曰："南方不可乎？"对曰："夫楚，重黎之后也，黎为高辛氏火正，昭显天地，以生柔嘉之材。姜、嬴、荆、芈，实与诸姬氏相干也。姜，伯夷之后也；嬴，伯益之后也。伯夷能礼于神以佐尧，伯益能仪百物以佐舜，其后皆不失祀，而未有兴者，周衰将起，不可逼也。"桓公从其言，乃东寄帑与赂，虢、会受之。后三年，幽王败，桓公死，其子武公与平王东迁，卒定虢、会之地，右雒左泲，食溱、洧焉。土狭而险，山居谷汲，男女亟聚会，故其俗淫。《郑诗》曰："出其东门，有女如云。"又曰："溱与洧方灌灌兮，士与女方秉菅兮。""恂盱且乐，惟士与女，伊其相谑。"此其风也。吴札闻郑之歌，曰："美哉！其细已甚，民弗堪也。是其先亡乎？"自武公后二十三世，为韩所灭。

　　陈国，今淮阳之地。陈本太昊之虚，周武王封舜后妫满于陈，是为胡公，妻以元女太姬，妇人尊贵，好祭祀，用史巫，故其俗巫鬼。《陈诗》曰："坎其击鼓，宛丘之下，亡冬亡夏，值其鹭羽。"又曰："东门之枌，宛丘之栩，子仲之子，婆娑其下。"此其风也。吴札闻《陈》之歌，曰："国亡主，其能久乎？"自胡公后二十三世为楚所灭。陈虽属楚，于天文自若其故。

　　颍川、南阳，本夏禹之国。夏人上忠，其敝鄙朴。韩自武子后七世称侯，六世称王，五世而为秦所灭。秦既灭韩，徙天下不轨之民于南阳，故其俗夸奢，上气力，好商贾渔猎，藏匿难制御也。宛，西通武关，东受江、淮，一都之会也。宣帝时，郑弘、召信臣为南阳太守，治皆见纪。信臣劝民农桑，去末归本，郡以殷富。颍川，韩都。士有申子、韩非，刻害余烈，高仕宦，好文法，民以贪遴争讼生分为失。韩延寿为太守，先之以敬让；黄霸继之，教化大行，狱或八年亡重罪囚。南阳好商贾，召父^⑬富以本业；颍川好争讼分异，黄、韩化以笃厚。"君子之德风也，小人之德草也"，信矣。

自东井六度至亢六度，谓之寿星之次，郑之分野，与韩同分。

赵地，昴、毕之分野。赵分晋，得赵国。北有信都、真定、常山、中山，又得涿郡之高阳、鄚、州乡；东有广平、巨鹿、清河、河间，又得渤海郡之东平舒、中邑、文安、束州、成平、章武，河以北也；南至浮水、繁阳、内黄、斥丘；西有太原、定襄、云中、五原、上党。上党，本韩之别郡也，远韩近赵，后卒降赵，皆赵分也。

自赵夙后九世称侯，四世敬侯徙都邯郸，至曾孙武灵王称王，五世为秦所灭。

赵、中山地薄人众，犹有沙丘纣淫乱余民。丈夫相聚游戏，悲歌慷慨，起则椎剽掘冢，作奸巧；多弄物，为倡优。女子弹弦跕躧，游媚富贵，遍诸侯之后宫。

邯郸北通燕、涿，南有郑、卫，漳、河之间一都会也。其土广俗杂，大率精急，高气势，轻为奸。

太原、上党又多晋公族子孙，以诈力相倾，矜夸功名，报仇过直，嫁取送死奢靡。汉兴，号为难治，常择严猛之将，或任杀伐为威。父兄被诛，子弟怨愤，至告讦刺史二千石，或报杀其亲属。

钟、代、石、北，迫近胡寇，民俗愠愊[14]，好气为奸，不事农商，自全晋时，已患其剽悍，而武灵王又益厉之。故冀州之部，盗贼常为它州剧。

定襄、云中、五原，本戎狄地，颇有赵、齐、卫、楚之徙。其民鄙朴，少礼文，好射猎。雁门亦同俗，于天文别属燕。

燕地，尾、箕分野也。武王定殷，封召公于燕，其后三十六世与六国俱称王。东有渔阳、右北平、辽西、辽东，西有上谷、代郡、雁门，南得涿郡之易、容城、范阳、北新城、故安、涿县、良乡、新昌，及渤海之安次，皆燕分也。乐浪、玄菟，亦宜属焉。

燕称王十世，秦欲灭六国，燕王太子丹遣勇士荆轲西刺秦王，不成而诛，秦遂举兵灭燕。

蓟，南通齐、赵，勃、碣之间一都会也。初，太子丹宾养勇士，不爱后宫美女，民化以为俗，至今犹然。宾客相过，以妇待宿，嫁取之夕，男女无别，反以为荣。后稍颇止，然终未改。其俗愚悍少虑，轻薄无威，亦有所长，敢于急人，燕丹遗风也。

上谷至辽东，地广民希，数被胡寇，俗与赵、代相类，有鱼盐枣栗之饶。北隙乌丸、夫余[15]，东贾真番之利。

玄菟、乐浪，武帝时置，皆朝鲜、濊貉、句骊蛮夷。殷道衰，箕子去之朝鲜，教其民以礼义，田蚕织作。乐浪朝鲜民犯禁八条：相杀以当时偿杀；相伤以谷偿；相盗者男没入为其家奴，女子为婢，欲自赎者，人五十万。虽免为民，俗犹羞之，嫁取无所雠，是以其民终不相盗，无门户之闭，妇人贞信不淫辟。其田民饮食以笾豆，都邑颇放效吏及内郡贾人，往往以杯器食。郡初取吏于辽东，吏见民无闭藏，及贾人往者，夜则为盗，俗稍益薄。今于犯禁寖多，至六十余条。可贵哉，仁贤之化也！然东夷天性柔顺，异于三方之外，故孔子悼道不行，设浮于海，欲居九夷，有以也夫！乐浪海中有倭人，分为百余国，以岁时来献见云。

自危四度至斗六度，谓之析木之次，燕之分也。

齐地，虚、危之分野也。东有甾川、东莱、琅琊、高密、胶东，南有泰山、城阳，北有千乘，清河以南，勃海之高乐、高城、重合、阳信，西有济南、平原，皆齐分也。

少昊之世有爽鸠氏，虞、夏时有季蒍，汤时有逢公柏陵，殷末有薄姑氏，皆为诸侯，国此地。至周成王时，薄姑氏与四国共作乱，成王灭之，以封师尚父，是为太公。《诗·风》齐国是也。临甾名营丘，故《齐诗》曰："子之营兮，遭我乎峱之间兮。"又曰："竢我于著乎而。"此亦其舒缓之体也。吴札闻《齐》之歌，曰："泱泱乎，大风也哉！其太公乎？国未可量也。"

古有分土，亡分民。太公以齐地负海舄卤，少五谷而人民寡，乃劝以女工之业，通鱼盐之利，而人物辐凑。后十四世，桓公用管仲，设轻重以富国，合诸侯成伯功，身在陪臣而取三归。故其俗弥侈，织作冰纨绮绣纯丽之物，号为冠带衣履天下。

初，太公治齐，修道术，尊贤智，赏有功，故至今其土多好经术，矜功名，舒缓阔达而足智。其失夸奢朋党，言与行缪，虚诈不情，急之则离散，缓之则放纵。始桓公兄襄公淫乱，姑姊妹不嫁，于是令国中民家长女不得嫁，名曰"巫儿"，为家主祠，嫁者不利其家，民至今以为俗。痛乎，道民之道，可不慎哉！

昔太公始封，周公问："何以治齐？"太公曰："举贤而上功。"周公曰："后世必有篡杀之臣。"其后二十九世为强臣田和所灭，而和自立为齐侯。初，和之先陈公子完有罪来奔齐，齐桓公以为大夫，更称田氏。九世至和而篡齐，至孙威王称王，五世为秦所灭。

临甾，海、岱之间一都会也，其中具五民云。

鲁地，奎、娄之分野也。东至东海，南有泗水，至淮，得临淮之下相、睢陵、僮、取虑，皆鲁分也。

周兴，以少昊之虚曲阜封周公子伯禽为鲁侯，以为周公主。其民有圣人之教化，故孔子曰："齐一变至于鲁，鲁一变至于道。"言近正也。濒洙、泗之水，其民涉度，幼者扶老而代其任。俗既益薄，长老不自安，与幼少相让，故曰："鲁道衰，洙、泗之间龂龂如也。"孔子闵王道将废，乃修六经，以述唐虞三代之道，弟子受业而通者七十有七人。是以其民好学，上礼义，重廉耻。周公始封，太公问："何以治鲁？"周公曰："尊尊而亲亲。"太公曰："后世寖弱矣。"故鲁自文公以后，禄去公室，政在大夫，季氏逐昭公，陵夷微弱，三十四世而为楚所灭。然本大国，故自为分野。

今去圣久远，周公遗化销微，孔氏庠序衰坏。地狭民众，颇有桑麻之业，亡林泽之饶。俗俭啬爱财，趋商贾，好訾毁，多巧伪，丧祭之礼文备实寡，然其好学犹愈于它俗。汉兴以来，鲁东海多至卿相。东平、须昌、寿张，皆在济东，属鲁，非宋地也，当考。

宋地，房、心之分野也。今之沛、梁、楚、山阳、济阴、东平及东郡之须昌、寿张，皆宋分也。

周封微子于宋，今之睢阳是也，本陶唐氏火正阏伯之虚也。济阴定陶，《诗·风》曹国也。武王封弟叔振铎于曹，其后稍大，得山阳、陈留，二十余世为宋所灭。

昔尧作游成阳⑯，舜渔雷泽⑰，汤止于亳，故其民犹有先王遗风，重厚多君子，好稼穑，恶衣食，以致畜藏。

宋自微子二十余世，至景公灭曹，灭曹后五世亦为齐、楚、魏所灭，参分其地。魏得其梁、陈留，齐得其济阴、东平，楚得其沛。故今楚彭城，本宋也，《春秋经》曰："围宋彭城。"宋虽灭，本大国，故自为分野。

沛楚之失，急疾颛己，地薄民贫，而山阳好为奸盗。

卫地，营室、东壁之分野也。今之东郡及魏郡黎阳，河内之野王、朝歌，皆卫分也。

卫本国既为狄所灭，文公徙封楚丘，三十余年，子成公徙于帝丘。故《春秋经》曰："卫迁于帝丘。"今之濮阳是也。本颛顼之虚，故谓之帝丘。夏后之世，昆吾氏居之。成公后十余世，为韩、魏所侵，尽亡其旁邑，独有濮阳。后秦灭濮阳，置东郡，徙之于野王。始皇既并天下，犹独置卫君，二世时乃废为庶人。凡四十世，九百年，最后绝，故独为分野。

卫地有桑间濮上之阻，男女亦亟聚会，声色生焉，故俗称为郑卫之音。周末有子路、夏育，民人慕之，故其俗刚武，上气力。汉兴，二千石治者亦以杀戮为威。宣帝时韩延寿为东郡太守，承圣恩，崇礼义，尊谏争，至今东郡号善为吏，延寿之化也。其失颇奢靡，嫁取送死过度，而野王好气任侠，有濮上风。

楚地，翼、轸之分野也。今之南郡、江夏、零陵、桂阳、武陵、长沙及汉中、汝南郡，尽楚分也。

周成王时，封文、武先师鬻熊之曾孙熊绎于荆蛮，为楚子，居丹阳。后十余世至熊达，是为武王，寖以强大。后五世至严王，总帅诸侯，观兵周室，并吞江、汉之间，内灭陈、鲁之国。后十余世，顷襄王东徙于陈。

楚有江汉川泽山林之饶；江南地广，或火耕水耨。民食鱼稻，以渔猎山伐为业，果蓏蠃蛤，食物常足。故呰窳偷生而亡积聚[18]，饮食还给，不忧冻饿，亦亡千金之家。信巫鬼，重淫祀。而汉中淫失枝柱，与巴蜀同俗。汝南之别，皆急疾有气势。江陵，故郢都，西通巫、巴，东有云梦之饶，亦一都会也。

吴地，斗分野也。今之会稽、九江、丹阳、豫章、庐江、广陵、六安、临淮郡，尽吴分也。

殷道既衰，周太王亶父兴邠梁之地，长子太伯，次曰仲雍，少曰公季。

公季有圣子昌，太王欲传国焉。太伯、仲雍辞行采药，遂奔荆蛮。公季嗣位，至昌为西伯，受命而王。故孔子美而称曰："太伯，可谓至德也已矣！三以天下让，民无得而称焉。"谓"虞仲夷逸，隐居放言，身中清，废中权。"太伯初奔荆蛮，荆蛮归之，号曰句吴[19]。大伯卒，仲雍立，至曾孙周章，而武王克殷，因而封之。又封周章弟中于河北，是为北吴，后世谓之虞，十二世为晋所灭。后二世而荆蛮之吴子寿梦盛大称王。其少子则季札，有贤材。兄弟欲传国，札让而不受。自寿梦称王六世，阖庐举伍子胥、孙武为将，战胜攻取，兴伯名于诸侯。至子夫差，诛子胥，用宰嚭，为越王勾践所灭。

吴、越之君皆好勇，故其民至今好用剑，轻死易发。

越既并吴，后六世为楚所灭。后秦又击楚，徙寿春，至子为秦所灭。

寿春、合肥受南、北湖皮革、鲍、木之输，亦一都会也。始楚贤臣屈原被谗放流，作《离骚》诸赋以自伤悼。后有宋玉、唐勒之属慕而述之，皆以显名。汉兴，高祖王兄子濞于吴，招致天下之娱游子弟，枚乘、邹阳、严夫子之徒兴于文、景之际。而淮南王安亦都寿春，招宾客著书。而吴有严助、朱买臣，贵显汉朝，文辞并发，故世传《楚辞》。其失巧而少信。初，淮南王异国中民家有女者，以待游士而妻之，故至今多女而少男。本吴越与楚接比，数相并兼，故民俗略同。

吴东有海盐章山之铜，三江五湖之利，亦江东之一都会也。豫章出黄金，然堇堇物之所有，取之不足以更费。江南卑湿，丈夫多夭。

会稽海外有东鳀人，分为二十余国，以岁时来献见云。

越地，牵牛、婺女之分野也。今之苍梧、郁林、合浦、交阯、九真、南海、日南，皆粤分也。

其君禹后，帝少康之庶子云，封于会稽，文身断发[20]，以避蛟龙之害。后二十世，至勾践称王，与吴王阖庐战，败之隽李。夫差立，勾践乘胜复伐吴，吴大破之，栖会稽[21]，臣服请平。后用范蠡、大夫种计，遂伐灭吴，兼并其地。度淮与齐、晋诸侯会，致贡于周。周元王使使赐命为伯，诸侯毕贺。后五世为楚所灭，子孙分散，君服于楚。后十世，至闽君摇，佐诸侯平秦。汉兴复立摇为越王。是时，秦南海尉赵佗亦自王，传国至武帝时，尽灭以为郡云。

处近海，多犀、象、毒冒、珠玑、银、铜、果、布之凑，中国往商贾者多取富焉。番禺，其一都会也。

自合浦徐闻南入海，得大州，东西南北方千里，武帝元封元年略以为儋耳、珠厓郡。民皆服布如单被，穿中央为贯头。男子耕农，种禾稻、麻，女子桑蚕织绩。亡马与虎，民有五畜，山多麈麢㉒。兵则矛、盾、刀，木弓弩，竹矢，或骨为镞。自初为郡县，吏卒中国人多侵陵之，故率数岁壹反。元帝时，遂罢弃之。

自日南障塞、徐闻、合浦船行可五月，有都元国；又船行可四月，有邑卢没国；又船行可二十余日，有谌离国；步行可十余日，有夫甘都卢国。自夫甘都卢国船行可二月余，有黄支国，民俗略与珠厓相类。其州广大，户口多，多异物，自武帝以来皆献见。有译长，属黄门，与应募者俱入海市明珠、璧流离、奇石异物，赍黄金杂缯而往，所至国皆禀食为耦，蛮夷贾船，转送致之。亦利交易，剽杀人。又苦逢风波溺死，不者数年来还。大珠至围二寸以下。平帝元始中，王莽辅政，欲耀威德，厚遗黄支王，令遣使献生犀牛。自黄支船行可八月，到皮宗；船行可二月，到日南、象林界云。黄支之南，有已程不国，汉之译使自此还矣。

【注释】

①内史：秦并天下，改立郡县，而京畿所统特号内史，以区别于在外诸郡守。

②辕田：辕，同"爰"，意为轮换，爰田一般三年一换。

③仟伯：南北曰仟，东西曰伯。指田间的疆界道路。同"阡陌"。

④郲：同"邰"，今陕西武功县。

⑤鄠：今陕西长安西南沣河以西。

⑥六郡：陇西、天水、安定、北地、上郡、西河。

⑦邶、庸、卫：自纣城以北谓之邶，以南谓之庸，以东谓之卫，盖三国名。

⑧殷虚：即朝歌，故城位于今河南淇县。

⑨毕万：毕公高之后。

⑩赵凤：赵衰之兄。

⑪韩武子：韩厥之曾祖，本与周同姓，食采于韩，更为韩氏。

⑫会：或作桧。国名，在豫州方外之北、荣籞之南、溱洧之间。

⑬召父：谓召信臣，其在做官期间，鼓励百姓务农以致富。

⑭苌忮：强直。

⑮乌丸、夫余：二国名。乌丸本属东胡族，为冒顿所灭，残部据守乌丸山，因以为号。夫余在长城之北，去玄菟千里。

⑯成阳：县名，故城在今山东菏泽东北。

⑰雷泽：今山东菏泽东北。

⑱㞪寙偷生而亡积聚：言短力弱材，不能勤作，所以朝夕取给而无储蓄。

⑲句吴：夷俗语之发声，亦犹越为于越。

⑳文身断发：常在水中，故断发文身，以像龙子而不见伤害。

㉑栖会稽：会稽，山名。登山而处以避兵难，就像栖居树上一样。

㉒麈麖：麈似鹿而大；麖，似鹿而小。

史部

《后汉书》精华

【著录】

　　《后汉书》纪传体东汉断代史，一百二十卷。其中本纪十卷，列传八十卷，为南朝宋范晔撰；志三十卷，晋司马彪撰。范晔，字蔚宗，顺阳（今河南省淅川县）人，生于晋安帝隆安二年（398），自幼好学，博览经史，多才多艺，尤长于文章，十七岁入仕，曾任宋武帝刘裕之子彭城王刘义康的参军，累迁尚书吏部郎，左迁宣城太守。宋文帝元嘉二十二年（445），因卷入谋立刘义康为帝一案被以谋反罪处死。司马彪，字绍统，晋宗室高阳王司马睦长子，卒于晋惠帝末年。

　　范晔因仕途不得志，郁郁不乐，遂以著述为事，《后汉书》的撰写，始于他任宣城太守时。此前，有多种后汉史著传于世。范晔在前人的基础上，博采众书，熔铸剪裁，加之其杰出的文笔和史才，使之记事简明扼要，疏而不漏，后来居上。其书传世后，除袁宏《后汉纪》外，其他各家后汉史书乃相继失传。后人将范氏《后汉书》与《史记》《汉书》《三国志》合称"前四史"，成为二十四史中最优秀的史书。

　　《后汉书》继承《史记》、《汉书》等纪传体史书之体例，加以有新的突破，如纪、传的编次与《汉书》有所不同，纪的最后一篇《皇后纪》，便异于《史记》《汉书》，此则反映了东汉女后多次临朝称制的史实。又《党锢传》《宦者传》《文苑传》《独行传》《方术传》《逸民传》《列女传》等七类传，均属范晔自己创立，扩大历史记载之范围。因范晔生活于距东汉二百多年的南朝时代，所以较能秉笔直书，对历史人物、历史事件的评价尚称立论持平，褒贬允当，较少曲笔回护，对此，章炳麟曾给高度评价，说："《史》、《汉》之后，首推《后汉书》。"长于文辞，精炼生动是范书文字方面的又一特色，众多人物形象之刻画，有血有肉，栩栩如生；列传之序、论，笔势放纵，议论风生，不乏杰出之文学篇章。由于刻意讲究修辞和文采，有时流于艰涩，不便阅读，且难以如实反映历史真相。又对于黄巾起义的诬蔑称谓，对于封建道德的标榜歌颂，无不表现出作者时代和阶级的局限。《后汉书》中的八志三十卷取自司马彪《续汉书》，但与《汉书》相较，缺《沟洫》《食货》《艺文》《刑法》四志，至为可惜，新增之《百官》《舆服》三志，史料价值并非可取。《后汉书》纪传和志的通行注释，分由唐代李贤和南朝梁人刘昭所作。清代惠栋的《后汉书补注》和王先谦的《后汉书集解》，也足资参考。

光武帝纪　昆阳之战

　　更始元年正月甲子朔，汉军复与甄阜、梁丘赐战于沘水①西，大破之，斩阜、赐。伯升又破王莽纳言②将军严尤、秩宗将军陈茂于淯阳③，进围宛城④。

　　二月辛巳，立刘圣公为天子，以伯升为大司徒，光武为太常偏将军。

　　三月，光武别与诸将徇昆阳⑤、定陵⑥、郾⑦，皆下之。多得牛马财物，谷数十万斛，转以馈宛下。莽闻阜、赐死，汉帝立，大惧，遣大司徒王寻、大司空王邑⑧将兵百万，其甲士四十二万人，五月，到颍川⑨，复与严尤、陈茂合。初，光武为舂陵侯家讼逋租于尤，尤见而奇之。及是时，城中出降尤者言光武不取财物，但会兵计策。尤笑曰："是美须眉者耶？何为乃如是！"

　　初，王莽征天下能为兵法者六十三家数百人，并以为军吏，选练武备，招募猛士，旌旗辎重，千里不绝。时有长人巨无霸⑩，长一丈，大十围，以为垒尉；又驱诸猛兽虎豹犀象之属，以助威武。自秦、汉出师之盛，未尝有也。光武将数千兵，徼之于阳关⑪。诸将见寻、邑⑫兵盛，反走，驰入昆阳，皆惶怖，忧念妻孥，欲散归诸城。光武议曰："今兵谷既少，而外寇强大，并力御之，功庶可立；如欲分散，势无俱全。且宛城未拔，不能相救，昆阳即破，一日之间，诸部亦灭矣。今不同心胆共举功名，反欲守妻子财物邪？"诸将怒曰："刘将军何敢如是！"光武笑而起。会候骑还，言大兵且至城北，军陈数百里，不见其后。诸将遽相谓曰："更请刘将军计之。"光武复为图画成败。诸将忧迫，皆曰"诺"。时城中唯有八九千人，光武乃使成国上公王凤、廷尉大将军王常留守，夜自与骠骑大将军宗佻、五威将军[13]李轶等十三骑出城南门，于外收兵。时莽军到城下者且十万，光武几不得出。既至郾、定陵，悉发诸营兵，而诸将贪惜财货，欲分留守之。光武曰："今若破敌，珍珠万倍，大功可成；如为所败，首领无余，何财物之有！"众乃从。

严尤说王邑曰："昆阳城小而坚，今假号者在宛，亟进大兵，彼必奔走；宛败，昆阳自服。"邑曰："吾昔以虎牙将军围翟义[14]，坐不生得，以见责让。今将百万之众，遇城而不能下，何谓耶？"遂围之数十重，列营百数，云车十余丈，瞰临城中，旗帜蔽野，埃尘连天，钲鼓之声闻数百里。或为地道，冲辒[15]橦城。积弩乱发，矢下如雨，城中负户而汲。王凤等乞降，不许。寻、邑自以为功在漏刻，意气甚逸。夜有流星坠营中，昼有云如坏山，当营而陨，不及地尺而散，吏士皆厌伏。

六月己卯，光武遂与营部俱进，自将步骑千余，前去大军四五里而陈。寻、邑亦遣兵数千合战。光武奔之，斩首数十级[16]，诸部喜曰："刘将军平生见小敌怯，今见大敌勇，甚可怪也，且复居前。请助将军！"光武复进，寻、邑兵却，诸部共乘之，斩首数百千级。连胜，遂前。时伯升拔宛已三日，而光武尚未知，乃伪使持书报城中，云"宛下兵到"，而阳墯其书，寻、邑得之，不憙。诸将既经累捷，胆气益壮，无不一当百。光武乃与敢死者三千人，从城西水上冲其中坚[17]，寻、邑陈乱，乘锐崩之，遂杀王寻。城中亦鼓噪而出，中外合埶，震呼动天地，莽兵大溃，走者相腾践，奔殪百余里间。会大雷风，屋瓦皆飞，雨下如注，滍川[18]盛溢，虎豹皆股战，士卒争赴，溺死者以万数，水为不流。王邑、严尤、陈茂轻骑乘死人渡水逃去。尽获其军实辎重、车甲珍藏，不可胜算。举之连月不尽，或燔烧其余。

光武因复徇下颍阳。会伯升为更始所害，光武自父城[19]驰诣宛谢。司徒官属迎吊光武，光武难交私语，深引过而已，未尝自伐昆阳之功。又不敢为伯升服丧，饮食言笑如平常。更始以是惭，拜光武为破虏大将军，封武信侯。

九月庚戌，三辅[20]豪桀共诛王莽，传首诣宛。

【注释】

①沘水：即沘江，今河南泌阳县。

②纳言：官名，掌出纳王命的喉舌之官。

③淯阳：今属河南南阳市。

④宛城：湖北荆门市南六十里。

⑤昆阳：汉县名，今河南叶县。

⑥定陵：故城位于今河南郾城西北。

⑦郾：今河南郾城县。

⑧王邑：王商子，与莽为从父兄弟。

⑨颍川：今河南阳翟县。

⑩巨无霸：人名。长一丈，粗十围，轺车不能载，三马拉不动，卧则枕鼓，用铁筷吃东西。

⑪阳关：村聚名。颍水穿行其间。在今河南阳翟县西北。

⑫寻、邑：王寻、王邑。

⑬五威将军：王莽置五威将军，其衣服依五方之色以威天下。李轶初起，犹假此号。

⑭翟义：字文仲，翟方进少子，时为东郡太守。王莽居摄，义厌恶之，乃立东平王云子信为天子，义自号柱天大将军以讨伐王莽。莽乃使孙建、王邑等领兵击义，破之，义出逃自杀，故未被生擒。

⑮冲辒：冲，撞车；辒，楼车。

⑯斩首数十级：秦法，斩一敌首，赐爵一级，故称斩首为级。

⑰中坚：凡军事，中军将最尊，居中，以坚锐自辅，故称中坚。

⑱滍川：古水名。今河南鲁山、叶县境内之沙河。

⑲父城：县名，古应国，属颍川郡，故城位于今叶县东北。

⑳三辅：当时以京兆、左冯翊、右扶风为三辅，今陕西关中一带。

明帝纪　祀光武皇帝于明堂诏

今令月吉日，宗祀光武皇帝于明堂，以配五帝①。礼备法物，乐和八音，咏祉福②，舞功德③，其班时令，敕群后。事毕，升灵台，望元气④，吹时律⑤，观物变⑥。群僚藩辅，宗室子孙，众郡奉计，百蛮贡职，乌桓、濊貊咸来助祭，单于侍子、骨都侯亦皆陪位。此固圣祖功德之所致也。朕以暗陋，奉承大业，亲执圭璧，恭祀天地⑦。仰惟先帝受命中兴，拨乱反正，以宁天下，封泰山，建明堂，立辟雍，起灵台，恢宏大道，被之八极⑧，而胤子无成、康之质，群臣无吕、旦之谋，盥洗进爵，踧踖惟惭。素性顽鄙，临事益惧，故"君子坦荡荡，小人长戚戚"。其令天下自殊死已下，谋反大逆，皆赦除之。百僚师尹，其勉修厥职，顺行时令，敬若昊天，以绥兆人。

【注释】

①五帝：此指谶纬所说天上五方之帝：东方苍帝灵威仰，南方赤帝赤熛怒，中央黄帝含枢纽，西方白帝招矩，北方黑帝叶光纪。

②咏祉福：祉，即福。咏即《诗经》所说"降福穰穰"之类。

③舞功德：用歌舞来显扬功德。

④望元气：元气，天气。王者承天心，治礼乐，通上下四时之气，所以望之。

⑤吹时律：即《月令》"孟春（正月）律中太簇，仲春（二月）律中夹钟"之类。

⑥观物变：即分别于夏至、秋至、春分、秋分之日观云色，青为虫，白为丧，赤为兵荒，黑为水，黄为丰。

⑦亲执圭璧，恭祀天地：《周礼》说："四圭尺有二寸，以祀天。"又说："以苍璧礼天，以黄琮礼地，以青圭礼东方，以赤璋礼南方，以白琥礼西方，以玄璜礼北方。"

⑧八极：八方极远之地。《淮南子》："九州之外有八寅，八寅之外有八纮，八纮之外有八极。"

后　纪　*序*

　　夏、殷以上，后妃之制，其文略矣。《周礼》王者立后、三夫人、九嫔、二十七世妇、八十一女御，以备内职[1]焉。后正位宫闱，同体天王。夫人坐论妇礼[2]，九嫔掌教四德[3]，世妇主丧、祭、宾客，女御序于王之燕寝。颁官分务，各有典司。女史彤管[4]，记功书过。居有保阿[5]之训，动有环佩之响。进贤才以辅佐君子，哀窈窕[6]而不淫其色。所以能述宣阴化，修成内则[7]，闺房肃雍，险谒不行也。故康王晚朝，《关雎》作讽；宣后晏起，姜氏请愆[8]。及周室东迁，礼序凋缺。诸侯僭纵，轨制无章。齐桓有如夫人者六人，晋献升戎女为元妃，终于五子作乱，家嗣遘屯。爰逮战国，风宪逾薄，适情任欲，颠倒衣裳，以至破国亡身，不可胜数。斯固轻礼弛防，先色后德者也。

　　秦并天下，多自骄大，宫备七国，爵列八品。汉兴，因循其号，而妇制莫厘。高祖帷薄不修[9]，孝文衽席无辨[10]。然而选纳尚简，饰玩少华。自武、元之后，世增淫费，至乃掖庭三千，增级十四[11]。妖幸毁政之符，外姻乱邦之迹，前史载之详矣。

　　及光武中兴，斫雕为朴，六宫称号，唯皇后、贵人。贵人金印紫绶，奉不过粟数十斛。又置美人、宫人、采女三等，并无爵秩，岁时赏赐充给而已。汉法常因八月算人[12]，遣中大夫与掖庭丞及相工，于洛阳乡中阅视良家童女，年十三以上，二十以下，姿色端丽，合法相者，载还后宫，择视可否，乃用登御。所以明慎聘纳，详求淑哲。明帝聿遵先旨，宫教颇修，登建嫔后，必先令德，内无出阃之言，权无私溺之授，可谓矫其敝矣。向使因设外戚之禁，编著《甲令》，改正后妃之制，贻厥方来。岂不休哉！虽御已有度，而防闲未笃，故孝章以下，渐用色授，恩隆好合，遂忘淄蠹[13]。

　　自古虽主幼时艰，王家多衅，必委成冢宰，简求忠贤，未有专任妇人，断割重器。唯秦芈太后始摄政事，故穰侯权重于昭王，家富于嬴国。汉仍其谬，知患莫改。东京皇统屡绝，权归女主，外立者四帝[14]，临朝者六后[15]，莫不定策帷帟，委事父兄，贪孩童以久其政，抑贤明以专其威。任重道悠，利深祸速。身犯雾露[16]于云台之上，家婴缧绁于圄犴[17]之下。湮灭连踵，倾绘继路。而赴蹈不息，焦烂为期，终于陵夷大运，沦亡神宝。《诗》《书》所叹，略同一揆。故考列行迹，以为《皇后本纪》。虽成败事异，而同居正号者，并列于篇。其以私恩追尊，非当时所奉者，则随他事附出。亲属别事，各依列传。其余无所见，则系之此纪，以缵西京《外戚》云尔。

【注释】

①内职：宫廷内由妇女担任的职务。

②坐论妇礼：坐而谈论和执掌宫中妇人之礼。夫人位仅次于王后，故可坐论。

③四德：即古代用以束缚妇女的所谓妇德、妇言、妇容、妇功。

④彤管：宫中负责记事的女史所用赤管之笔。

⑤保阿：犹如女师，宫中负责教人以妇道者。

⑥窈窕：美好貌。

⑦内则：关于妇女言行的准则或规定。

⑧姜氏请愆：姜氏，齐侯之女，周宣王之妻；愆，罪过。当时宣王贪睡懒觉，荒于政事，后夫人也不出房。姜氏乃摘下簪珥，自赴掖庭监狱待罪，宣王知而感悟，由此勤政，终成中兴之业。

⑨帷薄不修：帷，帷帐；不修，不检点。汉高祖帷帐太薄，怀抱宠姬于内，被前往奏事的大臣周昌瞧见，故称帷薄不修。

⑩衽席无辨：衽，坐席；辨，即别。汉文帝宠幸慎夫人，每次都让皇后与之同坐，这是混淆了身份区别。

⑪增级十四：汉初后宫爵列八品，武帝时增置婕妤一、妊娥二、容华三、充衣四，共四个等级；元帝时增置昭仪五个。又有美人六、良人七、七子八、八子九、长使十、少使十一、五官十二、顺常十三，舞涓、共和、娱灵、保休、良娣、使夜者十四，皆为同一等级，故后宫女官合计增至十四个等级。

⑫八月算人：汉代民年十五岁至五十六岁，每人每年皆纳算赋，于八月初收纳，故称八月算人。

⑬淄蠹：黑色的食木虫。这里比喻如淄之污染，如虫之蛀蚀。

⑭四帝：指安、质、桓、灵四帝。

⑮六后：指先后临朝听政的章帝窦太后、和熹邓太后、安思阎太后，顺

烈梁太后、桓思窦太后、灵思何太后。

⑯雾露：如雾如露之消失。不可直言帝后病重将死，故以此比喻。

⑰圄犴：牢狱。

冯异传　崤底之战

建武二年，赤眉、延岑暴乱三辅，郡县大姓各拥兵众，大司徒邓禹不能定，乃遣异代禹讨之。车驾送至河南，赐以乘舆七尺具剑①。敕异曰："三辅遭王莽、更始之乱，重以赤眉、延岑之酷，元元涂炭，无所依诉。今之征伐，非必略地屠城，要在平定安集之耳。诸将非不健斗，然好掳掠。卿本能御吏士，念自修敕，无为郡县所苦。"异顿首受命，引而西，所至皆布威信。弘农群盗②称将军者十余辈，皆率众降异。

异与赤眉遇于华阴，相拒六十余日，战数十合，降其将刘始、王宣等五千余人。三年春，遣使者即拜异为征西大将军。会邓禹率车骑将军邓弘等引归，与异相遇，禹、弘要异共攻赤眉。异曰："异与贼相拒且数十日，虽屡获雄将，余众尚多，可稍以恩信倾诱，难卒用兵破也。上今使诸将屯渑池要其东，而异击其西，一举取之，此万成计也。"禹、弘不从。弘遂大战移日，赤眉阳败，弃辎重走。车皆载土，以豆覆其上，兵士饥，争取之。赤眉引还击弘，弘军溃乱。异与禹合兵救之，赤眉小却。异以士卒饥倦，可且休，禹不听，复战，大为所败，死伤者三千余人。禹得脱归宜阳。异弃马步走上回溪③阪，与麾下数人归营。复坚壁，收其散卒，招集诸营保数万人，与贼约期会战。使壮士变服与赤眉同，伏于道侧。旦日，赤眉使万人攻异前部，异裁④出兵以救之。贼见势弱，遂悉众攻异，异乃纵兵大战。日昃，贼气衰，伏兵卒起，衣服相乱，赤眉不复识别，众遂惊溃。追击，大破于崤底，降男女八万人。余众尚十余万，东走宜阳降。玺书劳异曰："赤眉破平，士吏劳苦，始虽垂翅回溪，终能奋翼渑池，可谓失之东隅，收之桑榆。方论功赏，以答大勋。"

时赤眉虽降，众寇犹盛：延岑据蓝田，王歆据下邽⑤，芳丹据新丰，蒋震据霸陵⑥，张邯据长安，公孙守据长陵⑦，杨周据谷口⑧，吕鲔据陈仓，角闳据汧，骆盖延据周至，任良据鄠，汝章据槐里⑨，各称将军，拥兵多者万余，少者数千人，转相攻击。异且战且行，屯军上林苑中。延岑既破赤眉，自称武安王，拜置牧守，欲据关中，引张邯、任良共攻异，异击破之，斩首千余级，诸营保守附岑者皆来降归异。岑走攻析⑩，异遣复汉将军邓晔、辅汉将军于匡要击岑，大破之，降其将苏臣等八千余人。岑遂自武关走南阳。时百姓饥饿，人相食，黄金一斤易豆五升。道路断隔，委输不至，军士悉以果实为粮。诏拜南阳赵匡为右扶风，将兵助异，并送缣谷，军中皆称万岁。异兵食渐盛，乃稍诛击豪杰不从令者，褒赏降附有功劳者，悉遣其渠帅诣京师，散其众归本业，威行关中。唯吕鲔、张邯、蒋震遣使降蜀，其余悉平。

【注释】

①具剑：以宝玉装饰的剑。

②弘农群盗：弘农，郡治在今河南灵宝北。群盗，指渑池霍郎、陕主长湖浊惠、华阴阳沈等。

③回溪：俗称回坑，今河南洛宁县东北。

④裁：小出兵，用以示弱。

⑤下邽：邑名，故城位于今陕西渭南县东北。

⑥霸陵：汉文帝陵名，借以为县名，今陕西西安市长安区东。

⑦长陵：县名，今陕西咸阳市东，汉高帝长陵在此。

⑧谷口：地名。今陕西泾阳县西北。

⑨槐里：故城在今陕西兴平市东南。

⑩析：县名，今河南内乡县。

耿弇传　平定张步

建武四年，诏弇进攻渔阳。弇以父据上谷，本与彭宠同功，又兄弟无在京师者，自疑，不敢独进，上书求诣洛阳。诏报曰："将军出身举宗为国，所向陷敌，功效尤著，何嫌何疑，而欲求征？且与王常共屯涿郡，勉思方略。"况闻弇求征，亦不自安，遣舒弟国入侍。帝善之，进封况为隃麋侯①。乃命弇与建义大将军朱祐、汉忠将军王常等击望都②、故安③

西山贼十余营，皆破之。时征虏将军祭遵屯良乡，骁骑将军刘喜屯阳乡④，以拒彭宠。宠遣弟纯将匈奴二千余骑，宠自引兵数万，分为两道以击遵、喜。胡骑经军都⑤，舒袭破其众，斩匈奴两王，宠乃退走。况复与舒攻宠，取军都。五年，宠死，天子嘉况功，使光禄大夫持节迎况，赐甲第，奉朝请。封舒为牟平侯。遣弇与吴汉击富平、获索贼于平原，大破之，降者四万余人。

因诏弇进讨张步。弇悉收集降卒，结部曲，置将吏，率骑都尉刘歆、太山太守陈俊引兵而东，从朝阳⑥桥济河以渡。张步闻之，乃使其大将军费邑军历下，又分兵屯祝阿⑦，别于太山钟城列营数十以待弇。弇渡河先击祝阿，自旦攻城，日未中而拔之，故开围一角，令其众得奔归钟城。钟城人闻祝阿已溃，大恐惧，遂空壁亡去。费邑分遣弟敢守巨里⑧。弇进兵先胁巨里，使多伐树木，扬言以填塞坑堑。数日，有降者言邑闻弇欲攻巨里，谋来救之。弇乃严令军中趣修攻具，宣敕诸部，后三日当悉力攻巨里城。阴缓生口，令得亡归。归者以弇期告邑，邑至日果自将精兵三万余人来救之。弇喜，谓诸将曰："吾所以修攻具者，欲诱致邑耳。今来，适其所求也。"即分三千人守巨里，自引精兵上冈阪⑨，乘高合战，大破之，临陈斩邑。既而收首级以示巨里城中，城中恐惧，费敢悉众亡归张步。弇复收其积聚，纵兵击诸未下者，平四十余营，遂定济南。

时张步都剧，使其弟蓝将精兵二万守西安⑩，诸郡太守合万余人守临淄，相去四十里。弇进军画中⑪，居二城之间。弇视西安城小而坚，且蓝兵又精；临淄名虽大而实易攻，乃敕诸校会，后五日攻西安。蓝闻之，晨夜儆守。至期夜半，弇敕诸将皆蓐食，会明至临淄城，护军荀梁等争之，以为宜速攻西安。弇曰："不然。西安闻吾欲攻之，日夜为备；临淄出不意而至，必掠扰，吾攻之，一日必拔。拔临淄即西安孤，张蓝与步隔绝，必复亡去，所谓击一而得二者也。若先攻西安，不卒下，顿兵坚城，死伤必多。纵能拔之，蓝引军还奔临淄，并兵合势，观人虚实，吾深入敌地，后无转输，旬日之间，不战而困。诸君之言，未见其宜。"遂攻临淄，半日拔之，入据其城。张蓝闻之大惧，遂将其众亡归剧。

弇乃令军中无得妄掠剧下，须张步至乃取之，以激怒步。步闻而大笑曰："以尤来、大枪十余万众，吾皆即其营而破之。今大耿兵少于彼，又皆疲劳，何足摧乎！"乃与三弟蓝、弘、寿及故大枪渠帅重异等兵号二十万，至临淄大城东，将攻弇。弇先出淄水上，与重异遇，突骑欲纵，弇恐挫其锋，令步不敢进，故示弱以盛其气，乃引归小城，陈兵于内。步气盛，直篿营，与刘歆等合战，弇升王宫坏台⑫望之，视歆等锋交，乃自引精兵以横突步陈于东城下，大破之。飞矢中弇股，以佩刀截之，左右无知者。至暮罢。弇明旦复勒兵出。是时帝在鲁，闻弇为步所攻，自往救之，未至。陈俊谓弇曰："剧虏兵盛，可且闭营休士，以须上来。"弇曰："乘舆且到，臣子当击牛釂酒以待百官，反欲以贼虏遗君父耶？"乃出兵大战，自旦及昏，复大破之，杀伤无数，城中沟堑皆满。弇知步困将退，豫置左右翼为伏以待之。人定时，步果引去，伏兵起纵击，追至巨昧⑬水上，八九十里僵尸相属，收得辎重二千余两。步还剧，兄弟各分兵散去。

后数日，车驾至临淄自劳军，群臣大会。帝谓弇曰："昔韩信破历下以开基，今将军攻祝阿以发迹，此皆齐之西界，功足相方。而韩信袭击已降，将军独拔劲敌，其功乃难于信也。又田横烹郦生，及田横降，高帝诏卫尉不听为仇。张步前亦杀伏隆。若步来归命，吾当诏大司徒⑭释其怨，又事尤相类也。将军前在南阳建此大策⑮，常以为落落难合，有志者事竟成也。"弇因复追步，步奔平寿⑯，乃肉袒负斧锧于军门。弇传步诣行在所，而勒兵入据其城。树十二郡⑰旗鼓，令步兵各以郡人诣旗下，众尚十余万，辎重七千余两，皆罢遣归乡里。

【注释】

①封况为隃麋侯：况，弇父名。隃麋，县名，故地位于今陕西。

②望都：县名，属中山国，今属河北保定地区。

③故安：县名，故城位于河北易县东南。

④阳乡：县名，故城位于今易县东南。

⑤军都：县名，今北京昌平区。

⑥朝阳：县名，在朝水之阳，故名。故城位于今山东临济县东。

⑦祝阿：旧齐州县，故城位于今山东茌平县东北。

⑧巨里：聚名，一名巨合城。在旧齐州全节县东南，今山东济南附近。

⑨冈阪：《尔雅》曰："山脊曰冈，陂者曰阪。"

⑩西安：县名，故城位于淄博临淄县西北。

⑪画中：邑名，故城位于上述西安城东南。

⑫王宫坏台：临淄本齐国都所在地，齐王宫中有坏台。

⑬巨昧：水名，一名巨洋水，在淄博寿光市西。

⑭大司徒：伏湛，即隆之父。

⑮建此大策：谓耿弇从帝幸春陵时，请收上谷兵定彭宠，取张丰，平张步等。

⑯平寿：县名，故城在今山东滨州。

⑰十二郡：指城阳、琅琊、高密、胶东、东莱、北海、齐、千乘、济南、平原、泰山、临淄。

窦融传　光武帝玺书

制诏行河西五郡大将军事、属国都尉：劳镇守边五郡，兵民精强，仓库有蓄，民庶殷富，外则折挫羌胡，内则百姓蒙福。威德流闻，虚心相望，道路隔塞，邑邑何已！长史所奉书献马悉至，深知厚意。今益州有公孙子阳①，天水有隗将军②，方蜀汉相攻，权在将军，举足左右，便有轻重。以此言之，欲相厚岂有量哉！诸事具长史所见，将军所知。王者迭兴，千载一会。欲遂立桓、文，辅微国③，当勉卒功业；欲三分鼎足，连衡合纵，亦宜以时定。天下未并，吾与尔绝域，非相吞之国。今之议者，必有任嚣效尉佗制七郡之计④。王者有分土，无分民，自适己事而已。今以黄金二百斤赐将军，便宜辄言。

【注释】

①公孙子阳：即公孙述。

②隗将军：即隗嚣。

③辅微国：周室微弱，齐桓、晋文辅之，称霸天下。

④任嚣效尉佗制七郡之计：秦胡亥时，南海尉任嚣病将死，召龙川令赵佗说道："番禺负山险阻，南北东西数千里，颇有中原人相辅，此亦一州之主，可为国，故召公即令行南海尉事。"《地理志》曰："苍梧、郁林、合浦、交耻、九真、南国、日南，皆越之分也。"此为七郡。

班超传

班超字仲升，扶风平陵人，徐令彪之少子也。为人有志，不修细节。然内孝谨，居家常执勤苦，不耻劳辱。有口辩，而涉猎①书传。永平五年，兄固被召诣校书郎，超与母随至洛阳。家贫，常为官佣书以供养。久劳苦，尝辍业投笔叹曰："大丈夫无他志略，犹当效傅介子②、张骞③立功异域，以取封侯，安能久事笔砚间乎？"左右皆笑之。超曰："小子安知壮士志哉！"其后行诣相者，曰："祭酒④，布衣诸生耳，而当封侯万里之外。"超问其状，相者指曰："生燕颔虎颈，飞而食肉，此万里侯相也。"久之，显宗问固："卿弟安在？"固对："为官写书受直，以养老母。"帝乃除超为兰台令史⑤。后坐事免官。

十六年，奉车都尉窦固出击匈奴，以超为假司马，将兵别击伊吾⑥，战于蒲类海⑦，多斩首虏而还。固以为能，遣与从事郭恂俱使西域。

超到鄯善⑧，鄯善王广奉超礼敬甚备，后忽更疏懈。超谓其官属曰："宁觉广礼意薄乎？此必有北虏使来，狐疑未知所从故也。明者睹未萌，况已著耶？"乃召侍胡诈之曰："匈奴使来数日，今安在乎？"侍胡惶恐，具伏其状。超乃闭侍胡，悉会其吏士三十六人，与共饮，酒酣，因激怒之曰："卿曹与我俱在绝域，立大功，以求富贵。今虏使到裁数日，而王广礼敬即废；如令鄯善收吾属送匈奴，骸骨长为豺狼食矣。为之奈何？"官属皆曰："今在危亡之地，死生从司马。"超曰："不入虎穴，不得虎子。当今之计，独有因夜以火攻虏，使彼不知我多少，必大震怖，可殄尽也。火此虏，则鄯善破胆，功成事立矣。"众曰："当与从事议之。"超怒曰："吉凶决于今日。从事文俗吏，闻此必恐而谋泄，死无所名，非壮士也！"众曰："善。"初夜，遂将吏士往奔虏营。会大风，超令十人持鼓藏虏舍后，约曰："见火然，皆当鸣鼓大呼。"余人悉持兵弩夹门而伏。超乃顺风纵火，前后鼓噪。虏众惊乱，超手格杀三人，吏兵斩其使及从士三十余级，余众百许人悉烧死。明日乃还告郭恂，恂大惊，既而色动。超知其意，举手曰："掾虽不行，班超何心独擅之乎？"恂乃悦。超于是召鄯善王广，以虏使首示之，一国震怖。超晓告抚慰，遂纳子为质。还奏于窦固，固大喜，具上超功效，并求更选使使西域。帝壮超节，诏固曰："吏如班超，何故不遣而更选乎？今以超为军司马，令遂前功。"超复受使，固欲益其兵，超曰："愿将本所从三十余人足矣。如有不虞，多益为累。"

是时于阗[9]王广德新攻破莎车[10]，遂雄张南道[11]，而匈奴遣使监护其国。超既西，先至于阗。广德礼意甚疏。且其俗信巫。巫言："神怒，何故欲向汉？汉使有骢[12]马，急求取以祠我。"广德乃遣使就超请马。超密知其状，报许之，而令巫自来取马。有顷，巫至，超即斩其首以送广德，因辞让之。广德素闻超在鄯善诛灭虏使，大惶恐，即攻杀匈奴使者而降超。超重赐其王以下。因镇抚焉。

时龟兹[13]王建为匈奴所立，倚恃虏威，据有北道[14]，攻破疏勒[15]，杀其王，而立龟兹人兜题为疏勒王。明年春，超从间道至疏勒。去兜题所居盘橐城九十里，逆遣吏田虑先往降之。敕虑曰："兜题本非疏勒种，国人必不用命。若不即降，便可执之。"虑既到，兜题见虑轻弱，殊无降意。虑因其无备，遂前劫缚兜题。左右出其不意，皆惊惧奔走。虑驰报超，超即赴之，悉召疏勒将吏，说以龟兹无道之状。因立其故王兄子忠为王，国人大悦。忠及官属皆请杀兜题，超不听，欲示以威信，释而遣之。疏勒由是与龟兹结怨。

十八年，帝崩。焉者[16]以中国大丧，遂攻没都护陈睦。超孤立无援，而龟兹、姑墨[17]数发兵攻疏勒。超守盘橐城，与忠为首尾，士吏单少，拒守岁余。肃宗初即位，以陈睦新没，恐超单危不能自立，下诏征超。超发还，疏勒举国忧恐。其都尉黎弇曰："汉使弃我，我必复为龟兹所灭耳。诚不忍见汉使去。"因以刀自刭。超还至于阗，王侯以下皆号泣曰："依汉使如父母，诚不可去。"互抱超马脚，不得行。超恐于阗终不听其东，又欲遂本志，乃更还疏勒。疏勒两城自超去后，复降龟兹，而与尉头[18]连兵，超捕斩反者，击破尉头，杀六百余人，疏勒复安。

建初三年，超率疏勒、康居[19]、于阗、拘弥[20]兵一万人攻姑墨石城，破之，斩首七百级。超欲因此匝平诸国，乃上疏请兵，曰："臣窃见先帝欲开西域，故北击匈奴，西使外国，鄯善、于阗即时向化。今拘弥、莎车、疏勒、月氏[21]、乌孙、康居复愿归附，欲共并力破灭龟兹，平通汉道。若得龟兹，则西域未服者百分之一耳。臣伏自惟念，卒伍小吏，实愿从谷吉[22]效命绝域，庶几张骞弃身旷野。昔魏绛[23]列国大夫，尚能和辑诸戎，况臣奉大汉之威，而无铅刀[24]一割之用乎？前世议者皆曰取三十六国，号为断匈奴右臂,今西域诸国,自日之所入,莫不向化,大小欣欣,贡奉不绝,唯焉耆、龟兹独未服从。臣与官属三十六人奉使绝域,备遭艰厄。自孤守疏勒,于今五载,胡夷情数,臣颇识之。问其城郭小大,皆言'倚汉与依天等'。以是效之,则葱领可通,葱领通则龟兹可伐。今宜拜龟兹侍子白霸为其国王,以步骑数百送之,与诸国连兵,岁月之间,龟兹可禽。以夷狄攻夷狄,计之善者也。臣见莎车、疏勒田地肥广,草牧饶衍,不比敦煌、鄯善间也,兵可不费中国而粮食自足。且姑墨、温宿㉕二王,特为龟兹所置,既非其种,更相厌苦,其势必有降反。若二国来降,则龟兹自破。愿下臣章,参考行事。诚有万分,死复何恨。臣超区区,特奉神灵,窃冀未便僵仆,目见西域平定,陛下举万年之觞,荐勋祖庙,布大喜于天下。"书奏,帝知其功可成,议欲给兵。平陵人徐干素与超同志,上疏愿奋身佐超。五年,遂以干为假司马,将弛刑及义从千人就超。

先是,莎车以为汉兵不出,遂降于龟兹,而疏勒都尉番辰亦复反叛。会徐干适至,超遂与干击番辰,大破之,斩首千余级,多获生口。超既破番辰,欲进攻龟兹。以乌孙兵强,宜因其力,乃上言:"乌孙大国,控弦十万,故武帝妻以公主㉖,至孝宣皇帝,卒得其用。今可遣使招慰,与共合力。"帝纳之。八年,拜超为将兵长史,假鼓吹幢麾。以徐干为军司马,别遣卫候李邑护送乌孙使者,赐大小昆弥㉗以下锦帛。

李邑始到于真,而值龟兹攻疏勒,恐惧不敢前,因上书陈西域之功不可成,又盛毁超拥爱妻,抱爱子,安乐外国,无内顾心。超闻之,叹曰:"身非曾参而有三至之谗,恐见疑于当时矣。"遂去其妻。帝知超忠,乃切责邑曰:"纵超拥爱妻,抱爱子,思归之士千余人,何能尽与超同心乎?"令邑诣超受节度。诏超:"若邑任在外者,便留与从事。"超即遣邑将乌孙侍子还京师。徐干谓超曰:"邑前亲毁君,欲败西域,今何不缘诏书留之,更遣他吏送侍子乎?"超曰:"是何言之陋也!以邑毁超,故今遣之。内省不疚,何恤人言!快意留之,非忠臣也。"

明年,复遣假司马和恭等四人将兵八百诣超,超因发疏勒、于真兵击莎车。莎车阴通使疏勒王忠,啖以重利,忠遂反从之,西保乌即城。超乃更立其府丞成大为疏勒王,悉发其不反者以攻忠。积半岁,而康居遣精兵救之,超不能下,是时月氏新与康居婚,相亲,超乃使使多赍锦帛遗月氏王,令晓示康居王，康居王乃罢兵，执忠以归其国，乌即城遂降于超。

后三年，忠说康居王借兵，还据损中，密与龟兹谋，遣使诈降于超。超内知其奸，而外伪许之。忠大喜，即从轻骑诣超。超密勒兵待之，为供张设乐。酒行，乃叱吏缚忠斩之。因击破其众，杀七百余人，南道于是遂通。

明年，超发于寘诸国兵二万五千人，复击莎车。而龟兹王遣左将军发温宿、姑墨、尉头合五万人救之。超召将校及于寘王议曰："今兵少不敌，其计莫若各散去，于寘从是而东，长史亦于此西归，可须夜鼓声而发。"阴缓所得生口。龟兹王闻之大喜，自以万骑于西界遮超，温宿王将八千骑于东界徼于寘。超知二虏已出，密召诸部勒兵，鸡鸣驰赴莎车营，胡大惊乱奔走，追斩五千余级，大获其马畜财物，莎车遂降，龟兹等因各退散，自是威震西域。

初，月氏尝助汉击车师有功，是岁贡奉珍宝、符拔[28]、师子，因求汉公主。超拒还其使，由是怨恨。永元二年，月氏遣其副王谢将兵七万攻超。超众少，皆大恐。超譬军士曰："月氏兵虽多，然数千里逾葱领来，非有运输，何足忧耶？但当收谷坚守，彼饥穷自降，不过数十日决矣。"谢遂前攻超，不下，又钞掠无所得。超度其粮将尽，必从龟兹求救，乃遣兵数百于东界要之。谢果遣骑赍金银珠玉以赂龟兹。超伏兵遮击，尽杀之，持其使首以示谢。谢大惊，即遣使请罪，愿得生归。超纵遣之。月氏由是大震，岁奉贡献。

明年，龟兹、姑墨、温宿皆降，乃以超为都护，徐干为长史。拜白霸为龟兹王，遣司马姚光送之。超与光共胁龟兹废其王尤利多而立白霸，使光将尤利多还诣京师。超居龟兹它乾城，徐干屯疏勒。西域唯焉耆、危须、尉犁以前没都护，怀二心，其余悉定。

六年秋，超遂发龟兹、鄯善等八国兵合七万人，及吏士贾客千四百人讨焉耆。兵到尉犁界，而遣晓说焉耆、尉犁、危须曰："都护来者，欲镇抚三国。即欲改过向善，宜遣大人来迎，当赏赐王侯已下，事毕即还。今赐王彩五百匹。"焉耆王广遣其左将北鞬支奉牛酒迎超。超诘鞬支曰："汝虽匈奴侍子，而今秉国之权。都护自来，王不以时迎，皆汝罪也。"或谓超可便杀之。超曰："非汝所及。此人权重于王，今未入其国而杀之，遂令自疑，设备守险，岂得到其城下哉！"于是赐而遣之。广乃与大人迎超于尉犁，奉献珍物。

　　焉耆国有苇桥之险，广乃绝桥，不欲令汉军入国。超更从它道历度[29]。七月晦，到焉耆，去城二十里，营大泽中。广出不意，大恐，乃欲悉驱其人共入山保。焉耆左侯元孟先尝质京师，密遣使以事告超，超即斩之，示不信。乃期大会诸国王，因扬声当重加赏赐，于是焉耆王广、尉犁王汎及北鞬支等三十人相率诣超。其国相腹久等十七人惧诛，皆亡入海，而危须王亦不至。坐定，超怒诘广曰："危须王何故不到？腹久等所缘逃亡？"遂叱吏士收广、汎等，于陈睦故城斩之，传首京师。因纵兵钞掠，斩首五千余级，获生口万五千人，马畜牛羊三十余万头，更立元孟为焉耆王。超留焉耆半岁，慰抚之。于是西域五十余国悉皆纳质内属焉。

　　明年，下诏曰："往者匈奴独擅西域，寇盗河西，永平[30]之末，城门昼闭。先帝深悯边氓婴罹寇害，乃命将帅击右地，破白山[31]，临蒲类，取车师[32]，城郭诸国震慑响应，遂开西域，置都护。而焉耆王舜、舜子忠独谋悖逆，恃其险隘，覆没都护，并及吏士。先帝重元元之命，惮兵役之兴，故使军司马班超安集于寘以西。超遂逾葱领，迄县度[33]，出入二十二年，莫不宾从。改立其王，而绥其人。不动中国，不烦戎士，得远夷之和，同异俗之心，而致天诛，蠲宿耻，以报将士之仇。《司马法》曰：'赏不逾月，欲人速睹为善之利也。'其封超为定远侯，邑千户。"

　　超自以久在绝域，年老思土。十二年，上疏曰："臣闻太公封齐，五世葬周，狐死首丘[34]，代马依风[35]。夫周、齐同在中土千里之间，况于远外绝域，小臣能无依风首丘之思哉？蛮夷之俗，畏壮侮老。臣超犬马齿歼，常恐年衰，奄忽僵仆，孤魂弃捐。昔苏武留匈奴中尚十九年，今臣幸得奉节带金银护西域，如自以寿终屯部，诚无所恨，然恐后世或名臣为没西域。臣不敢望到酒泉郡，但愿生入玉门关[36]。臣老病衰困，冒死瞽言，谨遣子勇随献物入塞。及臣生在，令勇目见中土。"而超妹同郡曹寿妻昭亦上书请超曰："妾同产兄西域都护定远侯超，幸得以微功特蒙重赏，爵列通侯，位二千石。天恩殊绝，诚非小臣所当被蒙。超之始出，志捐躯命，冀立微功以自陈效。会陈睦之变，道路隔绝，超以一身转侧绝域，晓譬诸国，因其兵众，每有攻战，辄为先登，身被金夷，不避死亡。赖蒙陛下神灵，且得延命沙漠，至今积三十年。骨肉生离，不复相识。所与相随时人士众，皆已物故。超年最长，今且七十。衰老被病，头发无黑，两手不仁，耳目不聪明，扶杖乃能行。虽欲竭尽其力，以报塞天恩，迫于岁暮，犬马齿索。蛮夷之性，悖逆侮老，而超旦暮入地，久不见代，恐开奸宄之源，生逆乱之心。而卿大夫咸怀一切，莫肯远虑。如有卒暴，超之气力不能从心，便为上损国家累世之功，下弃忠臣竭力之用，诚可痛也。故超万里归诚，自陈苦急，延颈逾望，三年于今，未蒙省录。妾窃闻古者十五受兵，六十还之，亦有休息不任职也。缘陛下以至孝理天下，得万国之欢心，不遗小国之臣，况超得备侯伯之位，故敢触死为超求哀，丐超余年。一得生还，复见阙庭，使国永无劳远之虑，西域无仓卒之忧，超得长蒙文王葬骨^㊲之恩，子方哀老^㊳之惠。《诗》云'民亦劳止，汔可小康，惠此中国，以绥四方。'超有书与妾生诀，恐不复相见。妾诚伤超以壮年竭忠孝于沙漠，疲老则便捐死于旷野，诚可哀怜。如不蒙救护，超后有一旦之变，冀幸超家得蒙赵母^㊴、卫姬^㊵先请之贷。妾愚憨不知大义，触犯忌讳。"书奏，帝感其言，乃征超还。

超在西域三十一年。十四年八月至洛阳，拜为射声校尉。超素有胸胁疾，既至，病遂加。帝遣中黄门问疾，赐医药。其年九月卒，年七十一。朝廷悯惜焉，使者吊祭，赠赗甚厚。子雄嗣。

初，超被征，以戊己校尉任尚为都护，与超交代。尚谓超曰："君侯在外国三十余年，而小人猥承君后，任重虑浅，宜有以诲之。"超曰："年老失智，任君数当大位，岂班超所能及哉！必不得已，愿进愚言：塞外吏士，本非孝子顺孙，皆以罪过徙补边屯。而蛮夷怀鸟兽之心，难养易败。今君性严急，水清无大鱼，察政不得下和。宜荡佚简易，宽小过，总大纲而已。"超去后，尚私谓所亲曰："我以班君当有奇策，今所言平平耳。"尚至数年，而西域反乱，以罪被征，如超所戒。

【注释】

①涉猎：浏览。

②傅介子：西汉义渠人，元帝时出使西域，刺杀楼兰王，封义阳侯。

③张骞：西汉汉中人，武帝时出使西域，因功封博望侯。

④祭酒：古官名，汉代有博士祭酒。这里用为敬词，所谓一座之尊，则

先祭酒。故下文说"布衣诸生耳"。

⑤兰台令史：兰台为汉代宫内藏书之处，以御史中丞掌之。其令史掌书奏及奉诏撰史。

⑥伊吾：今新疆哈密附近。

⑦蒲类海：今新疆东部巴里坤湖。

⑧鄯善：汉代西域国名，今新疆若羌东北。

⑨于寘：汉代西域国名，今新疆和田。

⑩莎车：汉代西域国名，今新疆莎车县。

⑪南道：古代中原通西域有南北二道。汉代南道自玉门关、阳关以西，经今新疆塔里木河和阿尔金山、昆仑山之间西行，在莎车以西越过葱岭，通往大月氏、安息等地。

⑫骊：体毛黄色而黑嘴之马。

⑬龟兹：汉代西域国名，在今新疆库车县。

⑭北道：汉代通往西域之北道自玉门关、阳关以西，经天山和塔里木河之间通道西行，在喀什以西越过葱岭，通往中亚各地。

⑮疏勒：汉代西域国名，今新疆喀什。

⑯焉耆：汉代西域国名，今新疆焉耆。

⑰姑墨：汉代西域国名，今新疆沙雅县。

⑱尉头：汉代西域国名，今新疆乌什县。

⑲康居：汉代西域国名，今中亚巴尔喀什湖与咸海之间。

⑳拘弥：汉代西域国名，也叫扜弥，在今新疆和田以东。

㉑月支：汉代西域有大小二月支国。大月氏在今阿富汗和巴基斯坦北部地区。

㉒谷吉：长安人，元帝时为卫司马，使送郅支单于侍子，为郅支所杀。

㉓魏绛：晋大夫，晋悼公使其和诸戎。事见《左传》。

㉔铅刀：以铅为刀，言其钝。

㉕温宿：汉代西域国名，今新疆阿克苏市。

㉖武帝妻以公主：武帝元封中以江都王建女细君为公主，以妻乌孙。

㉗大小昆弥：乌孙王昆莫死后，子孙争国，汉令立元贵靡为大昆弥，乌就屠为小昆弥，故有大小昆弥之号。

㉘符拔：形似麟而无角之兽。

㉙厉度：以衣带涉水。言其水深。

㉚永平：东汉明帝年号。

㉛白山：匈奴谓之天山，一名雪山，在新疆境内。

㉜车师：汉代西域国名，分前后二王，分别在今新疆吐鲁番市及吉木萨尔县一带。

㉝县度：山名，即今帕米尔山。

㉞狐死首丘：传说狐狸将死，头必朝向其出生的山丘。比喻为不忘本，或思念故乡。

㉟代马依风：代，郡名，传说代北之马习惯依于北风，喻为不忘本，或思念故乡。

㊱玉门关：今甘肃敦煌市西百五十里，阳关之西北，古为通西域要道。

㊲文王葬骨：文王出游，见枯骨，使人葬之。诸侯闻而相谓曰："西伯泽及枯骨，况生者乎？"

㊳子方哀老：田子方，魏文侯师，见国君弃老马，乃曰："少尽其力，老而弃之非仁也。"于是收而养之。

㊴赵母：赵奢妻，赵括的母亲。惧括之败，先请于公，得以不因其败而受株连。

㊵卫姬：齐桓公之姬，卫人。桓公与管仲谋伐卫，桓公入，姬请卫之罪，以免受株连。

周举黄琼黄琬传　论

论曰：古者诸侯①岁贡士，进贤受上赏，非贤贬爵土。升之司马，辩论其才，论定然后官之，任官然后禄之。故王者得其人，进仕劝其行，经邦弘务，所由久矣。汉初诏举贤良、方正，州郡察孝廉、秀才，斯亦贡士之方也。中兴以后，复增敦朴、有道、贤能、直言、独行、高节、质直、清白、敦厚之属。荣路既广，觖望②难裁，自是窃名伪服，浸以流竞，权门贵仕，请谒繁兴，自左雄③任事，限年试才，虽颇有不密，固亦因识时宜，而黄琼④、胡广⑤、张衡⑥、崔瑗⑦之徒，泥滞旧方，互相诡驳，循名者屈其短，算实者挺其效。故雄在尚书，天下不敢妄选，十余年间，称为得人，斯亦效实之征乎？顺帝始以童弱反政，而号令自出，知能任使，故士得用情，天下喁喁，仰其风采。遂乃备玄纁玉帛，以聘南阳樊英[8]，天子降寝殿，设坛席，尚书奉引，延问失得，急登贤之举，虚降己之礼，于是处士鄙生，忘其拘儒[9]，拂巾衽褐，以企旌车之招矣。至乃英能承风，俊义咸事，若李固[10]、周举[11]之渊谟弘深，左雄、黄琼之政事贞固，桓焉[12]、杨厚[13]以儒学进，崔瑗、马融[14]以文章显，吴碹[15]、苏章[16]、种缭[17]、栾巴[18]牧民之良干，庞参[19]、虞诩[20]将帅之宏规，王龚[21]、张皓[22]虚心以推士，张纲[23]、杜乔[24]直道以纠违，郎𫖮[25]阴阳详密，张衡机术特妙。东京之士，于兹盛焉。向使庙堂纳其高谋，疆场宣其智力，帷幄容其謇辞，举措禀其成式，则武、宣之轨，岂其远而？《诗》云："靡不有初，鲜克有终。"可为恨哉！及孝桓之时，硕德既兴，陈蕃[26]、杨秉[27]处称贤宰，皇甫、张、段[28]出号名将，王畅[29]、李膺[30]弥缝衮阙，朱穆[31]、刘陶[32]献替匡时，郭有道[33]奖鉴人伦，陈仲弓[34]弘道下邑。其余宏儒远智，高心洁行，激扬风流者，不可胜言。而斯道莫振，文武陵队，在朝者以正议婴戮，谢事者以党锢致灾。往车虽折，而来轸方遒。所以倾而未颠，决而未溃，岂非仁人君子心力之为乎？呜呼！

【注释】

①"诸侯岁贡士"三句：《尚书大传》曰："古者诸侯之于天子，三年一贡士，一适（贡到）谓之好德，再适谓之贤贤，三适谓之有功。有功者，天子赐以车服弓矢，号曰命。诸侯有不贡士谓之不率正，一不适谓之过，再不适谓之傲，三不适谓之诬。诬者，天子绌（贬损）之，一绌以爵，再绌以地，三绌而爵地毕。"

②觖望：不满所望而怨。

③左雄：涅阳（今河南邓州市）人，字伯豪。顺帝时，上书言郡国孝廉，年不满四十不得察举，帝从之，自是牧守畏栗，莫敢轻举。迄于永熹，察选清平，多得其人。

④黄琼：江夏安陆（今湖北安陆市）人，字世英。累迁尚书仆射，争议朝堂，莫能抗夺，奏劾贪污，海内翕然望之。卒谥忠。

⑤胡广：华容（今湖北潜江县）人，字伯始。安帝时举孝廉，为天下第一，

累官至太傅。广练达事体，明解朝章，虽无謇直之风，屡有补阙之益，故京师谚曰："万事不理问伯始，天下中庸有胡公。"

⑥张衡：西鄂（今河南南阳）人，字平子。少善属文，通《五经》，贯六艺，作《二京赋》，十年乃成。安帝时拜郎中，作浑天仪，造候风地动仪，人皆服其妙。

⑦崔瑗：安平（今山东益都）人，字子玉。早孤，锐志好学。后举茂才，迁汲令，从政有绩。

⑧樊英：鲁阳（今河南鲁山县）人，字季齐。习《京氏易》，兼明《五经》。隐于壶山之阳，受业者自四方至。州郡礼请，公卿荐举，皆不就。顺帝备礼征之，不得已至京。

⑨拘儒：褊狭。

⑩李固：南郑（今陕西南郑）人，字子坚。少博学，阳嘉初对策，顺帝多所采纳。冲帝时官太尉。及梁冀立桓帝，诬固下狱，遂被害。

⑪周举：汝阳（今河南汝阳）人，字宣光。姿貌短陋，而博学洽闻，为儒者宗，顺帝朝为并州刺史，后为谏议大夫。表荐公清，朝廷称之。

⑫桓焉：龙亢（今安徽淮远）人，字叔元。明经笃行，有名称。授安帝经，录尚书事。顺帝即位，拜太傅。永和中为太尉，卒。

⑬杨厚：新都（今四川成都市新都区）人，字仲桓。顺帝时遣使特征至长安，累官侍中，每有灾异，辄上消救之法。言不得信，谢病归。

⑭马融：茂林（今安徽泾县）人，字季长。有俊才，安帝时召拜郎中，历武都、南郡太守。在东观著述，以病去。融才高博洽，为世通儒，教养诸生常千数，卢植、郑玄皆为其徒，著述颇多。延熹末卒，年八十八。

⑮吴魂：长垣（今河南长垣）人，字季英，年二十丧父，家无儋石而不受赡遗，牧豕长垣中，举孝廉，仕至齐相。梁冀表为长史，及冀诬奏李固，马融为具章草，魂谓融曰："卿何面目见天下之人乎？"冀怒，出魂为河间相，因自免归家，不复仕。

⑯苏章：平陵（今陕西咸阳市）人，字孺文。安帝时举贤良方正，出为冀州刺史，有故人任清和太守，章行部按其奸赃，太守为设酒肴，陈平生之好，喜曰："人皆有一天，我独有二天。"章曰："今日苏孺文与故人饮者，私恩也，明日冀州刺史案事者，公法也。"遂举正其罪，州境肃然。改并州刺史，

以摧折权豪忤旨免官。

⑰种暠：洛阳人，字景伯。顺帝时举孝廉，为侍御史，纠奏称职，出为益州刺史，远夷杂落，举种向化。匈奴寇边，擢为度辽将军。后迁司马，卒于位。

⑱栾巴：蜀郡（今四川雅安）人，字叔元。性质直，博涉经典。初为黄门令，后拜郎中，四迁桂阳太守，定礼兴学，政事明察。

⑲庞参：缑氏（今河南偃师县）人，字仲达。举孝廉，拜左校令，坐法输作若卢。永初中，邓骘讨叛羌，樊准荐之，拜汉阳太守，以惠政得民。累官太尉。

⑳虞诩：武平（今河南鹿邑）人，字升卿。年十二，通《尚书》，拜郎中，出为朝歌长。有治声，历迁武都太守，设增灶之策，进兵大破羌人，官至尚书仆射。

㉑王龚：高平（今山东邹县）人，字伯宗。安帝时为青州刺史，劾奏贪浊二千石数人，迁汝南太守。好才爱士，后进知名之士，莫不归心，累官至太尉。

㉒张皓：武阳（今四川彭山县）人，字叔明。永宁间拜廷尉，处理疑狱颇多。顺帝时迁司空，在事多所荐达，天下称其推士。卒于官，年八十三。

㉓张纲：张皓子，字文纪。少明经学，仕为御史，顺帝委纵宦官，纲上书，不省。汉安初，奉使徇行风俗，纲埋其车轮于洛阳都亭曰："豺狼当道，安问狐狸？"遂劾奏大将军梁冀，河南尹不疑等奸恶十五事，京师震竦，皇帝知其言直，终不能用。

㉔杜乔：林虑（今河南林县）人，字叔荣。顺帝时为大司农，时梁冀子弟五人及中常侍等无功并封，乔上书切谏，不省。嗣又累与冀忤。先是李固见废，内外丧气，惟乔正色，无所回挠，为朝野所瞻望，后卒为冀所谮，死狱中。

㉕郎顗：安丘（今山东安丘）人，字雅光，少传父业，善风角星算，兼明经典，顺帝时灾异数见，公车征顗，拜章言其故，陈便宜七事。诏拜郎中，辞不受，归后复征，不起。

㉖陈蕃：平舆（今河南汝南县）人，字仲举。举孝廉，再迁为安乐太守，累拜太尉。桓帝崩，窦太后临朝，以蕃为太傅，封高阳侯。与后父大将军窦

武同心戮力，共参政事，征用名贤。为人方峻疾恶，高洁之士争归之，后与武谋诛宦官曹节、王甫等，事泄，节等矫诏害之。

㉗杨秉：华阴（今陕西华阴）人，字叔节。为豫、荆、徐、兖四州刺史，所至以淳白称，延熹中拜太尉。时宦官方炽，守令多非人，秉条奏牧守以下五十余人，或死或免，天下肃然。

㉘皇甫、张、段：指皇甫规、张奂、段颎，并知名，显达京师。

㉙王畅：龚子，字叔茂。陈蕃荐畅清方公正，拜南阳太守。奋励威猛，纳张敞谏，更崇宽政，教化遂行。

㉚李膺：襄城（今河南襄城）人，字元礼。桓帝时为司隶校尉。独持风裁，以声名自高，士有被其容接者，名为登龙门，坐党事免官。灵帝时，与窦武谋诛宦官，未成，被杀。

㉛朱穆：南阳（今河南南阳）人。字公叔，幼以孝称，举孝廉，授侍御史，永兴初出为冀州刺史，部令长闻穆济河，解印绶去者四十余人。后拜尚书。禄仕数十年，家无余资，及卒，贫不能殡。蔡邕与门人谥为"文忠先生"。

㉜刘陶：颍阴（今河南许昌）人，字子奇，一名伟。通《尚书》、《春秋》，举孝廉，累官侍御史，封中陵乡侯，拜侍中，数切谏，为权臣所惮。后为宦官所谮，被收下狱死。

㉝郭有道：名泰，字林宗，介休（今山西介休）人。博通经典，居家教授，弟子数千人。尝游洛阳，与河南尹李膺相友善，于是名震京师，善品题海内人士，然不为危言骇论，故党锢祸起而泰独免。

㉞陈仲弓：许（今河南许昌）人，名寔。有志好学，除太丘长，修德清静，百姓以安。在乡间时，平心率物，有争讼，辄求判正，至叹曰："宁为刑罚所加，毋为陈君所短。"年八十四卒。

党锢列传 序

孔子曰："性相近也，习相远也。"言嗜恶之本同，而迁染之途异也。夫刻意则行不肆，牵物则其志流。是以圣人导人理性，裁抑宕佚，慎其所与，节其所偏，虽情品万区，质文异数，至于陶情振俗，其道一也。

叔末浇讹，王道陵缺，而犹假仁以效己，凭义以济功，举中于理，则强梁褫气；片言违正，则厮台解情。盖前哲之遗尘，有足求者。

霸德既衰，狙诈萌起。强者以决胜为雄，弱者以诈劣受屈。至有画半策而绾万金，开一说而锡琛瑞①。或起徒步而仕执珪，解草衣以升卿相②。士之饰巧驰辩，以要能钓利者，不期而景从矣。自是爱尚相夺，与时回变，其风不可留，其敝不能反。

及汉祖仗剑，武夫勃兴，宪令宽赊，文礼简阔，绪余四豪③之烈，人怀陵上之心，轻死重气，怨惠必雠，令行私庭，权移匹庶，任侠之方，成其俗矣。自武帝以后，崇尚儒学，怀经协术，所在雾会，至有石渠分争④之论，党同伐异之说，守文之徒，盛于时矣。至王莽专伪，终于篡国，忠义之流，耻见缨绋，遂乃荣华丘壑⑤，甘足枯槁。虽中兴在运，汉德重开，而保身怀方⑥，弥相慕袭，去就之节，重于时矣。

逮桓、灵之间，主荒政谬，国命委于阉寺，士子羞与为伍，故匹夫抗愤，处士横议，遂乃激扬名声，互相题拂，品核公卿，裁量执政，婞直之风，于斯行矣。夫上好则下必甚，矫枉故直必过，其理然矣。若范滂⑦、张俭⑧之徒，清心忌恶，终陷党议，不其然乎？

初，桓帝为蠡吾侯，受学于甘陵⑨周福⑩，及即帝位，擢福为尚书。时同郡河南尹房植⑪有名当朝，乡人为之谣曰："天下规矩房伯武，因师获印周仲进。"二家宾客，互相讥揣，遂各树朋徒，渐成尤隙，由是甘陵有南北部，党人之议，自此始矣。后汝南太守宗资⑫任功曹范滂，南阳太守成瑨⑬亦委功曹岑晊⑭，二郡又为谣曰："汝南太守范孟博，南阳宗资主画诺。南阳太守岑公孝，弘农成瑨但坐啸。"因此流言转入太学，诸生三万余人，郭林宗、贾伟节⑮为其冠，并与李膺、陈蕃、王畅更相褒重，学中语曰："天下模楷李元礼，不畏强御陈仲举，天下俊秀王叔茂。"又勃海公族进阶⑯、扶风魏齐卿⑰，并危言深论，不隐豪强。自公卿以下，莫不畏其贬议，屣履到门。

时河内张成善说风角⑱，推占当赦，遂教子杀人。李膺为河南尹，督促收捕，既而逢宥获免，膺逾怀愤疾，竟案杀之。初，成以方伎交通宦官，帝亦颇讽其占。成弟子牢修⑲因上书诬告膺等养太学游士，交结诸郡生徒，更相驱驰，共为部党，诽讪朝廷，疑乱风俗。于是天子震怒，班下郡国，逮捕党人，布告天下，使同忿疾，遂收执膺等。其辞所连及陈寔之徒二百余人，或有逃遁不获，皆悬金购募。使者四出，相望于道。明年，尚书霍谞[20]、城门校尉窦武并表为请，帝意稍解，乃皆赦归田里，禁锢终身。而党人之名，犹书王府。

自是正直废放，邪枉炽结，海内希风之流，遂共相标榜，指天下名士，为之称号。上曰"三君"，次曰"八俊"，次曰"八顾"，次曰"八及"，次曰"八厨"，犹古之"八元"、"八凯"[21]也。窦武、刘淑[22]、陈蕃为"三君"。君者，言一世之所宗也。李膺、荀昱[23]、杜密[24]、王畅、刘佑[25]、魏朗[26]、赵典[27]、朱禹[28]为"八俊"。俊者，言人之英也。郭林宗、宗慈[29]、巴肃[30]、夏馥[31]、范滂、尹勋[32]、蔡衍[33]、羊陟[34]为"八顾"。顾者，言能以德行引人者也。张俭、岑晊、刘表[35]、陈翔[36]、孔昱[37]、苑康[38]、檀敷[39]、翟超[40]为"八及"。及者，言其能导人追宗者也。度尚[41]、张邈[42]、王考、刘儒[43]、胡母班[44]、秦周、蕃向、王璋为"八厨"。厨者，言能以财救人者也。

又张俭乡人朱并，承望中常侍侯览意旨，上书告俭与同乡二十四人别相署号，共为部党，图危社稷。以俭及檀彬、褚凤、张肃、薛兰、冯禧、魏玄、徐乾为"八俊"，田林、张隐、刘表、薛郁、王访、刘祇、宣靖、公绪恭为"八顾"，朱楷、田籀、疏耽、薛敦、宋布、唐龙、嬴咨、宣褒为"八及"，刻石立墠，共为部党，而俭为之魁。灵帝诏刊章捕俭等。大长秋曹节[45]因此讽有司奏捕前党，故司空虞放[46]、太仆杜密、长乐少府李膺、司隶校尉朱㝢、颍川太守巴肃、沛相荀昱、河内太守魏朗、山阳太守翟超、任城相刘儒、太尉掾范滂等百余人，皆死狱中。余或先殁不及，或亡命获免。自此诸为怨隙者，因相陷害，睚眦之忿，滥入党中。及州郡承旨，或有未尝交关，亦离祸毒。其死徙废禁者，六七百人。

熹平五年，永昌太守曹鸾上书大讼党人，言甚方切。帝省奏大怒，即诏司隶、益州槛车收鸾，送槐里狱掠杀之。于是又诏州郡更考党人门生、故吏、父子、兄弟，其在位者，免官禁锢，爰及五属。

光和二年，上禄长和海上言："礼，从祖兄弟别居异财，恩义已轻，服属疏末。而今党人锢及五族，既乖典训之文，有谬经常之法。"帝览而悟之，党锢自从祖以下，皆得解释。

中平元年，黄巾贼起，中常侍吕强言于帝曰："党锢久积，人情多怨。若久不赦宥，轻与张角合谋，为变滋大，悔之无救。"帝惧其言，乃大赦党人，诛徙之家皆归故郡。其后黄巾遂盛，朝野崩离，纪纲文章荡然矣。

凡党事始自甘陵、汝南，成于李膺、张俭，海内涂炭，二十余年，诸所蔓衍，皆天下善士。三君、八俊等三十五人，其名迹存者，并载乎篇。陈蕃、窦武、王畅、刘表、度尚、郭林宗别有传。荀昱附《祖淑传》。张邈附《吕布传》。胡母班附《袁绍传》。王考字文祖，东平寿张人，冀州刺史；秦周字平王，陈留平丘人，北海相；蕃向字嘉景，鲁国人，郎中；王璋字伯仪，东莱曲城人，少府卿，位行并不显。翟超，山阳太守，事在《陈蕃传》，字及郡县未详。朱缯，沛人，与杜密等俱死狱中。唯赵典名见而已。

【注释】

①"画半策而绾万金"二句：谓苏秦说赵王，赐白璧百双，黄金万镒。虞卿一见赵王，赐白璧一双，黄金百镒之类。

②"起徒步而仕执珪"二句：《史记》："楚惠王言：'庄舄，越之鄙细人也，今仕楚执珪，贵富矣。'"解草衣，谓范睢、蔡泽之类。

③四豪：指信陵君魏无忌、平原君赵胜、春申君黄歇、孟尝君田文。

④石渠分争：宣帝时，集诸儒于石渠阁，讲论六艺。召《五经》名儒太子太傅萧望之等大议殿中，平《公羊》、《谷梁》同异，同己者朋党之，异己者攻伐之。

⑤荣华丘壑：指龚胜、薛方、郭钦、蒋诩之类，并隐居，不应王莽之召。

⑥"保身怀方"二句：指逄萌、严光、周党、尚长之属。

⑦范滂：征羌（今河南郾城县东南）人，字孟博。少励清节，慨然有澄清天下之志，后为宦官所杀。

⑧张俭：济宁（今山东济宁）人，字元节。尝劾中常侍侯览。览诬以党事，遁去。

⑨甘陵：县名，故城在今山东清平县南。

⑩周福：甘陵人，字仲进。桓帝微时，受学于福。

⑪房植：甘陵人，字伯武。官终司空。

⑫宗资：安众（今河南镇平县）人，字叔都。举孝廉，延熹中为太守。

⑬成瑨：弘农（今河南灵宝）人，字幼平。少修仁义，以清名见。举孝廉，桓帝时为太守。

⑭岑晊：棘阳（今河南新野县）人，字公孝。有高才，与郭泰等相友善，虽在闾里，慨然有董正天下之志。

⑮贾伟节：名彪，定陵（今河南舞阳）人。兄弟三人，并有高名，彪最优。桓帝时为新息长，后以党禁锢，卒于家。

⑯公族进阶：公族，姓；进阶，名。北海（今山东昌乐）人。危言深论，人服其高。

⑰魏齐卿：扶风（今属陕西）人。不畏豪强，为公卿所惧。

⑱风角：古占候之法，以五音占风而定吉凶。

⑲牢修：河内（今河南沁阳）人，张成弟子。

⑳霍谞：邺（今河南安阳）人，字叔智。少明经，举孝廉，稍迁金城太守。性明达笃厚，能以恩信化诱殊俗。

㉑八元、八凯：皆高辛氏、高阳氏之后代贤才。

㉒刘淑：乐成（今河北献县）人，字仲承。桓帝时，对策为天下第一。灵帝时，宦官谮淑与窦武通谋，下狱自杀。

㉓荀昱：颍阴（今河南许昌）人，字伯条。为沛相，正身疾恶，志除阉宦，与李膺俱死。

㉔杜密：阳城（今河南汝阳）人，字周甫。少有励俗之志，灵帝时坐党事死。

㉕刘佑：安国（今河北安国）人，字伯祖。灵帝时为河南尹，陈蕃败，佑黜归。

㉖魏朗：上虞（今浙江上虞）人，字少英，累官尚书，以党议免归。寻被征自杀。

㉗赵典：成都人，字仲经。桓帝时为太常，以谏争违旨免官。

㉘朱禹：沛（今江苏沛县）人，为八俊之一。

㉙宗慈：安众（今河南镇平）人，字孝初。举孝廉不就，群士重其义行。

㉚巴肃：渤海（今河北南皮）人，字恭祖。与窦武等谋诛阉宦，坐党禁锢。

㉛夏馥：圉（今河南杞县南）人，字子治。桓帝初举直言不就，然名声为中官所惮，遂与范滂、张俭等俱被诬害，乃变形易姓名为人佣，党禁未解而卒。

㉜尹勋：巩（今河南巩义市）人，字伯元。三迁邯郸令，政有异迹。桓帝时迁汝南太守，拜大司农，因窦武等事下狱，自杀。

㉝蔡衍：项（今河南沈丘）人，字孟喜。举孝廉，稍迁冀州刺史。梁冀

请欲相见，辞疾不往。灵帝时复拜议郎，卒。

㉞羊陟：梁父（今山东泰安）人，字嗣祖。少清直，举孝廉，累拜尚书令、河南尹。会党事起，免官禁锢，卒于家。

㉟刘表：高平（今山东鱼台东北）人，字景升，鲁恭王余之后，姿貌温伟，爱民养士，从容自保。

㊱陈翔：邵陵（今湖南邵阳）人，字子麟。少知名，除扬州刺史，时举劾赃吏，威名大振。坐党事考狱，以无验见原。卒于家。

㊲孔昱：鲁（今山东曲阜）人，字元世，少习家学，遭党事禁锢。灵帝时补洛阳令，以师丧弃官。卒于家。

㊳苑康：重合（今山东乐陵县）人，字仲真。与郭泰亲善，居官有能声。为侯览所诬，徙日南。后颍阴人及太山羊陟等为讼冤，乃原迁本郡，卒于家。

㊴檀敷：瑕丘（今山东兖州东北）人，字文有。家贫而志清。灵帝时举方正对策，补蒙令，以郡守非人，弃官去。家无产业，子孙易衣而出。年八十，卒于家。

㊵翟超：字及郡县未详。为山阳太守时没入中常侍侯览财产，坐髡钳输作。

㊶度尚：湖陆（今山东鱼台）人，字博平。为政严峻，明于抉摘奸非，吏人谓之神明。

㊷张邈：寿张（今山东东平县）人，字孟卓。振穷救急，倾家不恤，官陈留太守。

㊸刘儒：阳平（今山东莘县）人，字叔林。郭泰谓儒口讷心辩。桓帝时征拜议郎，会窦武事起，下狱，自杀。

㊹胡母班：泰山（今山东泰安）人，字季友。官执金吾。山东兵起，董卓派他说解袁绍等诸军，遂被害。

㊺曹节：新野（今河南新野）人，字汉丰。自小黄门迁中常侍。

㊻虞放：东昏（今河南兰考县）人，字子仲，少为杨震门生，桓帝时为司空。性疾恶宦官，灵帝时以党事诛。

儒林列传　论

论曰：自光武中年以后，干戈稍戢，专事经学，自是其风世笃焉。其服儒衣①，称先王，游庠序，聚横塾者，盖布之于邦域矣。若乃经生所处，不远万里之路，精庐暂建，赢粮动有千百，其耆名高义开门受徒者，编牒不下万人，皆专相传祖，莫或讹杂。至有分争王庭，树朋私里，繁其章条，穿求崖穴，以合一家之说。故扬雄曰："今之学者，非独为之华藻，又从而绣其鞶帨②。"夫书理无二，义归有宗，而硕学之徒，莫之或徙，故通人鄙其固焉，又雄所谓"鞶帨之学，各习其师"也。且观成名高第，终能远至者，盖亦寡焉，而迂滞若是矣。然所谈者仁义，所传者圣法也。故人识君臣父子之纲，家知违邪归正之路。

自桓、灵之间，君道秕僻③，朝纲日陵，国隙屡启，自中智以下，靡不审其崩离；而权强之臣，息其窥盗之谋④，豪俊之夫，屈于鄙生之议⑤者，人诵先王言也，下畏逆顺势也。至如张温⑥、皇甫嵩⑦之徒，功定天下之半，声驰四海之表，俯仰顾盼，则天业可移，犹鞠躬昏主之下，狼狈折札之命，敛兵就绳约，而无悔心。暨乎剥桡自极，人神数尽，然后群英乘其运，世德终其祚。迹衰敝之所由致，而能多历年所者，斯岂非学之效乎？故先师垂典文，褒励学者之功，笃矣切矣。不循《春秋》，至乃比于杀逆，其将有意乎！

【注释】

①儒衣：儒服为章甫之冠，缝掖之衣。

②鞶帨：喻学者文烦碎。

③秕僻：秕，谷不成。喻政化之恶。

④息其窥盗之谋：谓阎忠劝皇甫嵩推亡汉而自立，嵩不从其言。

⑤屈于鄙生之议：谓董卓欲大举兵，郑泰止之，卓从其言。

⑥张温：穰（今河南邓州市）人，字伯慎，灵帝时官司空。韩遂等起兵，拜车骑将军，后为董卓所诬，笞杀。

⑦皇甫嵩：朝那（今甘肃平凉市）人，字义真。少好《诗》、《书》，习弓马。灵帝时为北地太守，以破黄巾功，领冀州牧，拜太尉，封槐里侯，威名震天下。折节礼士，豪杰争附，时号名将。

逸民列传　序

《易》称"遁之时义大矣哉。"又曰："不事王侯，高尚其事。"是以尧称则天，不屈颍阳之高；武尽美矣，终全孤竹之洁。自兹以降，风流弥繁，长往之轨未殊，而感致之数匪一，或隐居以求其志，或回避以全其道，或静己以镇其躁，或去危以图其安，或垢俗以动其概，或疵物以激其清，然观其甘心畎亩之中，憔悴江海之上，岂必亲鱼鸟乐林草哉，亦云性分所至而已。故蒙耻之宾①，屡黜不去其国；蹈海之节②，千乘莫移其情。适使矫易去就，则不能相为矣。彼虽硁硁有类沽名者，然而蝉蜕嚣埃之中，自致寰区之外，异夫饰智巧以逐浮利者乎！荀卿有言曰："志意修则骄富贵，道义重则轻王公"也。

汉室中微，王莽篡位，士之蕴藉义愤甚矣。是时裂冠毁冕，相携持而去之者，盖不可胜数。扬雄曰："鸿飞冥冥，弋者何篡焉。"言其违患之远也。光武侧席幽人，求之若不及，旌帛蒲车之所征贲，相望于岩中矣。若薛方③、逢萌④聘而不肯至，严光、周党⑤、王霸⑥至而不能屈。群方咸遂，志士怀仁，斯固所谓"举逸民天下归心"者乎！肃宗亦礼郑均⑦而征高凤⑧，以成其节。自后帝德稍衰，邪嬖当朝，处子耿介，羞与卿相等列，至乃抗愤而不顾，多失其中行焉。盖录其绝尘不反，同夫作者，列之此篇。

【注释】

①蒙耻之宾：柳下惠死，其妻诔之曰："蒙耻救人，德弥大兮；虽遇三黜，终不敝兮。"

②蹈海之节：鲁连谓辛桓衍曰："秦即为帝，则鲁连蹈东海死耳。"鲁连下聊城，田单爵之，鲁连逃隐于海上。

③薛方：齐（今山东临淄）人，字子容。为郡掾祭酒，尝征不至。

④逢萌：北海（今山东昌乐）人，字子庆。家贫为亭长，王莽时挂冠浮海。光武即位，累征不起，以寿终。

⑤周党：太原广武（今山西代县）人，字伯况。束身修志，州里称高。建武中征为议郎，以病去职。

⑥王霸：广武人，字儒仲。少立清节。建武中征为尚书令，称名不称臣。

后以病归，隐居守志。

⑦郑均：任城（今山东济宁县）人，字仲虞。好义笃实，建初中公车特征，再迁尚书，章帝敬重之。后以病乞骸骨告归。帝东巡，幸均舍，敕赐尚书，禄终其身，时号"白衣尚书"。

⑧高凤：叶（今河南叶县）人，字文通。家以农为业，昼夜读书不息，遂成名儒。不应征辟，隐身渔钓，终于家。

西羌传　论

论曰："羌戎之患，自三代尚矣。汉世方之匈奴，颇为衰寡，而中兴以后，边难渐大。朝规失绥御之和，戎帅骞然诺之信。其内属者，或倥偬于豪右之手，或屈折于奴仆之勤。塞候时清，则愤怒而思祸；桴革暂动，则属鞬以鸟惊。故永初①之间，群种蜂起。遂解仇嫌，结盟诅，招引山豪，转相啸聚，揭木为兵，负柴为械。毂马扬埃，陆梁于三辅；建号称制，恣睢于北地。东犯赵、魏之郊，南入汉、蜀之鄙，塞湟中②，断陇道，烧陵园③，剽城市，伤败踵系，羽书日闻。并、凉之士，特冲残毙，壮悍则委身于兵场，女妇则徽缥而为虏，发冢露胔，死生涂炭。自西戎作逆，未有陵斥上国若斯其炽也。和熹以女君亲政，威不外接。朝议惮兵力之损，情存苟安。或以边州难援，宜见捐弃；或惧疽食浸淫，莫知所限。谋夫回遑，猛士疑虑，遂徙西河四郡之人，杂寓关右之县。发屋伐树，塞其恋土之心；燔破赀积，以防顾还之思。于是诸将邓骘④、任尚⑤、马贤、皇甫规、张奂之徒，争设雄规，更奉征讨之命，征兵会众，以图其隙。驰骋东西，奔救首尾，摇动数州之境，日耗千金之资。至于假人增赋，借奉王侯，引金钱缣彩之珍，征粮粟盐铁之积。所以赂遗购赏，转输劳来之费，前后数十巨万。或枭克酋健，摧破附落，降俘载路，牛羊满山。军书未奏其利害，而离叛之状已言矣。故得不酬失，功不半劳。暴露师徒，连年而无所胜。官人屈竭，烈士愤丧。段颎受事，专掌军任，资山西之猛性，练戎俗之态情，穷武思尽飙锐以事之。被羽前登，身当百死之陈，蒙没冰雪，经履千折之道，始珍西种，卒定东寇。若乃陷击之所奸伤，追走之所崩籍，头颅断落于万丈之山，支革判解于重崖之上，不可校计。其能穿窜草石，自脱于锋镝者，百不一二。而张奂盛称"戎狄一气所生，不宜诛尽，流血污野，伤和致妖。"是何言之迂乎！羌虽外患，实深内疾，若攻之不根，是养疾疴于心腹也。惜哉寇敌略定矣，而汉祚亦衰焉。呜呼！昔先王疆理九土，判别畿荒，知夷貊殊性，难以道御，故斥远诸华，薄其贡职，唯与辞要而已。若二汉御戎之方，失其本矣。何则？先零⑥侵境，赵充国⑦迁之内地；煎当作寇，马文渊徙之三辅。贪其暂安之势，信其驯服之情，计日用之权宜，忘经世之远略，岂夫识微者之为乎？故微子垂泣于象箸⑧，辛有浩叹于伊川⑨也。

【注释】

①永初：东汉安帝年号。

②湟中：今甘肃西部及青海东北部。

③陵园：天子之墓。

④邓骘：新野（今河南新野）人，字昭伯。讨叛羌，拜大将军。

⑤任尚：即以戊己校尉代班超为西域都护者。详见《班超传》。

⑥先零：汉时之羌族，今甘肃临夏以西至青海之地，皆其所据。

⑦赵充国：上邽（今甘肃天水）人，字翁孙。善骑射，沉勇有大略。武帝时擢后将军。宣帝初，西羌叛，充国时年七十余，受诏击破先零，罢兵屯田，振族而还，于金城郡置属国以处降羌。

⑧微子垂泣于象箸：纣作象箸，箕子为父师，叹曰："象箸不施于土簋，不盛于菽藿，必须犀玉之杯，食熊蹯豹胎。"按《史记》及《韩子》均云箕子，今作微子，恐误。

⑨辛有浩叹于伊川：周平王东迁，大夫辛有适伊川，见被发而祭于野者曰："不及百年，此其戎乎！"其后秦、晋迁陆浑之戎于伊川。

南匈奴传　论

论曰："汉初遭冒顿凶黠，种众强炽，高祖威加四海，而窘平城之围。太宗政邻刑措，不雪愤辱之耻。逮孝武亟兴边略，有志匈奴，赫然命将，戎旗星属①，候列郊甸②，火通甘泉，而犹鸣镝扬尘，出入畿内，至于穷竭武力，单用天财，历纪岁以攘之。寇虽颇折，而汉之疲耗略相当矣。宣帝值虏庭分争，呼韩邪来臣，乃权纳怀柔，因为边卫，罢关徼之徼，息兵民之劳。龙驾帝服，鸣钟传鼓于清渭之上，南面而朝单于，朔方无复匹马之踪，六十余年矣。后王莽陵篡，扰动戎夷，续以更始之乱，方夏幅裂。自是匈奴得志，狼心复生，乘间侵佚，害流傍境。及中兴之初，更通旧好，报命连属，金币载道，而单于骄踞益横，内暴滋深。世祖以用事诸华，未遑沙塞之外，忍愧思难，徒报谢而已。因徙幽、并之民，增边屯之卒。及关东稍定，陇、蜀已清，其猛夫悍将，莫不顿足攘手，争言卫、霍之事。帝方厌兵，间修文政，未之许也。其后匈奴争立，日逐来奔，愿修呼韩之好，以御北狄之冲，奉藩称臣，永为外扞。天子总揽群策，和而纳焉③。乃诏有司开北鄙，择肥美之地，量水草以处之。驰中郎之使，尽法度以临之。制衣裳，备文物，加玺绂之绶，正单于之名。于是匈奴分破，始有南北二庭焉。仇衅既深，互伺便隙，控弦抗戈，觇望风尘，云屯鸟散，更相驰突。至于陷溃创伤者，靡岁或宁，而汉之塞地晏然矣。后亦颇为出师，并兵穷讨，命窦宪④、耿夔⑤之徒，前后并进，皆用果诵，设奇数，异道同会，究掩其窟穴，蹑北追奔三千余里，遂破龙祠，焚砗幕，坑十角，梏阏氏，铭功封石，倡呼而还。单于震慑屏气，蒙毡遁走于乌孙之地，而漠北空矣。若因其时势，及其虚旷，还南虏于阴山，归西河于内地，上申光武权宜之略，下防戎羯乱华之变，使耿国之算⑥不谬于当世，袁安之议⑦见重于后王，平易正直，若此其弘也。而窦宪矜三捷之效，忽经世之规，狼戾不端，专行威惠，遂复更立北虏，反其故庭，并恩两护，以私己福，弃蔑天公，坐树大鲠。永言前载，何恨愤之深乎！自后经纶失方，畔服不一，其为疾毒，胡可单言！降及后世，玩为常俗，终于吞噬神乡，丘墟帝宅。呜呼！千里之差，兴自豪端，失得之原，百世不磨矣。

【注释】

①戎旗星属：战旗如众星之连属。

②候列郊甸：列置候兵于近郊甸。

③总揽群策，和而纳焉：总揽群臣之策，善均从众，与之和同而纳其降款。

④窦宪：平陵（今陕西咸阳西北）人，字伯度。以女弟立为后，拜为郎。和帝时自求击匈奴，乃拜车骑将军，大破北单于于稽落山。出塞三千余里，遂登燕然山，刻石勒功，纪汉威德而还。

⑤耿夔：茂陵（今陕西兴平市）人，字定公。和帝时为大将军左校尉，击北单于，斩阏氏名王以下五千余级，出塞五千余里而还，自汉出师所未尝至，封粟邑侯。

⑥耿国之算：建武二十四年，八部大人共立比为呼韩邪单于，款五原塞，愿永为藩蔽，捍御北方。帝用五官中郎耿国之议，许之。

⑦袁安之议：窦宪欲立北单于，安议不许。

史 部

《三国志》精华

【著录】

　　《三国志》是晋朝陈寿所撰。陈寿（233～297）字承祚，巴西郡安汉县（今四川省南充市）人，自幼聪明好学，拜同郡人、历史学家谯周为师。陈寿在蜀汉时曾任过观阁令史。263年，刘备建立的蜀汉为魏国所灭，当时陈寿刚三十一岁。两年以后，魏国政权也被司马炎夺取，天下归于晋朝。陈寿因为父亲去世，患病卧床，侍婢为他调治丸药，被客人撞见，从而引起了乡里的非议，为此多年不能被晋朝所用。后来，司空张华器重陈寿的才华，为陈寿辩解，陈寿才被举为孝廉，在任平阳侯相时，编成《诸葛亮集》二十四篇，初步显露了他的史学才华。

　　晋武帝太康元年（280），晋最后灭掉了吴国，东汉末年连绵不断的战乱持续了九十年，至此才算形成天下统一的局面。于是，陈寿开始搜集资料，整理魏、蜀、吴三国史事，写成《魏书》《蜀书》《吴书》共六十五卷，后世称之为《三国志》。张华看到后，非常欣赏，向朝廷举荐陈寿为中书郎。但是，由于当时的权臣荀勖嫉妒张华，从而牵连到陈寿，只任命他为长广（今山东崂山县北）太守。陈寿以母亲有病为词，推辞不出任。后来，母亲去世，嘱陈寿将遗体安葬洛阳，陈寿按母亲的遗愿办理，又引起了当时一些人的非议。认为陈寿不将母亲归葬故乡，不合礼仪，又一次受到贬议。几年后，陈寿被任命为太子中庶子，还未到职，就病死了。陈寿屡屡受到排挤，一是因为晋朝政治黑暗，权臣当国；二是陈寿才华出众，当时的文人之间互相倾轧成风，妒才忌能，由此造成了陈寿曲折坎坷的一生。

《三国志》选材精当，叙述简洁，历来受到史学家们的重视，与《史记》、《汉书》《后汉书》并列，被称为"前四史"。南朝的大文学理论家刘勰认为《三国志》可与《史记》、《汉书》相媲美；宋朝人叶适说"陈寿笔高处逼司马迁"。足见历代对《三国志》一书的推崇。但该书内容比较简略，时有脱漏。又陈寿是晋朝人，晋是继曹魏而立的王朝，所以《三国志》尊曹魏为正统。

我们今天看到的《三国志》，为南朝刘宋时人裴松之所注释。裴松之（372～451），河东闻喜（今山西闻喜县）人，奉宋文帝之命，为《三国志》作注释。裴松之的《三国志注》做了大量的补阙、辑录、辨误工作，提高了《三国志》的学术价值。裴松之注释《三国志》，功不可没。继裴注之后，为《三国志》补志补表补注的人很多，大都是清代学者。近人卢弼撰成的《三国志集解》一书，是目前最为详尽的注本。1962年，中华书局排印出版的校点本《三国志》，颇便阅读参考。

魏　书

武帝　官渡之战　求贤令　渭南之战

建安五年，春正月，董承等谋泄，皆伏诛。公将自东征备，诸将皆曰："与公争天下者，袁绍也。今绍方来而弃之东，绍乘人后，若何？"公曰："夫刘备，人杰也。今不击，必为后患。袁绍虽有大志，而见事迟，必不动也。"郭嘉①亦劝公，遂东击备，破之，生禽其将夏侯博。备走奔绍，获其妻子。备将关羽屯下邳②，复进攻之，羽降。昌豨叛为备，又攻破之。公还官渡，绍卒不出。

二月，绍遣郭图、淳于琼、颜良攻东郡太守刘延于白马③，绍引兵至黎阳，将渡河。夏四月，公北救延。荀攸说公曰："今兵少不敌，分其势乃可。公到延津，若将渡兵向其后者，绍必西应之，然后轻兵袭白马，掩其不备，颜良可禽也。"公从之。绍闻兵渡，即分兵西应之。

公乃引军兼行趣白马，未至十余里，良大惊，来逆战。使张辽、关羽前登，击破，斩良。遂解白马围，徙其民，循河而西。绍于是渡河追公军，至延津南。公勒兵驻营南阪下，使登垒望之。曰："可五六百骑。"有顷，复白："骑稍多，步兵不可胜数。"公曰："勿复白。"乃令骑解鞍放马。是时，白马辎重就道，诸将以为敌骑多，不如还保营。荀攸曰："此所以饵敌，如何去之！"绍骑将文丑与刘备将五六千骑前后至。诸将复白："可上马。"公曰："未也。"有顷，骑至稍多，或分趣辎重，公曰："可矣。"乃皆上马。时骑不满六百，遂纵兵击，大破之，斩丑。良、丑皆绍名将也，再战，悉禽，绍军大震。公还军官渡。绍进保阳武。关羽亡归刘备。

八月，绍连营稍前，依沙塠为屯，东西数十里，公亦分营与相当，合战不利。时公兵不满万，伤者十二三。绍复进临官渡，起土山地道。公亦于内作之，以相应。绍射营中，矢如雨下，行者皆蒙楯，众大惧。时公粮少，与荀彧④书，议欲还许。彧以为："绍悉众聚官渡，欲与公决胜败。公以至弱当至强，若不能制，必为所乘，是天下之大机也。且绍布衣之雄耳，能聚人而不能用。夫以公之神武明哲而辅以大顺，何向而不济！"公从之。

孙策闻公与绍相持，乃谋袭许，未发，为刺客所杀。

汝南降贼刘辟等叛应绍，略许下。绍使刘备助辟，公使曹仁击破之。备走，遂破辟屯。

袁绍运谷车数千乘至，公用荀攸计，遣徐晃、史涣邀击，大破之，尽烧其车。公与绍相拒连月，虽比战斩将，然众少粮尽，士卒疲乏，公谓运者曰："却十五日为汝破绍，不复劳汝矣。"冬十月，绍遣车运谷，使淳于琼等五人将兵万余人送之，宿绍营北四十里。绍谋臣许攸贪财，绍不能足，来奔，因说公击琼等。左右疑之，荀攸、贾诩劝公。公乃留曹洪守，自将步骑五千人夜往，会明至。琼等望见公兵少，出阵门外。公急击之，琼退保营，遂攻之。绍遣骑救琼。左右或言："贼骑稍近，请分兵拒之。"公怒曰："贼在背后，乃白！"士卒皆殊死战，大破琼等，皆斩之。绍初闻公之击琼，谓长子谭曰："就彼攻琼等，吾攻拔其营，使彼无所归矣！"乃使张郃、高览攻曹洪。郃等闻琼破，遂来降。绍众大溃，绍及谭弃军走，渡河。追之不及，尽收其辎重图书珍宝，虏其众。公收绍书中，得许下及军中人书，皆焚之。冀州诸郡多举城邑降者。

初，桓帝时有黄星见于楚、宋之分，辽东殷馗（古逵字）善天文，言后五十岁当有真人起于梁、沛之间，其锋不可当。至是凡五十年，而公破绍，天下莫敌矣。

建安十五年春，下令曰："自古受命及中兴之君，曷尝不得贤人君子与其共治天下者乎！及其得贤也，曾不出闾巷，岂幸相遇哉！上之人不求之耳。今天下尚未定，此特求贤之急时也。'孟公绰为赵、魏老则优，不可以为滕、薛大夫。'若必廉士而后可用，则齐桓其何以霸世！今天下得无有被褐怀玉而钓于渭滨者乎？又得无盗嫂受金而未遇无知者乎？二三子其佐我明扬仄陋，唯才是举，吾得而用之。"

张鲁⑤据汉中，建安十六年春三月，遣钟繇讨之。公使夏侯渊⑥等出河东与繇会。

是时关中诸将疑繇欲自袭，马超遂与韩遂、杨秋、李堪、成宜等叛。遣曹仁讨之。超等屯潼关，公敕诸将："关西兵精悍，坚壁勿与战。"秋七月，公西征，与超等夹关而军。公急持之，而潜遣徐晃、朱灵等夜渡蒲阪⑦津，据河西为营。公自潼关北渡，未济，超赴船急战。校尉丁斐因放牛马以饵贼，贼乱取牛马，公乃得渡，循河为甬道而南。贼退，拒渭口，公乃多设疑兵，潜以舟载兵入渭，为浮桥，夜分兵结营于渭南。贼夜攻营，伏兵击破之。超等屯渭南，遣信求割河以西请和，公不许。九月，进军渡渭。超等数挑战，又不许；固请割地，求送任子，公用贾诩计，伪许之。韩遂请与公相见，公与遂父同岁孝廉，又与遂同时侪辈，于是交马语移时，不及军事，但说京都旧故，拊手欢笑，既罢，超等问遂："公何言？"遂曰："无所言也。"超等疑之。他日，公又与遂书，多所点窜，如遂改定者；超等愈疑遂。公乃与克日会战，先以轻兵挑之，战良久，乃纵虎骑夹击，大破之，斩成宜、李堪等。遂、超等走凉州，杨秋奔安定，关中平。诸将或问公曰："初，贼守潼关，渭北道缺，不从河东击冯翊而反守潼关，引日而后北渡，何也？"公曰："贼守潼关，若吾入河东，贼必引守诸津，则西河未可渡，吾故盛兵向潼关；贼悉众南守，西河之备虚，故二将得擅取西河，然后引军北渡，贼不能与吾争西河者，以有二将之军也。连车树栅，为甬道而南，既为不可胜，且以示弱。渡渭为坚垒，虏至不出，所以骄之也；故贼不为营垒而求割地，吾顺言许之，所以从其意，使自安而不为备，因蓄士卒之力，一旦击之，所谓疾雷不及掩耳。兵之变化，固非一道也。"始，贼每一部到，公辄有喜色。贼破之后，诸将问其故。公答曰："关中长远，若贼各依险阻，征之，不一二年不可定也。今皆来集，其众虽多，莫相归服，军无适主，一举可灭，为功差易，吾是以喜。"

【注释】

①郭嘉：轵（今河南济源南）人，汉代游侠。

②下邳：郡名，今江苏邳州市东。

③白马：县名，今河南滑县东北。

④荀彧：东汉颍阴（今河南许昌）人，字文若，曹操以为奋武司马，军国事悉以咨询，后与操不合，饮药而死。

⑤张鲁：魏张道陵孙，据汉中，以鬼道教民，自号师君，后为曹操所破，遂降。

⑥夏侯渊：三国时魏人。操起兵，以别部司马骑都尉从，有智谋，所向有功，后与蜀战死。

⑦蒲阪：古地名，故城位于今山西永济市。

许褚传

许褚字仲康，谯国谯人也。长八尺余，腰大十围，容貌雄毅，勇力绝人。汉末，聚少年及宗族数千家，共坚壁以御寇。时汝南葛陂贼万余人攻褚壁，褚众少不敌，力战疲极。兵矢尽，乃令壁中男女，聚治石如杵斗者置四隅。褚飞石掷之，所值皆摧碎。贼不敢进。粮乏，伪与贼和，以牛与贼易食，贼来取牛，牛辄奔还。褚乃出阵前，一手逆曳牛尾，行百余步，贼众惊，遂不敢取牛而走。由是淮、汝①、陈、梁间，闻皆畏惮之。

太祖徇淮、汝，褚以众归太祖。太祖见而壮之曰："此吾樊哙②也。"即日拜都尉，引入宿卫。诸从褚侠客，皆以为虎士。从征张绣，先登，斩首万计，迁校尉。从讨袁绍于官渡。时常从士徐他等谋为逆，以褚常侍左右，惮之，不敢发。伺褚休下日，他等怀刀入。褚至下舍心动，即还侍。他等不知，入帐见褚，大惊愕。他色变，褚觉之，即击杀他等。太祖益亲信之，出入同行，不离左右。从围邺，力战有功，赐爵关内侯，从讨韩遂、马超于潼关。太祖将北渡，临济河，先渡兵，独与褚及虎士百余人留南岸断后，超将步骑万余人，来奔太祖军，矢下如雨。褚白太祖，贼来多，今兵渡已尽，宜去，乃扶太祖上船。贼战急，军急济，船重欲没。褚斩攀船者，左手举马鞍蔽太祖。船工为流矢所中死，褚右手并溯船，仅乃得渡。是日，微褚几危。其后太祖与遂、超等单马会语，左右皆不得从，唯将褚，超负其力，阴欲前突太祖，超素闻褚勇，疑从骑是褚，乃问太祖曰："公有虎侯者安在？"太祖顾指褚，褚瞋目盼之。超不敢动。乃各罢。后数日，会战，大破超等，褚身斩首级，迁武卫中郎将，武卫之号，自此始也。军中以褚力如虎而痴，故号曰虎痴，是以超问虎侯。至今天下称焉，皆谓其姓名也。

褚性谨慎奉法，质重少言。曹仁③自荆州来朝谒，太祖未出，入与褚相见于殿外。仁呼褚入便坐语，褚曰："王将出。"便还入殿，仁意恨之。或以责褚曰："征南宗室重臣，降意呼君，君何故辞？"褚曰："彼虽亲重，外藩也。褚备内臣，众谈足矣，入室何私乎？"太祖闻，愈爱待之，迁中坚将军。太祖崩，褚号泣呕血。文帝践阼，进封万岁亭侯，迁武卫将军，都督中军宿卫禁兵，甚亲近焉。初，诸所将为虎士者从征伐，太祖以为皆壮士也，同日拜为将，其后以功为将军封侯者数十人，都尉、校尉百余人，皆剑客也。明帝即位，进封牟乡侯，邑七百户，赐子爵一人关内侯。褚薨，谥曰壮侯。子仪嗣。褚兄定，亦以军功封为振武将军，都督徽道虎贲。太和中，帝思褚忠孝，下诏褒赞，复赐褚子孙二人爵关内侯。仪为钟会所杀。泰始初，子综嗣。

【注释】

①淮、汝：淮水、汝河。

②樊哙：沛（今江苏沛县）人。从汉高祖起兵，鸿门之宴，赖哙得免。数次从高祖征伐，封舞阳侯。

③曹仁：字子孝，曹操从弟。

典韦传

典韦，陈留己吾人也。形貌魁梧，膂力过人，有志节，任侠。襄邑刘氏与睢阳李永为仇，韦为报之。永故富春长，备卫甚谨。韦乘车载鸡酒，伪为候者，门开，怀匕首入，杀永，并杀其妻，徐出，取车上刀戟，步去。永居近市，一市尽骇，追者数百，莫敢近。行四五里，遇其伴，转战得脱，由是为豪杰所识。初平中，张邈举义兵，韦为士，属司马赵宠。牙门旗长大，人莫能胜，韦一手建之，宠异其才力。后属夏侯惇①，数斩首有功，拜司马。太祖讨吕布于濮阳②。布有别屯在濮阳西四五十里，太祖夜袭，比明破之。未及还，会布救兵至，三面掉战。时布身自搏战，自旦至日昳数十合，相持急。太祖募陷阵，韦先占，将应募者数十人，皆重衣两铠，弃楯，但持长矛撩戟。时西面又急，韦进当之，贼弓弩乱发，矢至如雨，韦不视，谓等人曰："虏来十步，乃白之。"等人曰："十步矣。"又曰："五步乃白。"等人惧，疾言："虏至矣"！韦手持十余戟，大呼起，所抵无不应手倒者。布众退。会日暮，太祖乃得引去。拜韦都尉，引置左右，将亲兵数百人，常绕大帐。韦既壮武，其所将皆选卒，每战斗，常先登陷阵。迁为校尉。性忠至谨重，常昼立侍终日，夜宿帐左右，稀归私寝，好酒食，饮啖兼人，每赐食于前，大饮长啜，左右相属，数人益乃供，太祖壮之。韦好持大双戟与长刀等，军中为之语曰："帐下壮士有典君，提一双戟八十斤。"

太祖征荆州，至宛，张绣③迎降。太祖甚悦，延绣及其将帅，置酒高会。太祖行酒，韦持大斧立后，刃径尺。太祖所至之前，韦辄举斧目之。竟酒，绣及其将帅莫敢仰视。后十余日，绣反，袭太祖营，太祖出战不利，轻骑引去。韦战于门中。贼不得入。兵遂散，从他门并入。时韦校尚有十余人，皆殊死战，无不一当十。贼前后至稍多，韦以长戟左右击之，一叉入，辄十余矛摧。左右死伤者略尽。韦被数十创，短兵接战，贼前搏之。

韦双挟两贼击杀之，余贼不敢前。韦复前突贼，杀数人，创重发，瞋目大骂而死。贼乃敢前，取其首，传观之，覆军就视其躯。太祖退往舞阴，闻韦死，为流涕，募间取其丧，亲自临哭之，遣归葬襄邑，拜子满为郎中。车驾每过，常祠以中牢。太祖思韦，拜满为司马，引自近。文帝即王位，以满为都尉，赐爵关内侯。

【注释】

①夏侯惇：魏沛国谯（今安徽亳县）人，字元让，曹操初起，从征伐，累功拜前将军，操最器重他。

②濮阳：郡名，故城位于今山东濮县南。

③张绣：祖厉（今甘肃靖远县）人，董卓部将骠骑将军张济族子。济死，他继领其众，屯兵宛城。后降曹操，旋又反袭曹军。曹操讨袁绍，他再度降曹，在官渡力战有功。在从征乌桓时死，谥为定侯。

陈思王植传　存问亲戚疏

臣闻天称其高者，以无不覆；地称其广者，以无不载；日月称其明者，以无不照；江海称其大者，以无不容。故孔子曰："大哉，尧之为君！惟天为大，惟尧则之。"夫天德之于万物，可谓宏广矣。盖尧之为教，先亲后疏，自近及远。其《传》曰："克明峻德，以亲九族；九族既睦，平章百姓。"及周之文王亦崇厥化，其《诗》曰："刑于寡妻，至于兄弟，以御于家邦。"是以雍雍穆穆，风人咏之。昔周公吊管、蔡①之不咸，广封懿亲以藩屏王室，《传》曰："周之宗盟，异姓为后。"诚骨肉之恩爽而不离，亲亲之义实在敦固，未有义而后其君，仁而遗其亲者也。

伏惟陛下资帝唐②钦明③之德，体文王翼翼之仁，惠洽椒房，恩昭九族，群后百寮，番休递上，执政不废于公朝，下情得展于私室，亲理之路通，庆吊之情展，诚可谓恕己治人，推惠施恩者矣。至于臣者，人道绝绪，禁锢明时，臣窃自伤也。不敢过望交气，类修人事，叙人伦。近且婚媾不通，兄弟乖绝，吉凶之问塞，庆吊之礼废，恩纪之违，甚于路人，隔阂之异，殊于胡越。今臣以一切之制，永无朝觐之望，至于注心皇极，结情紫闼，神明知之矣。然天实为之，谓之何哉！退惟诸王常有戚戚具尔之心，愿陛下沛然垂诏，使诸国庆问，四节得展，以叙骨肉之欢恩，全怡怡之笃义。妃妾之家，膏沐之遗，岁得再通。齐义于贵宗，等惠于百司，如此，则古人之所叹，风雅之所咏，复存于圣世矣。

臣伏自维省，无锥刀之用。及观陛下之所拔授，若以臣为异姓，窃自料度，不后于朝士矣。若得辞远游，戴武弁，解朱组，佩青绂，驸马、奉车，趣得一号，安宅京室，执鞭珥笔，出从华盖，入侍辇毂，承答圣问，拾遗左右，乃臣丹诚之至愿，不离于梦想者也。远慕《鹿鸣》④君臣之宴，中咏《常棣》⑤匪他之诫，下思《伐木》⑥友生之义，终怀《蓼莪》⑦罔极之哀；每四节之会，块然独处，左右惟仆隶，所对惟妻子，高谈无所与陈，发议无所与展，未尝不闻乐而拊心，临觞而叹息也。臣伏以为犬马之诚不能动人，譬人之诚不能动天。崩城、陨霜，臣初信之，以臣心况，徒虚语耳。若葵藿⑧之倾叶，太阳虽不为之回光，然向之者诚也。窃自比于葵藿，若降天地之施，垂三光之明者，实在陛下。

臣闻《文子》曰："不为福始，不为祸先。"今之否隔，友于同忧，而臣独倡言者，窃不愿于圣世使有不蒙施之物。有不蒙施之物，必有惨毒之怀。故《柏舟》有"天只"之怨，《谷风》⑩有"弃予"之叹。故伊尹耻其君不为尧、舜，孟子曰："不以舜之所以事尧事其君者，不敬其君者也。"臣之愚蔽，固非虞、伊，至于欲使陛下崇光被时雍之美，宣缉熙⑪章明之德者，是臣茕茕之诚，窃所独守，实怀鹤立企伫之心，敢复陈闻者，冀陛下傥发天聪而垂神听也。

【注释】

①管、蔡：周管叔鲜、蔡叔度，均为武王之弟。

②帝唐：即尧。

③钦明：《书经集注》："钦，恭敬也。明，通明也。"言尧之功大而无所不至。

④《鹿鸣》：《诗·小雅·鹿鸣》，为燕群臣嘉宾之诗。

⑤《常棣》：《诗·小雅·常棣》，为燕兄弟之诗。

⑥《伐木》：《诗·小雅·伐木》："嘤其鸣矣，求其友生。"

⑦《蓼莪》：《诗·小雅·蓼莪》："欲报之德，昊天罔极。"

⑧葵藿：均为植物，其端恒向日。

⑨《谷风》：《诗·邶风·谷风》，为淫于新昏，弃其旧室之诗。

⑩缉熙：缉，明；熙，广。《诗》："于缉熙，单厥心。"

蜀　书

先主　群臣尊先主为汉中王表　即位祭天文

平西将军都亭侯臣马超、左将军长史领镇军将军臣许靖、营司马臣庞羲、议曹从事中郎军议中郎将臣射援、军师将军臣诸葛亮、荡寇将军汉寿亭侯臣关羽、征虏将军新亭侯臣张飞、征西将军臣黄忠、镇远将军臣赖恭、扬武将军臣法正、兴业将军臣李严等一百二十人上言曰：昔唐尧至圣，而四凶①在朝；周成仁贤，而四国②作难；高后称制，而诸吕窃命③；孝昭幼冲，而上官逆谋④。皆冯世宠，藉履国权，穷凶极乱，社稷几危。非大舜、周公、朱虚、博陆⑤，则不能流放禽讨，安危定倾。伏惟陛下诞姿圣德，统理万邦，而遭厄运不造之艰。董卓首难，荡覆京畿，曹操阶祸，窃执天衡；皇后太子，鸩杀见害，剥乱天下，残毁民物。久令陛下蒙尘忧厄，幽处虚邑。人神无主，遏绝王命，厌昧皇极，欲盗神器。左将军领司隶校尉豫、荆、益三州牧宜城亭侯备，受朝爵秩，念在输力，以殉国难。睹其机兆，赫然愤发，与车骑将军董承同谋诛操，将安国家，克宁旧都。会承机事不密，令操游魂得遂长恶，残泯海内。臣等每惧王室大有阎乐⑥之祸，小有定安⑦之变，夙夜惴惴，战芒累息。昔在《虞书》，敦序九族，周监二代，封建同姓，《诗》著其义，历载长久。汉兴之初，割裂疆土，尊王子弟，是以卒折诸吕之难，而成太宗之基。臣等以备肺腑枝叶，宗子藩翰，心存国家，念在弭乱。自操破于汉中，海内英雄望风蚁附，而爵号不显，九锡未加，非所以镇卫社稷，光昭万世也。奉辞在外，礼命断绝。昔河西太守梁统等值汉中兴，限于山河，位同权均，不能相率，咸推窦融^⑧以为元帅，卒立效绩，摧破隗嚣。今社稷之难，急于陇、蜀，操外吞天下，内残群寮，朝廷有萧墙之危，而御侮未建，可为寒心。臣等辄依旧典，封备汉中王，拜大司马，董齐六军，纠合同盟，扫灭凶逆。以汉中、巴、蜀、广汉、犍为为国，所署置依汉初诸侯王故典。夫权宜之制，苟利社稷，专之可也。然后功成事立，臣等退伏矫罪，虽死无恨。

惟建安二十六年四月丙午，皇帝备敢用玄牡，昭告皇天上帝后土神祇：汉有天下，历数无疆。曩者王莽篡盗，光武皇帝震怒致诛，社稷复存。今曹操阻兵安忍，戮杀主后，滔天泯夏，罔顾天显。操子丕，载其凶逆，窃居神器。群臣将士以为社稷隳废，备宜修之，嗣武二祖，龚行天罚。备虽否德，惧忝帝位。询于庶民，外及蛮夷君长，佥曰："天命不可以不答，祖业不可以久替，四海不可以无主。"率土式望，在备一人。备畏天明命，又惧汉邦将湮于地，谨择元日，与百寮登坛，受皇帝玺绶。修燔瘗，告类于天神，惟神飨祚于汉家，永绥四海！

【注释】

①四凶：浑敦、穷奇、涛杌、饕餮。

②四国：《诗》："周公东征，四国是皇。"指管、蔡、商、奄四国。

③"高后"二句：汉高祖以吕氏为皇后，生惠帝。惠帝崩，后取后宫子为帝，临朝称制，凡八年，背高祖之约，封吕氏四人为王。吕后崩，周勃、陈平等族诛诸吕。

④"孝昭"句：汉昭帝年幼，权臣专政，立婕妤上官氏为皇后。

⑤朱虚、博陆：汉吕后时，刘章为朱虚侯。汉宣帝时，霍光为博陆侯。

⑥阎乐：秦赵高使阎乐杀二世。

⑦定安：王莽废孺子以为定安公。

⑧窦融：东汉平陵（今陕西咸阳市）人。光武平蜀，窦入朝为大司空。

先主甘后传　诸葛亮上尊号奏

皇思夫人履行修仁，淑慎其身。大行皇帝昔在上将，嫔配作合，载育圣躬，大命不融。大行皇帝存时，笃义垂恩，念皇思夫人神枢在远飘摇，特遣使者奉迎。会大行皇帝崩，今皇思夫人神枢以到，又梓宫在道，园陵将成，安厝有期。臣辄与太常臣赖恭等议：《礼记》曰："立爱自亲始，教民孝也；立敬自长始，教民顺也。"不忘其亲，所由生也。《春秋》之义，母以子贵。昔高皇帝追尊太上昭灵夫人为昭灵皇后；孝和皇帝改葬其母梁贵人，尊号曰恭怀皇后；孝愍皇帝亦改葬其母王夫人，尊号曰灵怀皇后。今皇思夫人宜有尊号，以慰寒泉之思，辄与恭等案谥法，宜曰昭烈皇后。《诗》曰："谷则异室，死则同穴。"故昭烈皇后宜与大行皇帝合葬[①]，臣请太尉告宗庙，布露天下，具礼仪别奏。

【注释】

①合葬：夫妇后死者，埋于前死者之墓，谓之合葬。

诸葛亮传

诸葛亮字孔明，琅琊[①]阳都人也。汉司隶校尉诸葛丰后也。父珪，字君贡，汉末为太山郡丞。亮少孤，从父玄为袁术所署豫章太守，玄将亮及亮弟均之官。会汉朝更选朱皓代玄。玄素与荆州牧刘表有旧，往依之。玄卒，亮躬耕陇亩，好为《梁父吟》[②]。身长八尺，每自比于管仲、乐毅，时人莫之许也。惟博陵崔州平、颍川徐庶元直与亮友善，谓为信然。

时先主屯新野[③]。徐庶见先主，先主器之，谓先主曰："诸葛孔明者，卧龙也，将军岂愿见之乎？"先主曰："君与俱来。"庶曰："此人可就见，不可屈致也。将军宜枉驾顾之。"由是先主遂诣亮，凡三往，乃见。因屏人曰："汉室倾颓，奸臣窃命，主上蒙尘。孤不度德量力，欲信大义于天下，而智术浅短，遂用猖蹶，至于今日。然志犹未已。君谓计将安出？"亮答曰："自董卓以来，豪杰四起，跨州连郡者不可胜数。曹操比于袁绍，则名微而众寡，然操遂能克绍，以弱为强者，非惟天时，抑亦人谋也。今操已拥百万之众，挟天子以令诸侯，此诚不可与争锋。孙权据有江东，已历三世，国险而民附，贤能为之用，此可与为援而不可图也。荆州[④]北据汉、沔，利尽南海，东连吴会，西通巴、蜀，此用武之国，而其主不能守，此殆天所以资将军，将军岂有意乎？益州险塞，沃野千里，天府之土，高祖因之以成帝业。刘璋暗弱，张鲁在北，民殷国富而不知存恤，智能之士思得明君。将军既帝室之胄，信义著于四海，总揽英雄，思贤如渴，若跨有荆、益，保其岩阻，西和诸戎，南抚夷越，外结好孙权，内修政理；天下有变，则命一上将将荆州之军以向宛、洛，将军身率益州之众以出秦川，百姓孰敢不箪食壶浆以迎将军者乎？诚如是，则霸业可成，汉室可兴矣。"先主曰："善！"于是与亮情好日密。关羽、张飞等不悦，先主解之曰："孤之有孔明，犹鱼之有水也。愿诸君勿复言。"羽、飞乃止。

刘表⑤长子琦，亦深器亮。表受后妻之言，爱少子琮，不悦于琦。琦每欲与亮谋自安之术，亮辄拒塞，未与处画。琦乃将亮游观后园，共上高楼，饮宴之间，令人去梯，因谓亮曰："今日上不至天，下不至地，言出子口，入于吾耳，可以言未？"亮答曰："君不见申生在内而危，重耳在外而安乎？"琦意感悟，阴规出计。会黄祖死，得出，遂为江夏太守。俄而表卒，琮闻曹公来征，遣使请降。先主在樊闻之，率其众南行，亮与徐庶并从，为曹公所追破，获庶母。庶辞先主而指其心曰："本欲与将军共图王霸之业者，以此方寸之地也，今已失老母，方寸乱矣，无益于事，请从此别。"遂诣曹公。

先主至于夏口，亮曰："事急矣，请奉命求救于孙将军。"时权拥军在柴桑，观望成败。亮说权曰："海内大乱，将军起兵据有江东，刘豫州亦收众汉南，与曹操并争天下。今操芟夷大难，略已平矣，遂破荆州，威震四海。英雄无所用武，故豫州遁逃至此。将军量力而处之：若能以吴、越之众与中国抗衡，不如早与之绝；若不能当，何不按兵束甲，北面而事之！今将军外托服从之名，而内怀犹豫之计，事急而不断，祸至无日矣！"权曰："苟如君言，刘豫州何不遂事之乎？"亮曰："田横⑥，齐之壮士耳，犹守义不辱，况刘豫州王室之胄，英才盖世，众士慕仰，若水之归海，若事之不济，此乃天也，安能复为之下乎！"权勃然曰："吾不能举全吴之地，十万之众，受制于人。吾计决矣！非刘豫州莫可以当曹操者，然豫州新败之后，安能抗此难乎？"亮曰；"豫州军虽败于长阪⑦，今战士还者及关羽水军精甲万人，刘琦合江夏战士亦不下万人。曹操之众，远来疲敝，闻追豫州，轻骑一日一夜行三百余里，此所谓'强弩之末，势不能穿鲁缟'者也。故兵法忌之，曰'必蹶上将军'。且北方之人，不习水战；又荆州之民附操者，逼兵势耳，非心服也。今将军诚能命猛将统兵数万，与豫州协规同力，破操军必矣。操军破，必北还，如此则荆、吴之势强，鼎足之形成矣。成败之机，在于今日。"权大喜，即遣周瑜、程普、鲁肃等水军三万，随亮诣先主，并力拒曹公。曹公败于赤壁，引军归邺。先主遂收江南，以亮为军师中郎将，使督零陵、桂阳、长沙三郡，调其赋税，以充军实。

建安十六年，益州牧刘璋遣法正迎先主，使击张鲁。亮与关羽镇荆州。先主自葭萌还攻璋，亮与张飞、赵云等率众溯江，分定郡县，与先主共围成都。成都平，以亮为军师将军，署左将军府事。先主外出，亮常镇守成都，足食足兵。

二十六年，群下劝先主称尊号，先主未许，亮说曰："昔吴汉、耿弇等初劝世祖即帝位，世祖辞让，前后数四，耿纯进言曰：'天下英雄喁喁，冀有所望。如不从议者，士大夫各归求主，无为从公也。'世祖感纯言深至，遂然诺之。今曹氏篡汉，天下无主，大王刘氏苗族，绍世而起，今即帝位，乃其宜也。士大夫随大王久勤苦者，亦欲望尺寸之功，如纯言耳。"先主于是即帝位，策亮为丞相，曰："朕遭家不造，奉承大统，兢兢业业，不敢康宁，思靖百姓，惧未能绥。於戏！丞相亮其悉朕意，无怠辅朕之阙，助宣重光，以照明天下，君其勖哉！"亮以丞相录尚书事，假节。张飞卒后，领司隶校尉。

章武三年春，先主于永安宫病笃，召亮于成都，属以后事，谓亮曰："君才十倍曹丕，必能安国，终定大事。若嗣子可辅，辅之；如其不才，君可自取。"亮涕泣曰："臣敢竭股肱之力，效忠贞之节，继之以死！"先主又以诏敕后主曰："汝与丞相从事，事之如父。"建兴元年，封亮武乡侯，开府治事。顷之，又领益州牧。政事无巨细，咸决于亮。

南中诸郡，并皆叛乱，亮以新遭大丧，故未便加兵，且遣使聘吴，因结和亲，遂为与国。三年春，亮率众南征，其秋悉平。军资所出，国以富饶，乃治戎讲武，以俟大举。

五年，率诸军北驻汉中，临发，上疏曰："先帝创业未半，而中道崩殂，今天下三分，益州疲敝，此诚危急存亡之秋也。然侍卫之臣不懈于内，忠志之士忘身于外者，盖追先帝之殊遇，欲报之于陛下也。诚宜开张圣听，以光先帝遗德，恢宏志士之气，不宜妄自菲薄，引喻失义[8]，以塞忠谏之路也。宫中府中，俱为一体，陟罚臧否，不宜异同。若有作奸犯科及为忠善者，宜付有司论其刑赏，以昭陛下平明之理，不宜偏私，使内外异法也。侍中、侍郎郭攸之、费祎[9]、董允[10]等，此皆良实，志虑忠纯，是以先帝简拔以遗陛下，愚以为宫中之事，事无大小，悉以咨之，然后施行，必能裨补阙漏，有所广益。将军向宠[11]，性行淑均，晓畅军事，试用于昔日，先帝称之曰能，是以众议举宠为督。愚以为营中之事，悉以咨之，必能使行阵和睦，优劣得所。亲贤臣，远小人，此先汉所以兴隆也；亲小人，远贤臣，此后汉所以倾颓也。先帝在时，每与臣论此事，未尝不叹息痛恨于桓、灵[12]也。侍中、尚书、长史、参军[13]，此悉贞良死节之臣，愿陛下亲之信之，则汉室之隆，可计日而待也。

"臣本布衣，躬耕于南阳，苟全性命于乱世，不求闻达于诸侯。先帝不以臣卑鄙，猥自枉屈，三顾臣于草庐之中，咨臣以当世之事，由是感激，遂许先帝以驱驰。后值倾覆，受任于败军之际，奉命于危难之间，尔来二十有一年矣。先帝知臣谨慎，故临崩寄臣以大事也。受命以来，夙夜忧叹，恐托付不效，以伤先帝之明，故五月渡泸[14]，深入不毛。今南方已定，兵甲已足，当奖率三军，北定中原，庶竭驽钝，攘除奸凶，兴复汉室，还于旧都。此臣所以报先帝而忠陛下之职分也。至于斟酌损益，进尽忠言，则攸之、祎、允之任也。愿陛下托臣以讨贼兴复之效；不效，则治臣之罪，以告先帝之灵。若无兴德之言，则责攸之、祎、允等之慢，以彰其咎。陛下亦宜自谋，以咨诹善道，察纳雅言，深追先帝遗诏。臣不胜受恩感激。今当远离，临表涕零，不知所言。"遂行，屯于沔阳[15]。

六年春，扬声由斜谷道取郿，使赵云、邓芝为疑军，据箕谷，魏大将军曹真举众拒之。亮身率诸军攻祁山[16]，戎阵整齐，赏罚肃而号令明，南安、天水、安定[17]三郡叛魏应亮，关中响震。魏明帝西镇长安，命张郃拒亮，亮使马谡督诸军在前，与郃战于街亭[18]。谡违亮节度，举动失宜，大为郃所破。亮拔西县千余家，还于汉中，戮谡以谢众。上疏曰："臣以弱才，叨窃非据，亲秉旄钺以厉三军，不能训章明法，临事而惧，至有街亭违命之阙，箕谷不戒之失，咎皆在臣授任无方。臣明不知人，恤事多暗，《春秋》责帅，臣职是当。请自贬三等，以督厥咎。"于是以亮为右将军，行丞相事，所总统如前。

冬，亮复出散关，围陈仓，曹真拒之，亮粮尽而还。魏将王双率骑追亮，亮与战，破之，斩双。七年，亮遣陈式攻武都、阴平。魏雍州刺史郭淮率众欲攻式，亮自出至建威。淮退还，遂平二郡。诏策亮曰："街亭之役，咎由马谡，而君引愆，深自贬抑，重违君意，听顺所守。前年耀师，馘斩王双；今岁爰征，郭淮遁走；降集氐、羌，兴复二郡，威震凶暴，功勋显然。方今天下骚扰，元恶未枭，君受大任，干国之重，而久自挹损，非所以光扬洪烈矣。今复君丞相，君其勿辞。"九年，亮复出祁山，以木牛运，粮尽退军，与魏将张郃交战，射杀郃。

十二年春，亮率大众由斜谷出，以流马运，据武功五丈原与司马宣王对于渭南。亮每患粮不继，使己志不伸，是以分兵屯田，为久住之基。耕者杂于渭滨居民之间，而百姓安堵，军无私焉。相持百余日。其年八月，亮疾病，卒于军，时年五十四。及军退，宣王案行其营垒处所，曰："天下奇才也！"

亮遗命葬汉中定军山，因山为坟，冢足容棺，敛以时服，不须器物。诏策曰："惟君体资文武，明叡笃诚，受遗托孤。匡辅朕躬，继绝兴微，志存靖乱，爰整六师，无岁不征，神武赫然，威震八荒，将建殊功于季汉，参伊、周之巨勋。如何不吊，事临垂克，遘疾陨丧！朕用伤悼，肝心若裂。夫崇德序功，纪行命谥，所以光昭将来，刊载不朽。今使使持节左中郎将杜琼，赠君丞相武乡侯印绶，谥君为忠武侯。魂而有灵，嘉兹宠荣。呜呼哀哉！呜呼哀哉！"

初，亮自表后主曰："成都有桑八百株，薄田十五顷，子弟衣食，自有余饶。至于臣在外任，无别调度，随身衣食，悉仰于官，不别治生，以长尺寸。若臣死之日，不使内有余帛，外有赢财，以负陛下。"及卒，如其所言。

亮性长于巧思，损益连弩，木牛流马，皆出其意；推演兵法，作八阵图，咸得其要云。亮言教书奏多可观，别为一集。

景耀六年春，诏为亮立庙于沔阳。秋，魏镇西将军钟会征蜀，至汉川，祭亮之庙，令军士不得于亮墓所左右刍牧樵采。亮弟均，官至长水校尉。亮子瞻，嗣爵。

诸葛氏集目录

开府作牧第一　权制第二　南征第三　北出第四　计算第五　训厉第六　综核上第七　综核下第八　杂言上第九　杂言下第十　贵和第十一　兵要第十二　传运第十三　与孙权书第十四　与诸葛瑾书第十五　与孟达书第十六　废李平第十七　法检上第十八　法检下第十九　科令上第二十　科令下第二十一　军令上第二十二　军令中第二十三　军令下第二十四　右二十四篇，凡十万四千一百一十二字。

臣寿等言：臣前在著作郎，侍中领中书监济北侯臣荀勖、中书令关内侯臣和峤奏，使臣定故蜀丞相诸葛亮故事。亮毗佐微国，负阻不宾，然犹存录其言，耻善有遗，诚是大晋光明至德，泽被无疆，自古以来，未之有伦也。辄删除复重，随类相从，凡为二十四篇，篇名如右。

亮少有逸群之才，英霸之器，身长八尺，容貌甚伟，时人异焉。遭汉末扰乱，随叔父玄避难荆州，躬耕于野，不求闻达。时左将军刘备以亮有殊量，乃三顾亮于草庐之中；亮深谓备雄姿杰出，遂解带写诚，厚相结纳。及魏武帝南征荆州，刘琮举州委质，而备失势众寡，无立锥之地。亮时年二十七，乃建奇策，身使孙权，求援吴会。权既宿服仰备，又睹亮奇雅，甚敬重之，即遣兵三万人以助备。备得用与武帝交战，大破其军，乘胜克捷，江南悉平。后备又西取益州。益州既定，以亮为军师将军。备称尊号，拜亮为丞相，录尚书事。及备殂没，嗣子幼弱，事无巨细，亮皆专之。于是外连东吴，内平南越；立法施度，整理戎旅，工械技巧，物究其极，科教严明，赏罚必信，无恶不惩，无善不显，至于吏不容奸，人怀自厉，道不拾遗，强不侵弱，风化肃然也。

当此之时，亮之素志，进欲龙骧虎视，苞括四海，退欲跨陵边疆，震荡宇内。又自以为无身之日，则未有能蹈涉中原、抗衡上国者，是以用兵不戢，累耀其武。然亮才，于治戎为长，奇谋为短，理民之干，优于将略。而所与对敌，或值人杰，加众寡不侔，攻守异体，故虽连年动众，未能有克。昔萧何荐韩信，管仲举王子城父[19]，皆忖己之长，未能兼有故也。亮之器能政理，抑亦管、萧之亚匹也，而时之名将无城父、韩信，故使功业陵迟，大义不及邪？盖天命有归，不可以智力争也。

青龙二年春，亮师众出武功，分兵屯田，为久住之基。其秋病卒，黎庶追思，以为口实。至今梁、益之民，咨述亮者，言犹在耳，虽《甘棠》[20]之咏召公，郑人之歌子产，无以远譬也。孟轲有云："以逸道使民，虽劳不怨；以生道杀人，虽死不忿。"信矣！论者或怪亮文彩不艳，而过于丁宁周至。臣愚以为咎繇[21]大贤也，周公圣人也，考之《尚书》，咎繇之谟略而雅，周公之诰烦而悉。何则？咎繇与舜、禹共谈，周公与群下矢誓故也。亮所与言，尽众人凡士，故其文指不得及远也。然其声教遗言，皆经事综物，公诚之心，形于文墨，足以知其人之意理，而有补于当世。

伏惟陛下迈踪古圣，荡然无忌，故虽敌国诽谤之言，咸肆其辞而无所革讳，所以明大通之道也。谨录写上诣著作。臣寿诚惶诚恐，顿首顿首，死罪死罪。泰始[22]十年二月一日癸巳，平阳侯相臣陈寿上。

乔字伯松，亮兄瑾之第二子也，本字仲慎，与兄元逊俱有名于时，论者以为乔才不及兄，而性业过之。初，亮未有子，求乔为嗣，瑾启孙权遣乔来西，亮以乔为己适子，故易其字焉。拜为驸马都尉，随亮至汉中。年二十五，建兴[23]六年卒。子攀，官至行护军翊武将军，亦早卒。诸葛恪见诛于吴，子孙皆尽，而亮自有胄裔，故攀还复为瑾后。

瞻字思远。建兴十二年，亮出武功[24]，与兄瑾书曰："瞻今已八岁，聪慧可爱，嫌其早成，恐不为重器耳。"年十七，尚公主，拜骑都尉。其明年为羽林中郎将，屡迁射声校尉、侍中、尚书仆射，加军师将军。瞻工书画，强识念，蜀人追思亮，咸爱其才敏。每朝廷有一善政佳事，虽非瞻所建倡，百姓皆传相告曰："葛侯之所为也。"是以美声溢誉，有过其实。景耀四年，为行都护卫将军，与辅国大将军南乡侯董厥并平尚书事。六年冬，魏征西将军邓艾伐蜀，自阴平由景谷道口旁入。瞻督诸军至涪亭住，前锋破，退还，住绵竹[25]。艾遗书诱瞻曰："若降者必表为琅琊王。"瞻怒，斩艾使。遂战，大败，临阵死，时年三十七。众皆离散，艾长驱至成都。瞻长子尚，与瞻俱没。次子京及攀子显等，咸熙元年内移河东。

董厥[26]者，丞相亮时为府令史，亮称之曰："董令史，良士也。吾每与之言，思慎宜适。"徙为主簿。亮卒后，稍迁至尚书仆射，代陈祗^㉗为尚书令，迁大将军，平台事，而义阳樊建^㉘代焉。延熙十四年，以校尉使吴，值孙权病笃，不自见建。权问诸葛恪曰："樊建何如宗预^㉙也？"恪对曰："才识不及预，而雅性过之。"后为侍中，守尚书令。自瞻、厥、建统事，姜维常征伐在外，宦人黄皓窃弄机柄，咸共将护，无能匡矫，然建特不与皓和好往来。蜀破之明年春，厥、建俱诣京都，同为相国参军，其秋并兼散骑常侍，使蜀慰劳。

评曰：诸葛亮之为相国也，抚百姓，示仪轨，约官职，从权制，开诚心，布公道；尽忠益时者虽仇必赏，犯法怠慢者虽亲必罚，服罪输情者虽重必释，游辞巧饰者虽轻必戮；善无微而不赏，恶无纤而不贬；庶事精练，物理其本，循名责实，虚伪不齿；终于邦域之内，咸畏而爱之，刑政虽峻而无怨者，以其用心平而劝戒明也。可谓识治之良材，管、萧之亚匹矣。然连年动众，未能成功，盖应变将略，非其所长欤！

【注释】

①琅琊：郡名，辖境相当今山东半岛东南部。阳都，汉县，属琅琊郡。

②《梁父吟》：乐府楚调曲名。

③新野：县名，今属河南汝阳。

④荆州：今湖北江陵县。

⑤刘表：当时为荆州刺史。

⑥田横：秦人。韩信既破齐王广，横遂自立为齐王，与其徒属五百人，逃入海中，高祖招之，封王，因诣洛阳，并说："始与汉南面，今奈何北面而事之！"遂自杀。

⑦长阪：地名，今湖北当阳市东北。

⑧引喻失义：谓引喻浅近之事，以失大义。

⑨郭攸之、费祎：均为侍中。

⑩董允：为黄门侍郎。

⑪向宠：为中部督，典宿卫兵，迁中领军。

⑫桓、灵：东汉之末，桓帝、灵帝因用阉竖而亡。

⑬长史、参军：均官名。此处指张裔、蒋琬。

⑭五月渡泸：泸，古水名，今雅砻江下游。建兴元年，南部叛乱，三年春，亮率众征之，其秋悉平。

⑮沔阳：县名，故城位于今陕西勉县。

⑯祁山：位于甘肃西和县西北。

⑰南安、天水、安定：南安辖甘肃旧巩昌府之地，故城在今陇西县东北渭水北。天水位于今甘肃通渭县西南。安定，今甘肃镇原东南。

⑱街亭：地名，即街泉亭，今甘肃秦安县东北。

⑲王子城父：齐惠公时大夫，长狄来，城父攻杀之。

⑳《甘棠》：《诗经》篇名。

㉑咎繇：即皋陶。咎通"皋"。

㉒泰始：晋武帝年号。

㉓建兴：蜀汉后主年号。

㉔武功：县名，今陕西武功县。

㉕绵竹：县名，今四川德阳市北。

㉖董厥：义阳（今河南桐柏县）人，字龚袭。

㉗陈祗：汝南（今河南汝南县）人，字奉宗。弱冠知名，矜厉有威容。

㉘樊建：义阳（今湖北枣阳）人，字长元。

㉙宗预：安众（今河南镇平县）人，字德艳。任为主簿。

关羽传

关羽字云长，本字长生，河东解①人也。亡命奔涿郡。先主于乡里合徒众，而羽与张飞为之御侮。先主为平原②相，以羽、飞为别部司马，分统部曲。先主与二人寝则同床，恩若兄弟。而稠人广坐，侍立终日，随先主周旋，不避艰险。先主之袭杀徐州刺史车胄，使羽守下邳③城，行太守事，而身还小沛④。

建安五年，曹公东征，先主奔袁绍。曹公禽羽以归，拜为偏将军，礼之甚厚。绍遣大将颜良攻东郡太守刘延于白马⑤，曹公使张辽及羽为先锋击之。羽望见良麾盖，策马刺良于万众之中，斩其首还，绍诸将莫能当者，遂解白马围。曹公即表封羽为汉寿亭侯。初，曹公壮羽为人，而察其心神无久留之意，谓张辽曰："卿试以情问之。"既而辽以问羽，羽叹曰："吾极知曹公待我厚，然吾受刘将军厚恩，誓以共死，不可背之。吾终不留，吾要当立效以报曹公乃去。"辽以羽言报曹公，曹公义之。及羽杀颜良，曹公知其必去，重加赏赐。羽尽封其所赐，拜书告辞，而奔先主于袁军。左右欲追之，曹公曰："彼各为其主，勿追也。"

从先主就刘表。表卒，曹公定荆州，先主自樊⑥将南渡江，别遣羽乘船数百艘会江陵⑦。曹公追至当阳长阪，先主斜趣汉津，适与羽船相值，共至夏口。孙权遣兵佐先主拒曹公，曹公引兵退归。先主收江南诸郡，乃封拜元勋，以羽为襄阳太守、荡寇将军，驻江北。先主西定益州，拜羽董督荆州事。羽闻马超来降，旧非故人，羽书与诸葛亮，问超人才可谁比类。亮知羽护前，乃答之曰："孟起兼资文武，雄烈过人，一世之杰，黥、彭⑧之徒，当与益德⑨并驱争先，犹未及髯之绝伦逸群也。"羽美须髯，故亮谓之髯。羽省书大悦，以示宾客。

羽尝为流矢所中，贯其左臂，后创虽愈，每至阴雨，骨常疼痛。医曰："矢镞有毒，毒入于骨，当破臂作创，刮骨去毒，然后此患乃除耳。"羽便伸臂令医劈之。时羽适请诸将饮食相对，臂血流离，盈于盘器，而羽割炙引酒，言笑自若。

二十四年，先主为汉中王，拜羽为前将军，假节钺。是岁，羽率众攻曹仁于樊。曹公遣于禁助仁。秋，大霖雨，汉水泛溢，禁所督七军皆没。禁降羽，羽又斩将军庞悳。梁、郏、陆浑⑩群盗或遥受羽印号，为之支党，羽威震华夏。曹公议徙许都以避其锐，司马宣王、蒋济以为关羽得志，孙权必不愿也。可遣人劝权蹑其后，许割江南以封权，则樊围自解。曹公从之。先是，权遣使为子索羽女，羽辱骂其使，不许婚，权大怒。又南郡太守糜芳在江陵，将军传士仁屯公安⑪，素皆嫌羽轻己。自羽之出军，芳、仁供给军资，不悉相救。羽言"还当治之"，芳、仁咸怀惧不安。于是权阴诱芳、仁，芳、仁使人迎权。而曹公遣徐晃救曹仁，羽不能克，引军退还。权已据江陵，尽虏羽士众妻子，羽军遂散。权遣将逆击羽，斩羽及子平于临沮⑫。

追谥羽曰忠义侯。子兴嗣。兴字安国，少有令闻，丞相诸葛亮深器异之。弱冠为侍中、中监军，数岁卒。子统嗣，尚公主，官至虎贲中郎将。

卒，无子，以兴庶子彝续封。

【注释】

①解：县名，故城位于今山西运城西。

②平原：郡名，故城位于今山东平原县西南。

③下邳：县名，故城位于今江苏邳州市东。

④小沛：汉地名，即沛县，因属沛郡，故谓之小沛。

⑤白马：县名，故城位于今河南滑县东北。

⑥樊：即樊城，今属湖北襄樊市北，南临汉水。

⑦江陵：今湖北江陵县。

⑧黥、彭：谓黥布、彭越。

⑨益德：张飞之字。

⑩陆浑：县名，故城位于今河南嵩县东北。

⑪公安：县名，故城位于今湖北公安县东北。

⑫临沮：县名，故城位于今湖北当阳市西北。

陈震传 移吴关文

东之与西，驿使往来，冠盖相望，申明初好，日新其事。东尊应保圣祚，告燎受符，剖判土宇，天下响应，各有所归。于此时也，以同心讨贼，则何寇不灭哉！西朝君臣，引领欣赖。震以不才，得充下使，奉聘叙好，践界踊跃，入则如归。献子适鲁，犯其山讳①，《春秋》讥之。望必启告，使行人睦焉。即日张旌诰众，各自约誓。顺流漂疾，国典异制，惧或有违，幸必斟诲，示其所宜。

【注释】

①献子适鲁，犯其山讳：《左传》桓公六年："申繻曰：'晋以僖侯废司徒，宋以武公废司空，先君献、武废二山。'"杜注："二山，具、敖。鲁献公名具，武公名敖，更以其乡名山。"

杨戏传　*季汉辅臣赞序*

　　昔文王歌德，武王歌兴。夫命世之主，树身行道，非唯一时，亦由开基植绪，光于来世者也。自我中汉之末，王纲弃柄，雄豪并起，役殷难结，生人涂地。于是世主感而虑之，初自燕、代则仁声洽著，行自齐、鲁则英风播流，寄业荆、郢则臣主归心，顾援吴、越则贤愚赖风，奋威巴、蜀则万里肃震，厉师庸、汉则元寇敛迹，故能承高祖之始兆，复皇汉之宗祀也。然而奸凶怼险，天征未加，犹孟津①之翔师，复须战于鸣条②也。天禄有终，奄忽不豫。虽摄归一统，万国合从者，当时俊义扶携翼戴，明德之所怀致也，盖济济有可观焉。遂乃并述休风，动于后听。

【注释】

　　①孟津：在今河南孟津县。周武王伐纣，会诸侯于此。

　　②鸣条：古地名，商汤打败夏桀之处。今山西安邑县有鸣条冈。一说在今河南开封东南陈留镇西北。

吴　书

孙权　*与蜀剖分天下盟文*

　　天降丧乱，皇纲失叙，逆臣乘衅，劫夺国柄，始于董卓，终于曹操，穷凶极恶，以覆四海，至令九州幅裂，普天无统，民神痛怨，靡所戾止。及操子丕，桀逆遗丑，荐作奸回，偷取天位。而叡么麼，寻丕凶迹，阻兵盗土，未伏厥诛。昔共工乱象而高辛行师①，三苗干度而虞舜征②焉。今日灭叡，禽其徒党，非汉与吴，将复谁任？夫讨恶翦暴，必声其罪，宜先分裂，夺其土地，使士民之心各知所归。是以《春秋》晋侯伐卫，先分其田以界宋人，斯其义也。且古建大事，必先盟誓，故《周礼》有司盟之官，《尚书》有告誓之文，汉之与吴，虽信由中，然分土裂境，宜有盟约。诸葛丞相德威远著，翼戴本国，典戎在外，信感阴阳，诚动天地，重复结盟，广诚约誓，使东西士民咸共闻知。故立坛杀牲，昭告神明，再歃加书，副之天府。天高听下，灵威棐谌[3]，司慎司盟，群神群祀，莫不临之。自今日汉、吴既盟之后，戮力一心，同讨魏贼，救危恤患，分灾共庆，好恶齐之，无或携贰。若有害汉，则吴伐之；若有害吴，则汉伐之。各守分土，无相侵犯。传之后叶，克终若始。凡百之约，皆如载书。信言不艳，实居于好。有渝此盟，创祸先乱，违而贰不协，莡慢天命，明神上帝是讨是督，山川百神是纠是殛，俾坠其师，无克祚国。于尔大神，其明鉴之！

【注释】

①共工乱象而高辛行师：共工，水官名。颛顼之衰，共工欲霸九州，扰乱天下太平，帝使高辛氏讨灭。

②三苗干度而虞舜征：三苗，国名，依险为乱，破坏法度，舜起兵讨伐，窜之于三苗。

③棐谌：棐，辅；谌，诚信。

太史慈传

太史慈，字子义，东莱①黄人也。少好学，仕郡奏曹史。会郡与州有隙，曲直未分，以先闻者为善。时州章已去，郡守恐后之，求可使者。慈年二十一，以选行，晨夜取道，到洛阳，诣公车门，见州吏始欲求通。慈问曰："郡欲通章邪？"吏曰："然。"问："章安在？"曰："车上。"慈曰："章题署得无误邪？取来视之。"吏殊不知其东莱人也，因为取章。慈已先怀刀，便截败之。吏踊跃大呼，言："人坏我章！"慈将至车间，与语曰："向使君不以章相与，吾亦无因得败之，是为吉凶祸福等耳，吾不独受此罪。岂若默然俱出去，可以存易亡，无事俱就刑辟。"吏言："君为郡败吾章，已得如意，欲复亡为？"慈答曰："初受郡遣，但来视章通与未耳。吾用意太过，乃相败章。今还，亦恐以此见谴怒，故俱欲去尔。"吏然慈言，即日俱去。慈既与出城，因遁还通郡章。州家闻之，更遣吏通章，有司以格章之故不复见理，州受其短。由是知名，而为州家所疾。恐受其祸，乃避之辽东。

北海相孔融[②]闻而奇之，数遣人讯问其母，并致饷遗。时融以黄巾寇暴，出屯都昌，为贼管亥所围。慈从辽东还，母谓慈曰："汝与孔北海未尝相见，至汝行后，赡恤殷勤，过于故旧，今为贼所围。汝宜赴之。"慈留三日，单步径至都昌，时围尚未密，夜伺间隙，得入见融，因求兵出斫贼。融不听，欲待外救。外救未有至者，而围日逼。融欲告急平原相刘备，城中人无由得出，慈自请求行。融曰："今贼围甚密，众人皆言不可，卿意虽壮，无乃实难乎？"慈对曰："昔府君倾意于老母，老母感遇，遣慈赴府君之急，固以慈有可取，而来必有益也。今众人言不可，慈亦言不可，岂府君爱顾之义，老母遣慈之意邪？事已急矣，愿府君无疑。"融乃然之。于是严行蓐食，须明，便带鞬摄弓上马，将两骑自随，各作一的持之，开门直出。外围下左右人并惊骇，兵马互出。慈引马至城下堑内，植所持的各一，出射之，射之毕，径入门。明晨复如此，围下人或起或卧，慈复植的，射之毕，径入门。明晨复出如此，无复起者，于是下鞭马直突围中驰去。比贼觉知，慈行已过，又射杀数人，皆应弦而倒，故无敢追者。遂到平原，说备曰："慈，东莱之鄙人也，与孔北海亲非骨肉，比非乡党，特以名志相好，有分灾共患之义。今管亥暴乱，北海被围，孤穷无援，危在旦夕。以君有仁义之名，能救人之急，故北海区区，延颈恃仰，使慈冒白刃，突重围，从万死之中自托于君，惟君所以存之。"备敛容答曰："孔北海知世间有刘备邪！"即遣精兵三千人随慈。贼闻兵至，解围散走。融既得济，益奇贵慈，曰："卿吾之少友也。"事毕，还启其母，母曰："我喜汝有以报孔北海也。"

扬州刺史刘繇与慈同郡，慈自辽东还，未与相见，暂渡江到曲阿[③]见繇，未去，会孙策至。或劝繇可以慈为大将军，繇曰："我若用子义，许子将[④]不当笑我邪？"但使慈侦视轻重。时独与二骑卒遇策。策从骑十三，皆韩当、宋谦、黄盖辈也。慈便前斗，正与策对。策刺慈马，而揽得慈项上手戟，慈亦得策兜鍪。会两家兵骑并各来赴，于是解散。

慈当与繇俱奔豫章，而遁于芜湖，亡入山中，称丹阳太守。是时，策已平定宣城⑤以东，惟泾⑥以西六县未服。慈因进住泾县，立屯府，大为山越⑦所附。策躬自攻讨，遂见囚执。策即解缚，捉其手曰："宁识神亭⑧时邪？若卿尔时得我云何？"慈曰："未可量也。"策大笑曰："今日之事，当与卿共之。"即署门下督，还吴授兵，拜折冲中郎将。后刘繇亡于豫章，士众万余人未有所附，策命慈往抚安焉。左右皆曰："慈必北去不还。"策曰："子义舍我，当复与谁？"饯送昌门，把腕别曰："何时能还？"答曰："不过六十日。"果如期而反。

刘表从子磐，骁勇，数为寇于艾、西安诸县。策于是分海昬⑨、建昌⑩左右六县，以慈为建昌都尉，治海昬，并督诸将拒磐。磐绝迹不复为寇。

慈长七尺七寸，美须髯，猿臂善射，弦不虚发。尝从策讨麻保贼，贼于屯里缘楼上行詈，以手持楼棼，慈以弓射之，矢贯手著棼，围外万人莫不称善。其妙如此。曹公闻其名，遗慈书，以箧封之，发省无所道，而但贮当归。孙权统事，以慈能制磐，遂委南方之事。年四十一，建安十一年卒。子享，官至越骑校尉。

【注释】

①东莱：郡名，山东旧登州、莱州之地。

②孔融：孔子二十世孙，字文举，少有俊才。献帝时尝为北海相，志在靖难，然才疏意广，迄无成功，为曹操所忌，被杀。

③曲阿：县名，故城位于今江苏丹阳县。

④许子将：刘繇将奔会稽，许子将曰："会稽富实，策之所贪，不可往也。"繇从之，遂奔豫章。子将名劭。

⑤宣城：县名，故城位于今安徽南陵县东。

⑥泾：县名，即今安徽泾县治。

⑦山越：种族名。古百越之遗民，蔓延于浙东、皖南之山中，故名山越。

⑧神亭：地名，在今江苏丹阳市南，金坛市西北。

⑨海昬：县名，即今江西建昌县治。

⑩建昌：县名，故城位于今江西奉新县西。

黄盖传

黄盖，字公覆，零陵泉陵①人也。初为郡吏，察孝廉，辟公府。孙坚举义兵，盖从之。坚南破山贼，北走董卓，拜盖别部司马。坚薨，盖随策及权，擐甲周旋，蹈刃屠城。

诸山越不宾，有寇难之县，辄用盖为守长。石城②县吏，特难检御，盖乃署两掾，分主诸曹。教曰："令长不德，徒以武功为官，不以文吏为称。今贼寇未平，有军旅之务，一以文书委付两掾，当检摄诸曹，纠正谬误。两掾所署，事入诸出，若有奸欺，终不加以鞭杖，宜各尽心，无为众先。"初皆怖威，夙夜恭职，久之，吏以盖不视文书，渐容人事。盖亦嫌外懈怠，时有所省，各得两掾不奉法数事。乃悉请诸掾吏，赐酒食，因出事诘问。两掾辞屈，皆叩头谢罪。盖曰："前已相敕，终不以鞭杖相加，非相欺也。"遂杀之。县中震慄。后转春谷长、寻阳③令。凡守九县，所在平定。迁丹阳都尉，抑强扶弱，山越怀附。

盖姿貌严毅，善于养众，每所征讨，士卒皆争为先。建安中，随周瑜拒曹公于赤壁④，建策火攻，语在瑜传。拜武锋中郎将。武陵⑤蛮夷反乱，攻守城邑，乃以盖领太守。时郡兵才五百人，自以不敌，因开城门，贼半入，乃击之，斩首数百，余皆奔走，尽归邑落。诛讨魁帅，附从者赦之。自春讫夏，寇乱尽平，诸幽邃巴、醴⑥、由、诞邑侯君长，皆改操易节，奉礼请见，郡境遂清。后长沙益阳⑦县为山贼所攻，盖又平讨。加偏将军，病卒于官。

盖当官决断，事无留滞，国人思之。及权践祚，追论其功，赐子柄爵关内侯。

【注释】

①零陵泉陵：零陵，郡名；泉陵，县名，故城位于今湖南零陵县北。

②石城：县名，故城位于今安徽池州市贵池区西。

③寻阳：县名，故城位于今湖北黄梅县，在江北。

④赤壁：山名，今湖北嘉鱼县东北江滨。

⑤武陵：郡名，今湖南常德县治。

⑥巴、醴：巴，巴陵，今湖南岳阳县地；醴，醴陵，今湖南醴陵市地。

⑦益阳：县名，故城位于今湖南益阳市西。

史 部

《旧唐书》精华

【著录】

　　《旧唐书》二百卷，系刘昫等人所撰。刘昫，其在书成前一年作为监修宰相对全书定稿起过直接作用，书成后又领衔上奏，故题名"刘昫等撰"，沿袭至今。《旧唐书》的纂修，先后换过三任监修宰相。首任赵莹（885—951），字玄辉，华阴（今属陕西省）人，五代后晋宰相。天福六年（941），奉诏监修唐史。在组织人力的同时，赵莹从两个方面着手编写，一是奏请下诏购求所缺唐代基本史料，二是与张昭远制定出一个完整的修史计划，再依照其总体规划有目的地进一步搜集史料，从事纂修。整个纂修过程，大体依计划而行，故史称赵莹"监修国史日，以唐代故事残缺，署能者居职，纂补实录及正史二百卷行于时，莹首有力焉。"（《旧五代史》卷八九《赵莹传》）两年后赵莹调离史任，由桑维翰接替，一年以后刘昫为监修。三任监修之外，参预纂修者先后共九人。其中，张昭远（894—972）为"史院"的判院事，具体负责纂修事宜，是用力最勤的一位纂修官。贾纬，虽然中途回家为母守丧，但其《唐年补遗录》六十五卷却为纂修《旧唐书》提供了唐武宗以后的许多珍贵史料。《旧唐书》是五代时期官修的一部纪传体唐史，也是现存最早系统记录唐代历史的一部史书，修成于后晋少帝开运二年（945）。当时，因避后晋高祖石敬瑭的名讳，不叫《唐书》或《唐史》，而称《李氏书》或《前期李氏纪志列传》。待到北宋欧阳修、宋祁等新修《唐书》出，始有新、旧之别。今本《旧唐书》二百卷，本纪二十卷，志三十卷，列传一百五十卷，但分卷情况很不一致，有一卷分上、下篇者，也有一卷分上、中、下篇者。若以篇计，则本纪二十四篇，列传一百六十篇。就全书而言，鉴于史料来源情况，造成这部书前后记事详略不一、文字风格各异的差别。代宗以前，因有韦述等《唐书》一百三十卷为据，故叙事多有条理。德宗至武宗，仅存《实录》，记事尚缺剪裁。宣宗以后，只有搜访遗文及耆旧传说，因而不少疏漏、抵牾、谬误。基本情况虽然如此，该书本纪部分，主于详明，约三十万字。高祖至代宗，基本脱胎于吴兢、韦述等《唐书》中的本纪部分。德宗至文宗，则大体围绕相关《实录》加减而成。武宗以下，应当说主要是采用的贾纬《唐年补遗录》。总之，仍然是代宗以前为详，德宗至武宗渐略，宣宗以下则寥寥无几，唯有《食货志》情况较为特殊。赵莹、张昭远最初的修史计划中虽说"十志以书刑政"，但只列出九志之名，唯独没有食货。今天所见《旧唐书·食货志》两卷，其编排与另外各志有一定差异。虽各志都有长短不等的序文，但以序文提纲挈领地说明全志主要内容和项目，则以《食货志》为最明显，即序文与正文的照应关系最突出。所记内容，固然缺少懿宗以下事，但并不带有前密后疏的特点。除田制、租庸制外，其他内容则以代宗至宣宗详于玄宗及玄宗以前，比较明显地反映出唐代经济制度的变革。列传部分，记述各类人物一千八百二十余人，周边政权四十五个。取材情况很复杂，很难用前密后疏来笼统概括。吴兢、韦述《唐书》中有传者，大抵用以为主要依据。其后的人物，则多据各帝《实录》剪裁。《实录》失记或记述不完整者，则以家史为主，综合《实录》、杂史、小说中相关史实，再参以文集，条贯而成。因此，其书"虽颇涉繁芜，然事迹明白，首尾该赡，亦自可观。"（《日知录》卷二六）赵莹在制定编纂计划时，明确提出其监修这部唐史的指导原则："褒贬或从于新意，纂修须按于旧章"。（《五代会要》卷一八《前代史》）"纂修须按于旧章"，使全书主要是沿袭唐代各个不同时期的政治思想和历史观点。大体说来，论高祖史事，是太宗时的观点。论太宗至睿宗史事，反映的是玄宗前期的观点。论玄宗至顺宗史事，则以宪宗时的观点为主。宪宗至宣宗，取宣、懿时的观点较多。宣宗以下，自然是五代中的观点。反映唐代统治思想和社会思潮的前后转变，重视"食货"，记述周边各族或外国以及相互交往超过前各史，都是该书思想内容的重要方面。"褒贬或从于新意"，主要是公开承认某些藩镇建立的政权，甚至容忍姑息；对于"忠义""叛逆"

赋予全新的解释，并为之回护。据记载，《旧唐书》在北宋时至少有旧杭本、川小字本和川大字本三种刻本，南宋有越州本。明嘉靖时闻人诠以数处所得"越州本"，彼此补葺，使《旧唐书》重见于世，称"闻本"。清乾隆时列该书于"二十四史"，以"闻本"为底本重刊于武英殿，是为"殿本"。道光时，又有岑建功"惧盈斋本"。"百衲本"采"越州本"六十七卷，其余以"闻本"配补。中华书局校点本，所据底本是"惧盈斋本"，参校了残宋本即"越州本"、明本即"闻本"清"殿本"等，同时吸收了《旧唐书校勘记》的诸多成果。

太宗本纪

六月庚寅，皇子治生，宴五品以上，赐帛有差，仍赐天下是日生者粟。辛卯，上谓侍臣曰："君虽不君，臣不可不臣。裴虔通，炀帝旧左右也，而亲为乱首。朕方崇奖敬义，岂可犹使宰①民训俗。"诏曰：

天地定位，君臣之义以彰；卑高既陈，人伦之道斯著。是用笃厚风俗，化成天下。虽复时经治乱，主或昏明，疾风劲草，芬芳无绝，剖心焚体，赴蹈如归。夫岂不爱七尺之躯，重百年之命？谅②由君臣义重，名教所先，故能明大节于当时，立清风于身后。至如赵高之殒③二世，董卓之鸩④弘农，人神所疾，异代同愤。况凡庸小竖，有怀凶悖⑤，遐观典策，莫不诛夷。辰州刺史、长蛇县男裴虔通，昔在隋代，委质晋藩，炀帝以旧邸之情，特相爱幸。遂乃志蔑君亲，潜图弑逆，密伺间隙，招结群丑，长戟流矢，一朝窃发。天下之恶，孰云可忍！宜其夷宗焚首，以彰大戮。但年代异时，累逢赦令，可特免极刑，除名削爵，迁配驩州。

秋七月戊申，诏："莱州刺史牛方裕、绛州刺史薛世良、广州都督府长史唐奉义、隋武牙郎将高元礼，并于隋代俱蒙任用，乃协契⑥宇文化及，构成弑逆。宜依裴虔通，除名配流岭表。"太宗谓侍臣曰："天下愚人，好犯宪章，凡赦宥之恩，唯及不轨之辈。古语曰：'小人之幸，君子之不幸。''一岁再赦，好人暗哑。''凡养稂莠⑦者伤禾稼，惠奸宄⑧者贼良人。'昔文王作罚，刑兹无赦。又蜀先主尝谓诸葛亮曰：'吾周旋陈元方、郑康成间，每见启告理乱之道备矣，曾不语赦也。'夫小人者，大人之贼，故朕有天下已来，不甚放赦。今四海安静，礼义兴行，非常之恩，施不可数，将恐愚人常冀⑨侥幸，唯欲犯法，不能改过。”

八月甲戌朔，幸朝堂，亲览冤屈。自是，上以军国无事，每日视膳⑩于西宫。癸巳，公卿奏曰：“依礼，季夏之月，可以居台榭。今隆暑未退，秋霖方始，宫中卑湿，请营一阁以居之。”帝曰：“朕有气病，岂宜下湿。若遂来请，糜费良多。昔汉文帝将起露台。而惜十家之产。朕德不逮于汉帝，而所费过之，岂谓为民父母之道也？”竟不许。是月，河南、河北大霜，人饥。

九月丙午，诏曰：“尚齿⑪重旧，先王以之垂范；还章解组⑫，朝臣于是克终。释菜⑬合乐之仪，东胶西序⑭之制，养老之义，遗文可睹。朕恭膺⑮大宝，宪章故实，乞言尊事，弥切深衷。然情存今古，世踵浇季⑯，而策名就列，或乖大体。至若筋力将尽，桑榆且迫，徒竭夙兴之勤，未悟夜行之罪，其有心惊止足，行堪激励，谢事⑰公门，收骸闾里，能以礼让，固可嘉焉。内外文武群官年高致仕、抗表去职者，参朝之日，宜在本品见任之上。”丁未，谓侍臣曰：“妇人幽闭深宫，情实可愍。隋氏末年，求采无已。至于离宫别馆，非幸御之所，多聚宫人，皆竭人财力，朕所不取。且洒扫之余，更何所用？今将出之，任求伉俪⑱，非独以惜费，亦人得各遂其性。”于是遣尚书左丞戴胄、给事中杜正伦等于掖庭⑲宫西门简出之。

……

秋七月甲子朔，日有蚀⑳之。上谓房玄龄、萧瑀㉑曰：“隋文何等主？”对曰：“克己复礼，勤劳思政，每一坐朝，或至日昃㉒。五品已上，引之论事，宿卫之人，传餐而食。虽非性体仁明，亦励精之主也。”上曰：“公得其一，未知其二。此人性至察而心不明。夫心暗则照有不通，至察则多疑于物。自以欺孤寡得之，谓群下不可信任，事皆自决，虽劳神苦形，未能尽合于理。朝臣既知上意，亦复不敢直言，宰相已下，承受而已。朕意不然。以天下之广，岂可独断一人之虑？朕方选天下之才，为天下之务，委任责成，各尽其用，庶几于理也。”因令有司：“诏敕不便于时，即宜执奏，不得顺旨施行。”

……

五月壬申，并州僧道及老人等抗[23]表，以太原王业所因，明年登封已后，愿时临幸。上于武成殿赐宴，因从容谓侍臣曰："朕少在太原，喜群聚博戏[24]，暑往寒逝，将三十年矣。"时会中有旧识上者，相与道旧以为笑乐。因谓之曰："他人之言，或有面谀[25]，公等朕之故人。实以告朕，即日政教，于百姓何如？人间得无疾苦耶？"皆奏："即日四海太平，百姓欢乐，陛下力也。臣等余年，日惜一日，但眷恋圣化，不知疾苦。"因固请过并州。上谓曰："飞鸟过故乡，犹踯躅[26]徘徊；况朕于太原起义，遂定天下，复少小游观，诚所不忘。岱[27]礼若毕，或冀与公等相见。"于是赐物各有差。丙子，百济王扶余璋卒。诏立其世子扶余义慈嗣其父位，仍封为带方郡王。

……

史臣曰：臣观文皇帝，发迹多奇，聪明神武。拔人物则不私于党，负志业则咸尽其才。所以屈突、尉迟，由仇敌而愿倾心膂[28]；马周、刘洎[29]，自疏远而卒委钧衡[30]。终平泰阶，谅[31]由斯道。尝试论之：础润云兴，虫鸣螽[32]跃。虽尧、舜之圣，不能用梼杌[33]、穷奇而治平；伊、吕之贤，不能为夏桀、殷辛而昌盛。群臣之际，遭遇斯难，以至抉[34]目剖心，虫流筋擢[35]，良由遭值之异也。以房、魏之智，不逾于丘、轲，遂能尊主庇民者，遭时也。

或曰：以太宗之贤，失爱于昆弟，失教于诸子，何也？曰：然，舜不能仁四罪，尧不能训丹朱，斯前志[36]也。当神尧任谗之年，建成忌功之日，苟除畏[37]逼，孰顾分崩，变故之兴，间不容发，方惧"毁巢"之祸，宁虞"尺布"之谣[38]？承乾之愚，圣父不能移也。若文皇自定储于哲嗣，不骋[39]志于高丽；用人如贞观之初，纳谏比魏徵之日。况周发、周成之世袭，我有遗妍[40]；较汉文、汉武之恢弘，彼多惭德。迹其听断不惑，从善如流，千载可称，一人而已！

【注释】

①宰：主宰，统治。

②谅：确实，委实。

③殒：损毁，死亡。

④鸩：用有毒的鸩酒杀害人。

⑤悖：违背，逆乱。

⑥协契：协同。

⑦稂莠：狗尾草。

⑧宄：盗窃或作乱的坏人。

⑨冀：希望，侥幸。意外获得成功或免于不幸。

⑩视膳：古代臣下侍奉君主或子女侍奉双亲进餐的一种礼节。

⑪齿：指年龄，这里指老年人。

⑫组：系官印的丝带，代指官印。

⑬释菜：古代开始入学之时，放置芹藻之类的物品祭祀先师。

⑭东胶西序：指学校。

⑮膺：接受。

⑯踵：到，进入。季：指末世。

⑰谢事：辞退公事、官职。

⑱伉俪：夫妻。

⑲掖庭：皇宫中妃嫔居住的地方。简：查阅、查点。

⑳蚀：日食或月食，即月球走到地球与太阳之间遮蔽了太阳，或地球走到太阳与月球之间遮蔽了月球。

㉑萧瑀：唐初宰相。

㉒昃：太阳偏西。

㉓抗：呈上。

㉔博戏：古代的一种棋戏。

㉕谀：谄媚，奉承。

㉖踯躅：徘徊，停步不前。

㉗岱：泰山的别名。

㉘膂：脊骨。

㉙洎：这里作人名。

㉚钧衡：量物的器具，比喻担当重任。

㉛谅：确实，委实。

㉜螽：螽斯，虫名。

㉝梼杌：传说远古中的恶人。

㉞抉：挖出，挑出。

㉟擢：抽、拔。

㊱志：记载。

㊲畏：通"威"。

㊳"尺布"之谣：汉文帝的弟弟淮南厉王刘长因为谋反罪被流放蜀郡，路上不食而死，民间作歌："一尺布，尚可缝；一斗粟，尚可舂。兄弟二人不能相容。"后用来比喻兄弟间因利害冲突而不相容。

㊴骋：放任、肆意。

㊵妍：美好。

后妃传

时后兄无忌夙与太宗为布衣之交，又以佐命元勋①，委以腹心，出入卧内，将任之朝政。后固言不可，每乘②间奏曰："妾既托身紫宫③，尊贵已极，实不愿兄弟子侄布列朝廷。汉之吕、霍可为切骨之戒，特愿圣朝勿以妾兄为宰执④。"

……

八年，从幸九成宫，染疾危惙⑤。太子承乾入侍，密启后曰："医药备尽，尊体不瘳⑥，请奏赦囚徒，并度人入道，冀蒙福助。"后曰："死生有命，非人力所加。若修福可延，吾素非为恶；若行善无效，何福可求？赦者国之大事，佛道者示存异方之教耳，非惟政体靡弊⑦，又是上所不为，岂以吾一妇人而乱天下法？"承乾不敢奏，以告左仆射房玄龄，玄龄以闻，太宗及侍臣莫不歔欷⑧。朝臣咸请肆⑨赦，太宗从之，后闻之固争，乃止。将大渐⑩，与太宗辞诀。时房玄龄以谴⑪归第，后固言："玄龄事陛下最久，小心谨慎，奇谋秘计，皆所预闻，竟无一言漏泄。非有大故，愿勿弃之。又妾之本宗，幸缘姻戚，既非德举，易履⑫危机，其保全永久，慎勿处之权要，但以外戚奉朝请⑬，则为幸矣。妾生既无益于时，今死不可厚费。且葬者藏也，欲人之不见。自古圣贤，皆崇俭薄，惟无道之世，大起山陵，劳费天下，为有识者笑。但请因山而葬，不须起坟，无用棺椁⑭，所须器服，皆以木瓦，俭薄送终，则是不忘妾也。"

【注释】

①元勋：首功，大功臣。

②乘间：伺机，趁着空隙。

③紫宫：指皇宫。

④宰执：宰相，执政长官。

⑤危惙：病危。

⑥瘳：病愈。

⑦靡弊：败坏。

⑧歔欷：哽咽，抽泣。

⑨肆：大肆。

⑩大渐：病危。

⑪谴：过失，罪过。

⑫履：踏上，遇上。

⑬奉朝请：给予退职大臣及皇室、外戚的一种名誉，即平时闲居，但可以按时朝见皇帝。

⑭棺椁：多层棺木。

房玄龄传

三年，拜太子少师，固让不受，摄太子詹事，兼礼部尚书。明年，代长孙无忌为尚书左仆射①，改封魏国公，监修国史。既任总百司，虔恭夙夜，尽心竭节，不欲一物失所。闻人有善，若己有之。明达吏事，饰以文学，审定法令，意在宽平。不以求备取人，不以己长格②物，随能收叙，无隔卑贱。论者称为良相焉。或时以事被谴，则累日朝堂，稽颡③请罪，悚惧蹙踖④，若无所容。九年，护高祖山陵制度，以功加开府仪同三司。十一年，与司空长孙无忌等十四人并代袭刺史，以本官为宋州刺史，改封梁国公。事竟不行。

……

二十二年，驾幸玉华宫。时玄龄旧疾发，诏令卧总留台。及渐笃⑤，追赴宫所，乘担舆入殿，将至御座乃下。太宗对之流涕，玄龄亦感咽不能自胜。敕遣名医救疗，尚食每日供御膳。若微得减损，太宗即喜见颜色；如闻增剧，便为改容凄怆。玄龄因谓诸子曰："吾自度危笃，而恩泽转深，若孤负圣君，则死有余责。当今天下清谧⑥，咸得其宜，唯东讨高丽不止，方为国患。主上含怒意决，臣下莫敢犯颜；吾知而不言，则衔恨入地。"遂抗表谏曰：

臣闻兵恶不戢⑦，武贵止戈。当今圣化所覃⑧，无远不届。洎⑨上古所不臣者，陛下皆能臣之；所不制者，皆能制之。详观今古，为中国患害者，无如突厥。遂能坐运神策，不下殿堂，大小可汗，相次束手，分典禁卫，执戟行间。其后延陀鸱张⑩，寻就夷灭，铁勒慕义，请置州县，沙漠以北，万里无尘。至如高昌叛换于流沙，吐浑首鼠⑪于积石，偏师薄伐，俱从平荡。高丽历代逋⑫诛，莫能讨击。陛下责其逆乱，弑主虐人，亲总六军，问罪辽、碣。未经旬月，即拔辽东。前后虏获，数十万计，分配诸州，无处不满。雪往代之宿耻，掩崤陵之枯骨，比功较德，万倍前王。此圣心之所自知，微臣安敢备说。

且陛下仁风被于率土，孝德彰于配天。睹夷狄之将亡，则指期数岁；授将帅之节度，则决机万里。屈指而候驿，视景而望书，符应若神，算无遗策。擢⑬将于行伍之中，取士于凡庸之末。远夷单使，一见不忘；小臣之名，未尝再问。箭穿七札⑭，弓贯六钧⑮。加以留情坟典，属意篇什。笔迈钟、张，辞穷班、马。文锋既振，则管磬⑯自谐；轻翰暂飞，则花葩⑰竞发。抚万姓以慈，遇群臣以礼。褒秋毫之善，解吞舟之网。逆耳之谏必听，肤受之诉斯绝。好生之德，焚障塞于江湖；恶杀之仁，息鼓刀于屠肆。凫鹤荷稻粱之惠，犬马蒙帷盖之恩。降乘吮思摩之疮，登堂临魏徵之枢。哭战亡之卒，则哀动六军；负填道之薪，则精感天地。重黔黎之大命，特尽心于庶狱。臣心识昏愦⑱，岂足论圣功之深远，谈天德之高大哉！陛下兼众美而有之，靡不备具，微臣深为陛下惜之重之，爱之宝之。

《周易》曰："知进而不知退，知存而不知亡，知得而不知丧。"又曰："知进退存亡，不失其正者，惟圣人乎！"由此言之，进有退之义，存有亡之机，得有丧之理。老臣所以为陛下惜之者，盖此谓也。老子曰："知足不辱，知止不殆。"谓陛下威名功德，亦可足矣；拓地开疆，亦可止矣。彼高丽者，边夷贱类，不足待以仁义，不可责以常礼，古来以鱼鳖畜之，宜从阔略。若必欲绝其种类，恐兽穷则搏。且陛下每决一死囚，必令三覆五奏，进素食、停音乐者，盖以人命所重，感动圣慈也。况今兵士之徒，无一罪戾[19]，无故驱之于行阵之间，委之于锋刃之下，使肝脑涂地，魂魄无归。令其老父孤儿、寡妻慈母望灵车而掩泣，抱枯骨以摧心。足以变动阴阳，感伤和气，实天下冤痛也。且兵者凶器，战者危事，不得已而用之。向使高丽违失臣节，陛下诛之可也；侵扰百姓，而陛下灭之可也；久长能为中国患，而陛下除之可也。有一于此，虽日杀万夫，不足为愧。今无此三条，坐烦中国，内为旧王雪耻，外为新罗报仇，岂非所存者小，所损者大？

愿陛下遵皇祖老子止足之诫，以保万代巍巍之名。发沛然[20]之恩，降宽大之诏，顺阳春以布泽，许高丽以自新，焚凌波之船，罢应募之众，自然华夷庆赖，远肃迩[21]安。臣老病三公，旦夕入地，所恨竟无尘露，微增海岳。谨残魂余息，预代结草[22]之诚。倘蒙录此哀鸣[23]，即臣死且不朽。

太宗见表，谓玄龄子妇高阳公主曰："此人危惙[24]如此，尚能忧我国家。"

后疾增剧，遂凿苑墙开门，累遣中使候问。上又亲临，握手叙别，悲不自胜。皇太子亦就之与之诀。即日授其子遗爱右卫中郎将，遗则中散大夫，使及目前见其通显。寻薨[25]。年七十。废朝三日，册增太尉、并州都督，谥曰文昭，给东园秘器[26]，陪葬昭陵。玄龄尝诫诸子以骄奢沉溺，必不可以地望凌人，故集古今圣贤家诫，书于屏风，令各取一具，谓曰："若能留意，足以保身成名。"又云："袁家累叶忠节，是吾所尚，汝宜师之。"高宗嗣位，诏配享太宗庙庭。

【注释】

①长孙：复姓。仆射：官名。

②格：纠正。

③颡：额头。

④踧踖：恭敬而不安的样子。

⑤笃：指病势沉重。

⑥谧：安宁。

⑦戢：收藏，库藏。

⑧覃：延及，延长。

⑨洎：自，自从。

⑩鸱张：鸱鸟张开翅膀，比喻嚣张，猖狂。

⑪首鼠：迟疑不安，犹豫不决。

⑫逋：逃避，躲过。

⑬擢：提拔。

⑭札：铠甲上皮革或金属做成的叶片。

⑮贯：满。钧：重量单位，三十斤为一钧。

⑯磬：一种乐器。

⑰葩：花。

⑱愦：昏乱。

⑲戾：罪恶，暴行。

⑳沛然：盛大的样子。

㉑迩：近。

㉒结草：结草报恩。比喻感恩报德，至死不忘。

㉓哀鸣：指人临近死亡时说的话。

㉔惙：疲乏，衰竭。

㉕薨：唐代凡三品以上的官员死称薨。

㉖东园：掌管皇室陵墓内器物制作和供应的官署。

魏徵传

太宗新即位，励精政道。数引徵入卧内，访以得失。徵雅有经国之才，性又抗直，无所屈挠。太宗与之言，未尝不欣然纳受。徵亦喜逢知己之主，思竭其用，知无不言。太宗尝劳之曰："卿所陈谏，前后二百余事，非卿至诚奉国，何能若是？"其年，迁尚书左丞。或有言徵阿党①亲戚者，帝使御史大夫温彦博案验无状。彦博奏曰："徵为人臣，须存形迹，不能远避嫌疑，遂招此谤，虽情在无私，亦有可责。"帝令彦博让徵②，且曰："自今后不得不存形迹。"他日，徵入奏曰："臣闻君臣协契，义同一体。不存公道，唯事形迹，若君臣上下，同遵此路，则邦之兴丧，或未可知。"帝瞿然③改容曰："吾已悔之。"徵再拜曰："愿陛下使臣为良臣，勿使臣为忠臣。"帝曰："忠、良有异乎？"徵曰："良臣，稷、契、咎陶④是也。忠臣，龙逄、比干是也。良臣使身获美名，君受显号，子孙传世，福禄无疆。忠臣身受诛夷，君陷大恶，家国并丧，空有其名。以此而言，相去远矣。"帝深纳其言，赐绢五百匹。

臣观自古受图膺⑤运，继体守文，控御英杰，南面临下，皆欲配厚德于天地，齐高明于日月，本枝百代，传祚⑥无穷。然而克终者鲜⑦，败亡相继，其故何哉？所以求之失其道也。殷鉴不远⑧，可得而言。

昔在有隋，统一寰宇，甲兵强盛，三十余年，风行万里，威动殊俗。一旦举而弃之，尽为他人之有。彼炀帝岂恶天下之治安，不欲社稷之长久，故行桀虐，以就灭亡哉？恃其富强，不虞后患，驱天下以从欲，罄万物以自奉。采域中之子女，求远方之奇异。宫宇是饰，台榭是崇，徭役无时，干戈不戢，外示威重，内多险忌。谗邪者必受其福，忠正者莫保其生。上下相蒙，君臣道隔，人不堪命，率土分崩。遂以四海之尊，殒⑨于匹夫之手⑤，子孙殄⑩灭，为天下笑，深可痛哉！

臣闻求木之长者，必固其根本；欲流之远者，必浚⑪其泉源；思国之安者，必积其德义。源不深而岂望流之远，根不固而何求木之长，德不厚而思国之治，虽在下愚，知其不可，而况于明哲乎！人君当神器⑫之重，居域中之大，将崇极天之峻，永保无疆之休。不念于居安思危，戒奢以俭，德不处其厚，情不胜其欲，斯亦伐根以求木茂，塞源而欲流长者也。

凡百元首，承天景⑬命，莫不殷忧而道著，功成而德衰，有善始者实繁，能克终者盖寡，岂其取之易而守之难乎？昔取之而有余，今守之而不足，何也？夫在殷忧必竭诚以待下，既得志则纵情以傲物。竭诚则胡越为一体，傲物则骨肉为行路。虽董⑭之以严刑，振之以威怒，终苟免而不怀仁，貌恭而不心服。怨不在大，可畏惟人。载舟覆舟，所宜深慎。奔车朽索，其可忽乎？

自王道休⑮明，十有余载，威加海外，万国来庭，仓廪日积，土地日广。然而道德未益厚，仁义未益博者，何哉？由乎待下之情未尽于诚信，虽有善始之勤，未睹克终之美故也。其所由来者渐，非一朝一夕之故。昔贞观之始，闻善若惊，暨⑯五、六年间，犹悦以从谏。自兹厥后，渐恶直言，虽或勉强，时有所容，非复曩时⑰之豁如也。謇谔⑱之士，稍避龙鳞，便佞⑲之徒，肆其巧辨。谓同心者为朋党，谓告讦⑳者为至公，谓强直者为擅权，谓忠谠㉑者为诽谤。谓之朋党，虽忠信而可疑，谓之至公，虽矫伪㉒而无咎。强直者畏擅权之议，忠谠者虑诽谤之尤。至于窃斧生疑㉓，投杼致惑㉔，正人不得尽其言，大臣莫能与之诤。荧惑㉕视听，郁㉖于大道，妨化损德，其在兹乎？故孔子恶利口之覆邦家，盖为此也。

（太宗）尝临朝谓侍臣曰："夫以铜为镜，可以正衣冠，以古为镜，可以知兴替，以人为镜，可以明得失。朕常保此三镜，以防己过。今魏徵殂㉗逝，遂亡一镜矣。徵亡后，朕遣人至宅，就其书函㉘得表一纸。始立表草，字皆难识，唯前有数行，稍可分辨。云：'天下之事，有善有恶。任善人则国安，用恶人则国乱。公卿之内，情有爱憎。憎者唯见其恶，爱者唯见其善。爱憎之间，所宜详慎。若爱而知其恶，憎而知其善，去邪勿疑，任贤勿贰，可以兴矣。'其遗表如此。然在朕思之，恐不免斯事。公卿侍臣，可书之于笏㉙，知而必谏也。"

【注释】

①阿党：偏私、偏袒。

②让：责备。

③瞿然：惊恐的样子。

④稷、契、咎陶：都是舜帝时的名臣。

⑤膺：承受，享有。

⑥祚：皇位。

⑦克：能。鲜：少。

⑧殷鉴不远：本指殷人灭夏，殷的子孙应以夏的灭亡作为鉴戒。后泛指前人的教训就在眼前。

⑨殒：灭亡。

⑩殄：灭绝。

⑪浚：疏通。

⑫神器：指帝位。

⑬景：大。

⑭董：督察，治理。

⑮休：美好。

⑯暨：到，至。

⑰曩时：往昔，从前。

⑱謇谔：正直敢言。

⑲便佞：花言巧语，阿谀奉承。

⑳告讦：告密揭短。

㉑谠：正直。

㉒矫伪：伪善虚假。咎：责备，责罚。

㉓窃斧生疑：指凭空怀疑。

㉔投杼致惑：杼，织布用的工具。古时候，有人误传曾参杀人，曾参的母亲由不相信到相信，最终吓得丢下织布的机杼而逃走。后泛指偏听不实之词而产生疑心。

㉕荧惑：蛊惑，迷惑。

㉖郁：阻滞，阻塞。

㉗徂：死。

㉘函：函件，信件。

㉙笏：古代朝会时官员所执的手板，有事则书写在上面，以备遗忘。

马周传

臣又见诏书，令宗室勋贤作镇藩部①，贻厥②子孙，嗣③守其政，非有大故，无或黜免。臣窃惟陛下封植④之者，诚爱之重之，欲其胤裔⑤承守而与国无疆也。臣以为如诏旨者，陛下宜思所以安存之，富贵之，然则何用代官也？何则？以尧、舜之父，犹有朱、均之子。倘有孩童嗣职，万一骄愚，兆庶被其殃而国家受其败。正欲绝之也，则子文⑥之治犹在；正欲留之也，而栾黡⑦之恶之彰。与其毒害于见存之百姓，则宁使割恩于已亡之一臣，明矣。然则向所谓爱之者，乃适所以伤之也。臣谓宜赋以茅土⑧，畴其户邑⑨，必有材行，随器方授，则虽其翰翮⑩非强，亦可以获免尤累⑪。昔汉光武不任功臣以吏事，所以终全其代者，良得其术也。愿陛下深思其事，使夫得奉大恩。而子孙终其福禄也。

【注释】

①镇：镇守。藩部：藩镇。

②贻：遗留。厥：其，他。

③嗣：继承。

④封植：封立，树立。

⑤胤裔：后人，后代。

⑥子文：春秋时楚国大臣，谨慎廉洁，体恤民情。他死后，其家庭中有人谋反被楚王所灭，但独留子文后人，世代为楚国良臣。

⑦栾黡：春秋时晋国贤臣栾书的儿子，三军主帅之一。栾黡因疑心而欲杀大夫范鞅，范鞅被迫逃亡秦国。后来范鞅回国，终于灭亡了栾黡家庭。

⑧茅土：指受封为王侯。

⑨畴：通"酬"。报答。户邑：封地。

⑩翰翮：羽翼，指左右辅佐之人。

⑪尤累：罪过，过错。

姚崇传

开元四年，山东蝗虫大起，崇奏曰："《毛诗》云：'秉彼蟊贼①，以付炎火。'又汉光武诏曰：'勉顺时政，劝督农桑，去彼螟蜮，以及蟊贼。'此并除蝗之义也。虫既解畏人，易为驱逐。又苗稼皆有地主，救护必不辞劳。蝗既解飞，夜必赴火，夜中设火，火边掘坑，且焚且瘗②，除之可尽。时山东百姓皆烧香礼拜，设祭祈恩，眼看食苗，手不敢近。自古有讨除不得者，祗[3]是人不用命，但使齐心戮力[4]，必是可除。"乃遣御史分道杀蝗。汴州刺史倪若水执奏曰："蝗是天灾，自宜修德。刘聪时除既不得，为害更深。"仍拒御史，不肯应命。崇大怒，牒报若水曰："刘聪伪主，德不胜妖；今日圣朝，妖不胜德。古之良守，蝗虫避境，若其修德可免，彼岂无德致然！今坐看食苗，何忍不救，因以饥馑[5]，将何自安？幸勿迟回，自招悔吝。"若水乃行焚瘗之法，获蝗一十四万石，投汴渠流下者不可胜纪。

时朝廷喧议，皆以驱蝗为不便，上闻之，复以问崇。崇曰："庸儒执文，不识通变。凡事有违经而合道者，亦有反道而适权者。昔魏时山东有蝗伤稼，缘小忍不除，致使苗稼总尽，人至相食；后秦时有蝗，禾稼及草木俱尽，牛马至啖[6]毛。今山东蝗虫所在流满，仍极繁息，实所稀闻。河北、河南，无多贮积，倘不收获，岂免流离，事系安危，不可胶柱[7]。纵使除之不尽，犹胜养以成灾。陛下好生恶杀，此事请不烦出敕，乞容臣出牒[8]处分。若除不得，臣在身官爵，并请削除。"上许之。

黄门监卢怀慎谓崇曰："蝗是天灾，岂可制以人事？外议咸以为非。又杀虫太多，有伤和气。今犹可复，请公思之。"崇曰："楚王吞蛭[9]，厥疾用疗；叔敖杀蛇，其福乃降。赵宣至贤也，恨用其犬；孔丘将圣也，不爱其羊。皆志在安人，思不失礼。今蝗虫极盛，驱除可得，若其纵食，所在皆空。山东百姓，岂宜饿杀！此事崇已面经奏定讫[10]，请公勿复为言。若救人杀虫，因缘致祸，崇请独受，义不仰关。"怀慎既庶事曲从，竟亦不敢逆崇之意，蝗因此亦渐止息。

是时，上初即位，务修德政，军国庶务，多访于崇，同时宰相卢怀慎、源乾曜等，但唯诺而已。崇独当重任，明于吏道，断割不滞。然纵其子光禄少卿彝、宗正少卿异广引宾客，受纳馈遗[11]，由是为时所讥。时有中书主书赵诲为崇亲信，受蕃人珍遗，事发，上亲加鞫问[12]，下狱处死。崇结奏其罪，复营救之，上由是不悦。其冬，曲赦[13]京城，敕文特标诲名，令决杖一百，配流岭南。崇自是忧惧，频面陈避相位，荐宋璟自代。俄授开府仪同三司，罢知政事。

【注释】

①秉：握，抓住。蟊贼：害虫。

②瘗：掩埋。

③祗：只。

④戮力：共力，合力。

⑤饥馑：荒年。

⑥啖：吃。

⑦胶柱：黏合转轴，比喻拘泥而不知变通。

⑧牒：公文。

⑨蛭：水蛭，蚂蟥。

⑩讫：完结，完毕。

⑪馈遗：赠送财物。

⑫鞫问：审问，查问。

⑬曲敕：大赦，普遍赦免。

李林甫传

林甫自以始谋①不佐皇太子，虑为后患，故屡起大狱以危之，赖太子重慎无过，流言不入。林甫尝令济阳别驾魏林告陇右、河西节度使王忠嗣，林往任朔州刺史，忠嗣时为河东节度，自云与忠王同养宫中，情意相得，欲拥兵以佐太子。玄宗闻之曰："我儿在内，何路与外人交通？此妄也。"然忠嗣亦左授②汉阳太守。八载，咸宁太府赵奉章告林甫罪状二十余条。告未上，林甫知之，讽御史台逮捕，以为妖言，重杖决杀。

十载，林甫兼领安西大都护、朔方节度，俄③兼单于副大都护。十一载，以朔方副使李献忠叛，让④节度，举安思顺自代。国家武德、贞观已来，蕃将如阿史那社尔、契苾⑤何力，忠孝有才略，亦不专委大将之任，我以重臣领使以制之。开元中，张嘉贞、王晙、张说、萧嵩、杜暹皆以节度使入知政事，林甫固位，志欲杜⑥出将入相之源，尝奏曰："文士为将，怯当矢石，不如用寒族⑦、蕃人，蕃人善战有勇，寒族即无掌援。"帝以为然，乃用思顺代林甫领使。自是高仙芝、哥舒翰皆专任大将，林甫利其不识文字，无入相由，然而禄山竟为乱阶，由专得大将之任故也。

【注释】

①谋：策划，打算。

②左授：降职。

③俄：不久。

④让：辞让，谦让。

⑤契苾：以部族名作为姓。

⑥杜：阻塞，堵塞。

⑦寒族：门第卑微的家族。

杨国忠传

时安禄山恩宠特深，总握兵柄。国忠知其跋扈①，终不出其下，将图之，屡于上前言其悖逆②之状，上不之信。是时，禄山已专制河北，聚幽、并劲骑，阴图逆节，动未有名，伺上千秋万岁之后，方图叛换。及见国忠用事，虑不利于己，禄山遥领内外闲厩使，遂以兵部侍郎吉温知留后，兼御史中丞、京畿③采访使，内伺朝廷动静。国忠使门客蹇昂、何盈求禄山阴事，围捕其宅，得李超、安岱等，使侍御史郑昂缢杀于御史台。又奏贬吉温于合浦，以激怒禄山，幸其摇动，内以取信于上，上竟不之悟。由是禄山惧，遂举兵以诛国忠为名。玄宗闻河朔变起，欲以皇太子监国，自欲亲征，谋于国忠。国忠大惧，归谓姐妹曰："我等死在旦夕。今东宫监国，当与娘子等并命矣。"姐妹哭诉于贵妃，贵妃衔土请命，其事乃止。及哥舒翰守潼关，诸将以函关④距京师三百里，利在守险，不利出攻。国忠以翰持兵未决，虑反图己，欲其速战，自中督促之。翰不获已出关，及接战桃林，王师奔败，哥舒受擒，败国丧师，皆国忠之误惑也。

【注释】

①跋扈：专横凶暴，欺上压下。

②悖逆：叛乱。

③京畿：京都，京城。

④函关：函谷关，在今河南灵宝市南。

韩愈传

国子先生晨入太学，召诸生立馆下，诲之曰："业精于勤荒于嬉①，行成于思毁于随②。方今圣贤相逢，治具毕张，拔去凶邪，登崇俊良③。占小善者率④以录，名一艺者无不庸⑤。爬罗剔抉⑥，刮垢⑦磨光。盖有幸而获选，孰云多而不扬⑧？诸生业患不能精，无患有司之不明；行患不能成，无患有司之不公。"

愈性弘通，与人交，荣悴⑨不易。少时与洛阳人孟郊、东郡人张籍友善。二人名位未振⑩，愈不避寒易，称荐于公卿间，而籍终成科第，荣于禄仕。后虽通贵，每退公之隙，则相与谈燕⑪，论文赋诗，如平昔者焉。而观诸权门豪士，如仆隶焉，瞪然不顾。而颇能诱厉后进，馆之者十六七，虽晨炊不给，怡然不介意。大抵以兴起名教、弘奖仁义为事。

【注释】

①嬉：嬉戏，玩乐。

②随：放任，随便。

③俊良：俊杰贤良，杰出人才。

④率：皆，都。

⑤庸：用。

⑥爬罗：筛选搜罗。剔抉：挑选，选择。

⑦垢：污垢，肮脏。

⑧扬：显扬，这里指任用。

⑨悴：衰弱，指命运不济，倒霉。

⑩振：显贵，显露。

⑪燕：通"宴"，宴会。

柳宗元传

元和十年，例移为柳州刺史。时朗州司马刘禹锡得播州刺史，制书下，宗元谓所亲曰："禹锡有母年高，今为郡蛮方，西南绝域，往复万里，如何与母偕行。如母子异方，便为永诀。吾与禹锡为执友①，胡忍见其若是？"即草章奏，请以柳州授禹锡，自往播州。会裴度亦奏其事，禹锡终易②连州。

【注释】

①执友：志同道合的亲密朋友。

②易：改变。

陈子昂传

且夫事有求利而得害者。则蜀昔时不通中国，秦惠王欲帝天下而并诸侯，以为不兼镘①，不取蜀，势未可举，乃用张仪计，饰美女，谲②金牛，因间以啖③蜀侯。蜀侯果贪其得，使五丁力士凿通谷，栈④褒斜，置道于秦。自是险阻不关，山谷不闭，张仪蹑踵乘便，纵兵大破之，蜀侯诛，镘邑灭。至今蜀为中州，是贪利而亡。

【注释】

①镘：指古代巴国。

②谲：欺诈。

③啖：利诱，诱惑。

④栈：栈道。在险绝的地方傍山架木而修成的道路。

杜甫传

天宝末诗人，甫与李白齐名，而白自负文格放达，讥甫龌龊[1]，而有饭颗山之嘲诮[2]。元和中，词人元稹论李、杜优劣曰：

予读诗至杜子美而知小大之有所总萃[3]焉。始尧、舜之时，君臣以赓歌相和[4]。是后诗人继作，历夏、殷、周千余年，仲尼辑拾选拣，取其干预教化之尤者三百，余无所闻。骚人作而怒愤之态繁，然犹去《风》《雅》日近，尚相比拟。秦、汉以还，采诗之官既废，天下妖谣民讴、歌颂讽赋、曲度嬉戏之辞，亦随时间作。至汉武赋《柏梁》而七言之体具。苏子卿、李少卿之徒，尤工为五言。虽句读文律各异，雅郑之音亦杂，而辞意简远，指事言情，自非有为而为，则文不妄作。建安之后，天下之士遭罹[5]兵战，曹氏父子鞍马间为文，往往横槊[6]赋诗，故其遒壮[7]抑扬、冤哀悲离之作，尤极于古。晋世风概稍存。宋、齐之间，教失根本，士以简慢翕习舒徐相尚[8]，文章以风容色泽，放旷精清为高，盖吟写性灵、留连光景之文也，意义格力无取焉。陵迟至于梁、陈，淫艳刻饰、佻巧小碎之词剧，又宋、齐之所不取也。

唐兴，官学大振，历世之文，能者互出。而又沈、宋之流，研练精切，稳顺声势，谓之为律诗。由是之后，文体之变极焉。然而莫不好古者遗近，务华者去实，效齐、梁则不逮[9]于魏、晋，工乐府则力屈于五言，律切则骨格不存，闲暇则纤秾[10]莫备。至于子美，盖所谓上薄[11]《风》、《骚》，下该[12]沈、宋，言夺苏、李，气吞曹、刘，掩颜、谢之孤高，杂徐、庾之流丽，尽得古今之体势，而兼人人之所独专矣。使仲尼考锻[13]其旨要，尚不知贵其多乎哉！苟以为能所不能，无可无不可，则诗人以来未有如子美者。

是时山东人李白，亦以文奇取称，时人谓之李、杜。予观其壮浪纵恣，摆去拘束，模写物象，及乐府歌诗，诚亦差肩于子美矣。至若铺陈终始，排比声韵，大或千言，次犹数百，词气豪迈，而风调清深，属对律切，而脱弃凡近，则李尚不能历其藩翰[14]，况堂奥乎！

【注释】

①龌龊：局促，不拘于小节。

②嘲诮：嘲笑，嘲讽。

③萃：聚集。

④赓歌相和：诗歌唱和。赓，继续。

⑤罹：遭遇。

⑥横槊：挥动兵器，指身临战场。槊，一种兵器，长矛。

⑦道壮：雄壮有力。

⑧翕习：亲昵，亲近。尚：崇尚，推崇。

⑨迨：及。不迨：赶不上。

⑩纤秾：细柔华丽。

⑪薄：靠近，逼近。

⑫该：完备，齐备。

⑬考锻：考核锤炼。

⑭藩翰：藩篱，门户。比喻某种造诣、境界。

玄奘传

　　僧玄奘，姓陈氏，洛州偃师①人。大业末出家，博涉经论。尝谓翻译者多有讹谬②，故就西域，广求异本以参验之。贞观初，随商人往游西域。玄奘既辩博出群，所在必为讲释论难，蕃人远近咸尊伏之。在西域十七年，经百余国，悉解其国之语，仍采其山川谣俗，土地所有，撰《西域记》十二卷。贞观十九年，归至京师。太宗见之，大悦，与之谈论。于是诏将梵本六百五十七部于弘福寺翻译，仍敕右仆射房玄龄、太子左庶子许敬宗，广召硕学沙门③五十余人，相助整比。

【注释】

①偃师：县名。

②讹谬：谬误。

③硕：博，大。沙门：僧人，和尚。

魏玄同传

累迁至吏部侍郎。玄同以既委选举，恐未尽得人之术，乃上疏曰："臣闻制器者必择匠以简①材，为国者必求贤以莅②官。匠之不良，无以成其工；官之非贤，无以致于理。君者，所以牧③人也；臣者，所以佐君也。君不养人，失君道；臣不辅君，失臣任也。任人者，诚国家之基本，百姓之安危也。方今人不加富，盗贼不衰，狱讼未清，礼义犹阙④者，何也，下吏不称职、庶⑤官非其才也。官之不得其才者，取人之道有所未尽也。

"臣又以为国之用人，有似人之用财。贫者厌⑥糟糠，思短褐⑦；富者余粮肉，衣轻裘⑧。然则当衰弊乏贤之时，则可磨策⑨朽钝而乘驭之。在太平多士之时，亦宜妙选髦俊⑩而任使之。《诗》云："翘翘错薪⑪，言刈其楚⑫。"楚，刑也。在薪之翘翘者，方之用才，理亦当尔。选人幸多，尤宜简练。臣窃见制书，每令三品、五品荐士，下至九品，亦令举人，此圣朝侧席旁求⑬之意也。但以褒贬⑭不甚明，得失无大隔⑮，故人上不忧黜责⑯，下不尽搜扬⑰，苟以应命，莫慎所举。且惟贤知贤，圣人笃论⑱。伊、皋⑲既兴，不仁咸远。复患阶秩虽同，人才异等。身且滥进，鉴⑳岂知人？今欲务得实才，兼宜择其举主。流清以源洁，影端由表正，不详举主之行能，而责举人之庸滥，不可得已。

【注释】

①简：挑选，选择。

②莅：到，临。

③牧：统治，治理。

④阙：通"缺"。缺漏，缺略。

⑤庶：众，多。

⑥厌：饱，满足。

⑦褐：粗麻短衣。

⑧裘：皮衣。

⑨磨策：激励鞭策，督促。

⑩髦俊：俊杰之士。

⑪翘翘：高高挺立的样子。错薪：杂生的草木。

⑫刈：割。楚：一种丛木，即荆木。

⑬侧席：在席位旁边坐着，表示恭候贤者。旁求：广泛寻求。

⑭褒贬：赞美和批评。

⑮隔：间隔，区别。

⑯黜责：贬责。

⑰搜扬：搜求举荐。

⑱笃论：确当评论。

⑲伊、皋：古时候的贤臣伊尹、皋陶。

⑳鉴：镜。

史部

《新唐书》精华

【著录】

《新唐书》二百二十五卷，系北宋欧阳修、宋祁所撰。欧阳修（1007—1072），字永叔，号醉翁，晚年又号六一居士，吉州永丰（今属江西省）人，北宋著名的历史学家、金石考据家，又是著名的散文家、经学家。所谓"荻画学书"，即以荻草为笔，在沙土上习字，说的就是欧阳修少年时代的真实故事。仁宗庆历年间，参与范仲淹等推行的"新政"，为谏官，同修起居注、知制诰。范仲淹罢相后，欧阳修被贬，出为地方官，辗转九处，遂有"十年困风波，九死出槛阱"的诗句。至和元年（1054），已历时十年的《新唐书》在宋祁的主持下，列传接近完成，而"纪、志俱未有草卷"。欧阳修被调回京，委以"刊修官"之职，主持纪、志和表的修撰。嘉祐五年（1060），《新唐书》最终告成上奏。此后，欧阳修又擢升为礼部侍郎，不久即任枢密副使、参知政事（副相）。神宗即位后，罢相出为外任。熙宁四年（1071）致仕，在颍州（今安徽阜阳）安度晚年。除《新唐书》《新五代史》两部史著外，一生论著，包括《集古录》十卷，都被编入《欧阳文忠公集》，共一百五十三卷。宋祁（996—1061），字子京，安州安陆（今属湖北省）人，后徙开府之雍丘（今河南杞县），北宋著名散文家、史学家、经学家。仁宗庆历五年（1045），正式受命为《新唐书》"刊修官"之一。皇祐元年（1049），原先的六人"刊修"班子只有宋祁一人尚在史官任上，仁宗即将宋祁由"同刊修"（副职）改为"刊修"（正职），命其主持修撰。三年，出为外任，许其"将史稿自随"。编修官原先也是六人，此时仅有三人在任。宋祁一面"乞宰相监修唐书",一面在外地"翻讨残书"、"悉索副稿",艰难地主持着修撰列传的工作。欧阳修被增派为"刊修官"之后,便有了两位主编,一个在京,一个在外,分别主持修撰。编修官也相继增至六人:范镇、王畴、宋敏求、吕夏卿、刘羲叟、梅尧臣。嘉祐三年(1058),宋祁在益州任上完成列传的全部"副草","悉送"京城书局。翌年,宋祁又作了一番最后修订,于五年(1060)同纪、志、表一同奏上。宋祁作为负责列传的"刊修官",前十年难得与编修官相见,后七年也未曾与新增补的"刊修官"欧阳修见过一面,"成书之日,又不与伏奏殿廷"(《让转左丞札子》)。后进为工部尚书,入判尚书都省,又拜翰林学士承旨。有《景文集》六十二卷传世。《新唐书》有本纪十卷、志五十卷、表十五卷、列传一百五十卷,也有一卷分上、下和分上、中、下的情况。该书史料来源大致有三:一是整部《旧唐书》,二是唐代流传至宋的素材和重又搜集的文献,三是金石铭刻的利用。《新唐书》在历史编纂学方面的贡献,历来论述较多,可依纪、表、志、传归纳为四:一为"本纪法严而词约,多取《春秋》遗意"。所谓"事增于前"的说法,在本纪部分却非如此,将《旧唐书》约三十万字的内容减为不到十万字,"未免草率从事",以至进呈之日,宋仁宗即有旨,《旧唐书》不可废。二为恢复立表,使纷繁的史事头绪分明。书中有《宰相表》三卷、《方镇表》六卷、《宗室世系表》一卷、《宰相世系表》五卷。《宰相表》不仅可以清楚人员变动,还能看到宰相制度的某些演变。《方镇表》更可使唐代中期以后所谓"四十七镇"的建置、分割、移徙、兴衰开卷了然。三为改进书志,"较旧史为精彩一变"。《地理志》七卷,反映了当时地理学发展所能达到的新水平。《艺文志》四卷,在目录学发展史上有着不可忽视的重要意义,将记藏书与记著作两种不同性质的目录有机地结合在一起。《仪卫志》为"尊君而肃臣"所增,《选举志》二卷虽不是首创,但在新增的三志中写得最好,把关系唐代政治的科举制度理出一个头绪。《兵志》一卷为新创,但不再"悉记"兵事,而在"治乱兴灭之迹",故只注意唐代"兵之大势三变"。四为扩充列传,事增于前而文省于旧。事增于前包括立传增多、事迹增多、类传增多,文省于旧虽改变了《旧唐书》"颇涉繁芜"的缺点,但欧、宋两位"刊修"以个人文学好恶删改、取舍,是不能不受指责的。《新唐书》是适应北宋中期最高统治集团的需要重新修撰的，因而绝不允许再用五代割据者的认识来总结唐代的历史。新修《唐书》上奏后便镂板刊刻，称十四行本。此外，北宋时还有十六行本、闽刻十六行本。南宋有十行本、闽刻十行本，明有南监本、北监本、汲古阁本，清有殿本，民国以来又汇集两宋传世刻本刊印了"百衲本"。中华书局校点本，以"百衲本"为工作本，参校了上述诸本，为目前最佳本。

后妃传

　　高宗则天顺圣皇后武氏，并州文水人。父士彟[1]。文德皇后崩，久之，太宗闻士彟女美，召为才人，方十四。母杨，恸泣与诀，后独自如，曰："见天子庸知非福，何儿女悲乎？"母韪[2]其意，止泣。既见帝，赐号武媚。及帝崩，与嫔御皆为比丘尼[3]。高宗为太子时，入侍，悦之。王皇后久无子，萧淑妃方幸，后阴不悦。它日，帝过佛庐，才人见且泣，帝感动。后廉[4]知状，引内后宫，以挠[5]妃宠。

　　才人有权术，诡变不穷。始，下辞降体事后，后喜，数誉于帝，故进为昭仪。一旦顾幸在萧右[6]，浸[7]与后不协。后性简重，不曲事上下，而母柳见内人尚宫[8]无浮礼，故昭仪伺后所薄，必款结[9]之，得赐予，尽以分遗[10]。由是后及妃所为必得，得辄以闻，然未有以中[11]也。昭仪生女，后就顾弄，去，昭仪潜毙儿衾[12]下，伺帝至，阳[13]为欢言，发衾视儿，死矣。又惊问左右，皆曰："后适来。"昭仪即悲涕，帝不能察，怒曰："后杀吾女，往与妃相谗媚，今又尔邪[14]！"由是昭仪得入其訾[15]，后无以自解，而帝愈信爱，始有废后意。久之，欲进号"宸妃"，侍中韩瑗、中书令来济言："妃嫔有数，今别立号，不可。"昭仪乃诬后与母厌胜[16]，帝挟前憾，实其言，将遂废之。长孙无忌、褚遂良、韩瑗及济濒死固争，帝犹豫；而中书舍人李义府、卫尉卿许敬宗素险侧，狙势即表请昭仪为后，帝意决，下诏废后。诏李勣、于志宁奉玺绶进昭仪为皇后，命群臣及四夷酋长朝后肃义门，内外命妇入谒。朝皇后自此始。

　　始，武承嗣请太后立七庙，中书令裴炎沮止[17]，及敬业之兴，下炎狱，杀之，并杀左威卫大将军程务挺。太后方怫恚[18]。一日，召群臣廷让[19]曰："朕于天下无负，若等知之乎？"群臣唯唯。太后曰："朕辅先帝逾三十年，忧劳天下，爵位富贵，朕所与也；天下安佚^⑳，朕所养也。先帝弃群臣，以社稷为托，朕不敢爱身，而知爱人。今为戎首者皆将相，何见负之遽？且受遗老臣伉扈^㉑难制有若裴炎乎？世将种能合亡命若徐敬业乎？宿将善战若程务挺乎？彼皆人豪，不利于朕，朕能戮之。公等才能过彼，蚤^㉒为之。不然，谨以事朕，无诒^㉓天下笑。"群臣顿首，不敢仰视，曰："惟陛下命。"

太后不惜爵位，以笼四方豪桀^㉔自为助，虽妄男子，言有所合，辄不次官之，至不称职，寻亦废诛不少^㉕纵，务取实材真贤。又畏天下有谋反逆者，诏许上变，在所给轻传，供五品食，送京师，即日召见，厚饵爵赏歆动^㉖之，凡言变，吏不得何诘^㉗，虽耘夫荛子^㉘必亲延见，禀^㉙之客馆。敢稽若^㉚不送者，以所告罪之。故上变者遍天下，人人屏息，无敢议。

……

每从游幸，乘马则力士授辔策^㉛。凡充锦绣官及冶瑑^㉜金玉者，大抵千人，奉须索，奇服秘玩，变化若神。四方争为怪珍入贡，动骇耳目。于是岭南节度使张九章、广陵长史王翼以所献最，进九章银青阶，擢^㉝翼户部侍郎，天下风靡。妃嗜^㉞荔枝，必欲生致之，乃置骑传送，走数千里，味未变已至京师。

初，安禄山有边功，帝宠之，诏与诸姨约为兄弟，而禄山母事妃，来朝，必宴饫结欢^㉟。禄山反，以诛国忠为名，且指言妃及诸姨罪。帝欲以皇太子抚军，因禅位，诸杨大惧，哭于廷。国忠入白妃，妃衔块请死，帝意沮^㊱，乃止。及西幸至马嵬^㊲，陈玄礼等以天下计诛国忠，已死，军不解。帝遣力士问故，曰："祸本尚在！"帝不得已，与妃诀，引而去，缢路祠下，裹尸以紫茵，瘗^㊳道侧，年三十八。

……

武宗贤妃王氏，邯郸人，失其世。年十三，善歌舞，得入宫中。穆宗以赐颍王。性机悟。开成末，王嗣帝位，妃阴为助画，故进号才人，遂有宠。状纤秾，颇类^㊴帝。每畋苑中，才人必从，袍而骑，校服光侈，略同至尊，相与驰出入，观者莫知孰为帝也。帝欲立为后，宰相李德裕曰："才人无子，且家不素显，恐诒^⑩天下议。"乃止。

帝稍惑方士说，欲饵^⑪药长年，后浸不豫^⑫。才人每谓亲近曰："陛下日燎^⑬丹，言我取不死。肤泽消槁，吾独忧之。"俄而疾侵^⑭，才人侍左右。帝熟视曰："吾气奄奄，情虑耗尽，顾与汝辞。"答曰："陛下大福未艾，安语不祥？"帝曰："脱如我言，奈何？"对曰："陛下万岁后，妾得以殉。"帝不复言。及大渐^⑮，才人悉取所常贮散遗宫中，审帝已崩，即自经幄下。当时嫔媛虽常妒才人专上者，返皆义才人，为之感恸。宣宗即位，嘉其节，赠贤妃，葬端陵之柏城。

【注释】

①镬：武士镬。

②毗：赞同。

③嫔御：古代帝王的侍妾、宫女。比丘尼：尼姑。

④廉：考察，查访。

⑤挠：干扰，阻挠。

⑥右：古人以右为尊。在右，即指尊贵，强大。

⑦浸：逐渐。

⑧尚宫：官名，宫中女官。

⑨款结：殷勤地结交。

⑩分遗：分送。

⑪中：合同，合格。这里指用得上的陷害材料。

⑫衾：被子。

⑬阳：表面，假装。

⑭谮媢：说坏话，嫉妒。尔邪：如此邪恶。

⑮訾：诋毁。

⑯厌胜：古代迷信，用诅咒来压服邪魅或压服所痛恨的事物。

⑰沮止：阻止。

⑱怫恚：忿怒，怨恨。

⑲让：指责。

⑳佚：通"逸"，安乐。

㉑伉扈：傲慢，骄横跋扈。

㉒蚤：通"早"。

㉓诒：遗传，留下。

㉔桀：同"杰"。

㉕寻：随着，不久。少：稍微。

㉖饵：诱饵，利诱。歆动：感动，打动。

㉗诘：问。

㉘菟子：打柴的人，樵夫。

㉙禀：供给食宿。

㉚稽若：停留，拖延。

㉛辔策：马缰绳，马鞭。

㉜冶瑑：冶炼雕刻。

㉝擢：提拔。

㉞嗜：特别爱好。

㉟饯：设酒宴送行。

㊱沮：阻止，破坏。

㊲马嵬：地名。

㊳瘗：埋葬。

㊴类：类似，相像。

㊵诒：遗留。

㊶饵：食用。

㊷浸：逐渐。不豫：皇帝有病的讳称。

㊸燎：烧炼。

㊹侵：指疾病逐渐严重。

㊺大渐：病危。

李靖传

御史大夫萧瑀①劾靖持军无律，纵士大惊，散失奇宝。帝召让②之，靖无所辩，顿首谢。帝徐曰："隋史万岁破达头可汗，不赏而诛，朕不然，赦公之罪，录公之功。"乃进左光禄大夫，赐绢千匹，增户至五百。既而曰："向人谮③短公，朕今悟矣。"加赐帛二千匹，迁尚书右仆射。

靖每参议，恂恂④似不能言，以沈厚⑤称。时遣使十六道巡察风俗，以靖为畿内道大使，会足疾，恳乞骸骨。帝遣中书侍郎岑文本谕旨曰："自古富贵而知止者盖少，虽疾顿惫，犹力于进。公今引大体，朕深嘉之。欲成公美，为一代法，不可不听。"乃授检校特进，就第，赐物段千，尚乘马二，禄赐、国官、府佐皆勿废。若疾少间⑥，三日一至门下中书平章政事。加赐灵寿杖。

顷之，吐谷浑寇边。帝谓侍臣曰："靖能复起为帅乎？"靖往见房玄龄，曰："吾虽老，尚堪一行。"帝喜，以为西海道行军大总管，任城王道宗、侯君集、李大亮、李道彦、高甑生五总管兵皆属。军次伏俟城，吐谷浑尽火其莽，退保大非川。诸将议，春草未牙，马弱不可战。靖决策深入，遂逾积石山，大战数十，多所杀获，残其国，国人多降，吐谷浑伏允愁蹙自经死⑦。靖更立大宁王慕容顺而还。甑生军繇盐泽道后期⑧，靖簿责之。既归而憾，与广州长史唐奉义告靖谋反，有司按验无状，甑生等以诬罔论。靖乃阖⑨门自守，宾客亲戚一谢遣。改卫国公。其妻卒，诏坟制如卫、霍故事，筑阙象铁山、积石山，以旌其功，进开府仪同三司。

帝将伐辽，召靖入，谓曰："公南平吴，北破突厥，西定吐谷浑，惟高丽未服，亦有意乎？"对曰："往凭天威，得效尺寸功。今疾虽衰，陛下诚不弃，病且瘳⑩矣。"帝悯其老，不许。

【注释】

①萧瑀：唐初宰相。字时文，今江苏武进人。

②让：指责。

③谮：诬陷，中伤。

④恂恂：恭顺忠厚的样子。

⑤沈厚：稳重忠厚。沈，同"沉"。

⑥间：病痊愈或好转。

⑦愁蹙：忧愁。自经死：上吊，自杀。

⑧繇：同"由"。期：至，到。

⑨阖：关闭。

⑩瘳：病愈。

阎立本传

立本，显庆中以将作大匠代立德为工部尚书。总章元年，自司平太常伯拜右相、博陵县男。初，太宗与侍臣泛舟春苑池，见异鸟容与①波上，悦之，诏坐者赋诗，而召立本俾②状。舍③外传呼画师阎立本，是时已为主爵郎中，俯伏池左，研吮④丹粉，望坐者羞怅流汗。归戒其子曰："吾少读书，文辞不减侪辈⑤，今独以画见名，与厮役等，若曹慎勿习！"然性所好，虽被訾屈⑥，亦不能罢也。既辅政，但以应务俗材，无宰相器。时姜恪以功擢左相，故时人有"左相宣威沙漠，右相驰誉丹青"之嘲。咸亨元年，官复旧名，改中书令。卒，谥曰文贞。

【注释】

①容与：起伏飞翔的样子。

②俾：横拟。

③舍：小门，旁门。

④研：磨，碾。这里指调和颜色。吮：用口含吸。这里指吮笔作画。

⑤侪辈：同辈。

⑥訾屈：呵斥委屈。

虞世南传

世基辞章清劲过世南，而赡博不及也，俱名重当时，故议者方晋二陆。炀帝为晋王，与秦王俊交辟①之。大业中，累至秘书郎。炀帝虽爱其才，然疾峭正，弗甚用，为七品十年不徙。世基佞敏②得君，日贵盛，妻妾被服拟王者，而世南躬贫约，一不改。宇文化及已弑帝，间③杀世基，而世南抱持号诉请代，不能得，自是衣毁骨立。从至聊城，为窦建德所获，署黄门侍郎。秦王灭建德，引为府参军，转记室，迁太子中舍人。王践祚，拜员外散骑侍郎、弘文馆学士。时世南已衰老，屡乞骸骨④，不听，迁太子右庶子，固辞，改秘书监，封永兴县子。

后星孛⑤虚、危，历氐，余百日，帝访群臣。世南曰："昔齐景公时，彗见⑥，公问晏婴，婴曰：'公穿池沼畏不深，起台榭畏不高，行刑罚畏不重，是以天见彗为戒耳。'景公惧而修德，后十六日而灭。臣愿陛下勿以功高而自矜⑦，勿以太平久而自骄，慎终于初，彗虽见，犹未足忧。"帝曰："诚然，吾良无景公之过，但年十八举义兵，二十四平天下，未三十即大位，自谓三王以来，拨乱之言莫吾若，故负而矜之，轻天下士。上天见变，其为是乎？秦始皇除六国，隋炀帝有四海之富，卒以骄败，吾何得不戒邪？"

帝尝作宫体诗，使虞和⑧。世南曰："圣作诚工，然体非雅正。上之所好，下必有甚者，臣恐此诗一传，天下风靡。不敢奉诏。"帝曰："朕试卿耳！"赐帛五十四。帝数出畋⑨猎，世南以为言，皆蒙嘉纳。尝命写《列女传》于屏风，于时无本，世南暗疏⑩之，无一字谬⑪。帝每称其五绝：一曰德行，二曰忠直，三曰博学，四曰文词，五曰书翰⑫。世南始学书于浮屠⑬智永，究其法，为世秘爱。

【注释】

①交：并，都。辟：征召任用，授予官职。

②佞敏：逢迎讨好，奸诈机巧。

③间：更，又。

④乞骸骨：请求尸骨还乡。指退休。

⑤孛：彗星。

⑥彗见：彗星出现。古人认为彗星出现是不吉祥的征兆，预示有灾祸降临。

⑦矜：骄傲，自负。

⑧和：应和，指依照相同的意境、用韵而作诗。

⑨畋：打猎。

⑩疏：雕刻，刻写。

⑪谬：错误。

⑫书翰：书法。翰，毛笔。

⑬浮屠：佛教徒，和尚。

白居易传

四年，天子以旱甚，下诏有所蠲贷①，振除灾沴②。居易见诏节未详，即建言乞尽免江淮两赋，以救流瘠③，且多出宫人。宪宗颇采纳。是时，于頔④入朝，悉以歌舞人内禁中，或言普宁公主取以献，皆硕嬖⑤爱。居易以为不如归之，无令頔得归曲天子。李师道上私钱六百万，为魏徵孙赎故第，居易言："徵任宰相，太宗用殿材成其正寝，后嗣不能守，陛下犹宜以贤者子孙赎而赐之。师道人臣，不宜掠美。"帝从之。河东王锷将加平章事，居易以为："宰相天下具瞻，非有重望显功不可任。按锷诛求⑥百计，不恤雕瘵⑦，所得财号为'羡余'⑧以献。今若假以名器，四方闻之，皆谓陛下得所献，与宰相。诸节度私议曰：'谁不如锷？'争裒割⑨生人以求所欲。与之则纲纪大坏，不与则有厚薄，事一失不可复追。"

俄⑩转中书舍人。田布拜魏博节度使，命持节宣谕，布遗⑪五百缣，诏使受之，辞曰："布父雠⑫国耻未雪，人当以物助之，乃取其财，谊不忍。方谕问旁午⑬，若悉有所赠，则贼未殄⑭，布赀⑮竭矣。"诏听辞饷⑯。

【注释】

①蠲贷：减免。

②灾沴：灾异，灾害。

③瘠：瘦弱，贫病。

④于頔：唐朝宰相。字允元，河南洛阳人。

⑤嬖：宠爱。

⑥诛求：征求，求索。

⑦恤：怜悯，体恤。雕：通"凋"，丧亡，死亡。瘵：疾苦。

⑧羡余：正赋外的无名税收，是唐以来巧取豪夺的杂税。

⑨衰割：苛刻搜刮财物。

⑩俄：不久，很快。

⑪遗：赠送。

⑫雠：同"仇"。

⑬旁午：交错，纷繁。

⑭殄：灭绝。

⑮赀：通"资"，财货。

⑯饷：馈赠。

郭子仪传

子仪事上诚，御下恕，赏罚必信。遭幸臣程元振、鱼朝恩短毁，方时多虞①，握兵处外，然诏至，即日就道，无纤介顾望，故谗间②不行。破吐蕃灵州，而朝恩使人发其父墓，盗未得。子仪自泾阳来朝，中外惧有变，及入见，帝唁③之，即号泣曰："臣久主兵，不能禁士残人之墓，人今发先臣墓，此天谴，非人患也。"朝恩又尝约子修修具④，元载使人告以军容将不利公。其下衷⑤甲愿从，子仪不听，但以家僮十数往。朝恩曰："何车骑之寡？"告以所闻。朝恩泣曰："非公长者，得无致疑乎？"田承嗣傲狠⑥不轨，子仪尝遣使至魏，承嗣西望拜，指其膝谓使者曰："兹膝不屈于人久矣，今为公拜。"李灵耀据汴州，公私财赋一皆遏绝⑦，子仪封币道其境，莫敢留，令持兵卫送。麾下宿将⑧数十，皆王侯贵重，子仪颐指⑨进退，若部曲然。幕府六十余人，后皆为将相显官，其取士得才类如此。与李光弼齐名，而宽厚得人过之。

史部

【注释】

①虞：忧患，战乱。

②谗间：说别人的坏话离间他人。

③唁：同"唁"，哀悼。

④修具：指赴宴。具，指酒肴和食器。

⑤衷：贴身的内衣，引申为穿在里面。

⑥狠：狠毒，残忍。

⑦遏绝：阻拦，扣留。

⑧麾下：部下。宿将：老将。

⑨颐指：以面部表情示意指使人。

颜真卿传

时载多引私党，畏群臣论奏，乃讽①帝曰："群臣奏事，多挟谗毁②。请每论事，皆先白长官，长官以白宰相，宰相详可否以闻。"真卿上疏曰：

诸司长官者，达官也，皆得专达于天子。郎官、御史，陛下腹心耳目之臣也，故出使天下，事无细大得失，皆俾③访察，还以闻。此古明四目、达四聪也。今陛下欲自屏耳目，使不聪明，则天下何望焉？《诗》曰："营营青蝇，止于棘，谗言罔极④，交⑤乱四国。"以其能变白为黑，变黑为白也。诗人疾之，故曰："取彼谗人，投畀⑥豺虎；豺虎不食，投畀有北。"昔夏之伯明，楚之无极，汉之江充，皆谗人也。陛下恶⑦之，宜矣。胡不回神省察？其言虚诬，则谗人也。宜殛⑧之；其言不诬，则正人也，宜奖励之。舍此不为，使众人谓陛下不能省察而倦听览，以是为辞，臣窃惜之。

昔太宗勤劳庶政，其《司门式》曰："无门籍者有急奏，令监司与仗家引对，不得关碍。"防拥蔽也。置立仗马二，须乘者听。此其平治天下也。天宝后，李林甫得君，群臣不先咨宰相辄奏事者，托以他故中伤之，犹不敢明约百司，使先关白。时阉人袁思艺日宣诏至中书，天子动静，必告林甫，林甫得以先意奏请，帝惊喜若神，故权宠日甚，道路以目。上意不下宣，下情不上达，此权臣蔽主，不遵太宗之法也。陵夷至于今，天下之敝皆萃⑨陛下，其所从来渐矣。自艰难之初，百姓尚未凋竭⑩，太平之治犹可致，而李辅国当权，宰相用事，递为姑息。开三司，诛反侧⑪，使余贼溃将北走党项，哀⑫啸不逞，更相惊恐，思明危惧，相铦⑬而反，东都陷没，先帝由是忧勤损寿。臣每思之，痛贯心骨。

今天下疮痏⑭未平，干戈日滋，陛下岂得不博闻说⑮言，以广视听，而塞绝忠谏乎？陛下在陕时，奏事者不限贵贱，君臣以为太宗之治可跂⑯

而待。且群子难进易退，朝廷开不讳之路，犹恐不言，况怀厌怠，令宰相宣进止，御史台作条目，不得直进，从此人不奏事矣。陛下闻见，止于数人耳目，天下之士，方钳口^⑰结舌，陛下便谓无事可论，岂知惧而不敢进，即林甫、国忠复起矣，臣谓今日之事，旷古未有，虽林甫、国忠犹不敢公为之。陛下不早觉悟，渐成孤立，后悔无及矣。

杨炎当国，以直不容，换太子少师，然犹领使。及卢杞，益不喜，改太子太师，并使罢之，数遣人问方镇所便，将出之。真卿往见杞，辞曰："先中丞传首平原，面流血，吾不敢以衣拭，亲舌舐之，公忍不见容乎？"杞矍然^⑱下拜，而衔恨切骨。

李希烈陷汝州，杞乃建遣真卿："四方所信，若往谕之，可不劳师而定。"诏可，公卿皆失色。李勉以为失一元老，贻^⑲朝廷羞，密表固留。至河南，河南尹郑叔则以希烈反状明，劝不行，答曰："君命可避乎？"既见希烈，宣诏旨，希烈养子千余拔刃争进，诸侯皆慢骂，将食之，真卿色不变。希烈以身捍^⑳，麾^㉑其众退，乃就馆，逼使上书雪己，真卿不从。乃诈遣真卿兄子岘与从吏数辈继请，德宗不报。真卿每与诸子书，但戒严奉家庙，恤诸孤，讫^㉒无它语。希烈遣李元平说之，真卿叱曰："尔受国委任，不能致命，顾吾无兵戮汝，尚说我邪？"希烈大会其党，召真卿，使倡优斥侮朝廷，真卿怒曰："公，人臣，奈何如是！"拂衣去。希烈大惭。时朱滔、王武俊、田悦、李纳使者皆在坐，谓希烈曰："闻太师名德久矣，公欲建大号而太师至，求宰相孰先太师者？"真卿叱曰："若等闻颜常山否？吾兄也，禄山反，首举义师，后虽被执，诟^㉓贼不绝于口。吾年且八十，官太师，吾守吾节，死而后已，岂受若等胁邪！"诸贼失色。

希烈乃拘真卿，守以甲士，掘方丈坎^㉔于廷，传将坑之，真卿见希烈曰："死生分^㉕矣，何多为？"张伯仪败，希烈令赍^㉖旌节首级示真卿，真卿恸哭投地。会其党周曾、康秀林等谋袭希烈，奉真卿为帅，事泄，曾死，乃拘送真卿蔡州。真卿度必死，乃作遗表、墓志、祭文，指寝室西壁下曰："此吾殡所也。"希烈僭^㉗称帝，使问仪式，对曰："老夫耄^㉘矣，曾掌国礼，所记诸侯朝觐^㉙耳！"

兴元后，王师复振，贼虑变，遣将辛景臻、安华至其所，积薪于廷曰：

"不能屈节，当焚死。"真卿起赴火，景臻等遽[30]止之。希烈弟希倩坐[31]朱砒诛，希烈因发怒，使阉奴等害真卿，曰："有诏。"真卿再拜。奴曰："宜赐卿死。"曰："老臣无状，罪当死，然使人何日长安来？"奴曰："从大梁来。"骂曰："乃逆贼耳，何诏云！"遂缢[32]杀之，年七十六，嗣曹王皋闻之，泣下，三军皆恸[33]，因表其大节。

【注释】

①诒：欺骗。

②谗毁：说坏话，诋毁。

③俾：使。

④罔极：无穷尽，无边极。

⑤交：皆，都。

⑥畀：给予。

⑦恶：憎恨，讨厌。

⑧殛：杀。

⑨萃：聚集。

⑩凋竭：衰落，枯竭。

⑪反侧：反复无常。

⑫裒：取集。

⑬铸：引发，引起。

⑭痏：疮。

⑮谠：正直的话。

⑯辟：通"企"，企望，希望。

⑰钳口：闭口。

⑱矍然：惊惶的样子。

⑲贻：遗留，留下。

⑳捍：护卫。遮挡。

㉑麾：通"挥"，指挥。

㉒讫：竟然，始终。

㉓诟：痛骂，辱骂。

㉔坎：坑，井。

㉕分：天命，运数。

㉖赍：怀着，携带。

㉗僭：超越本分，冒用。

㉘耄：年老。八十、九十曰耄。

㉙朝觐：诸侯朝见天子。

㉚遽：疾速，迅速。

㉛坐：获罪。

㉜缢：吊死，勒死。

㉝恸：极悲哀痛哭。

李白传

十岁通诗书，既长，隐岷山。州举有道，不应。苏颋为益州长史，见白异之，曰："是子天才英特，少益以学，可比相如。"然喜纵横术，击剑，为任侠，轻财重施。更客任城，与孔巢父、韩准、裴政、张叔明、陶沔①居徂来山，日沉饮，号"竹溪六逸"。

天宝初，南入会稽，与吴筠善，筠被召，故白亦至长安。往见贺知章，知章见其文，叹曰："子，谪仙人也！"言于玄宗，召见金銮殿，论当世事，奏颂一篇。帝赐食，亲为调羹，有诏供奉翰林。白犹与饮徒醉于市。帝坐沉香子亭，意有所感，欲得白为乐章，召入，而白已醉，左右以水②腊面，稍解，授笔成文，婉丽精切，无留思。帝爱其才，数宴见。白尝侍帝，醉，使高力士脱靴。力士素贵，耻之，摘③其诗以激杨贵妃，帝欲官白，妃辄沮④止。白自知不为亲近所容，益骜放不自修，与知章、李适之、汝阳王琎、崔宗之、苏晋、张旭、焦遂为"酒八仙人"。恳求还山，帝赐金放还。白浮游四方，尝乘月与崔宗之自采石至金陵，著宫锦袍坐舟中，旁若无人。

安禄山反，转侧宿松、匡庐间，永王璘辟为府僚佐。璘起兵，逃还彭泽；璘败，当诛。初，白游并州，见郭子仪，奇之。子仪尝犯法，白为救免。至是子仪请解官以赎，有诏长流夜郎。会赦，还寻阳，坐事下狱。时宋若思将吴兵三千赴河南，道寻阳，释囚辟为参谋，未几辞职。李阳冰为当涂令，白依之。代宗立，以左拾遗召，而白已卒，年六十余。

【注释】

①沔：这里作人名。徂来山：山名。

②腼：洗脸。

③擿：挑剔，挑拨。

④沮：阻止。

来俊臣传

来俊臣，京兆万年人。父操，博①徒也，与里人蔡本善。本负博数十万不能偿，操因纳其妻，先已娠而生俊臣，冒其姓。

天资残忍，喜反覆，不事产。客和州为奸盗，捕送狱，狱中上变，刺史东平王续按讯无状，杖之百。天授中，续以罪诛，俊臣上书得召见，自陈前上琅邪王冲反状，为续所抑②。武后以后谅③，擢累侍御史，按诏狱，数称旨。后阴纵其惨，胁制群臣，前后夷④千余族。生平有纤介，皆入于死。拜左御史中丞，中外累息⑤，至以目语。

俊臣乃引侯思止、王弘义、郭弘霸、李仁敬、康暐、卫遂忠等，阴啸⑥不逞百辈，使飞语诬蔑公卿，上急变，每擿⑦一事，千里同时辄发，契验⑧不差，时号为"罗织"，牒⑨左署曰："请付来俊臣或侯思止推实必得。"后信之，诏于丽景门别置狱，敕俊臣等颛⑩按事，百不一贷⑪。弘义戏谓丽景门为"例竟"，谓入者例皆尽也。俊臣与其属朱南山、万国俊作《罗织经》一篇，具为支脉纲由，咸有首末，按以从事。俊臣鞫⑫囚，不问轻重皆注醯⑬于鼻，掘地为牢，或寝以腌匽溺⑭，或绝其粮，囚至啮衣絮以食⑮，大抵非死终不得出。每赦令下，必先杀重囚乃宣诏。又作大枷，各为号：一、定百脉，二、喘不得，三、突地吼，四、著即臣，五、失魂胆，六、实同反，七、反是实，八、死猪愁，九、求即死，十、求破家。后以铁为冒头⑯，被枷者宛转⑰地上，少选⑱而绝。凡囚至，先布械于前示囚，莫不震惧，皆自诬服。

俊臣知群臣不敢斥己，乃有异图，常自比石勒，欲告皇嗣及庐陵王与南北衙谋反，因得骋志。遂忠发其谋。初，俊臣屡掎摭[19]诸武、太平公主、张昌宗等过咎[20]，后不发。至是诸武怨，共证其罪。有诏斩于西市，年四十七，人皆相庆，曰："今得背著床暝矣！"争抉[21]目、擿[22]肝、醯[23]其肉，须臾尽，以马践其骨，无子余[24]，家属籍没。

方俊臣用事，托天官[25]得选者二百余员，及败，有司自首，后责之，对曰："臣乱陛下法，身受戮；忤俊臣，覆臣家。"后赦其罪。

【注释】

①博：赌博。

②抑：压抑，压制。

③谅：实，确实。

④夷：削平，诛除。

⑤累息：屏息。因恐惧或紧张而不敢呼吸。

⑥啸：啸集，招集。

⑦擿：揭发。

⑧契验：契合，应验。

⑨牒：公文。

⑩颛：独一，专擅。

⑪贷：宽免。

⑫鞫：审问。

⑬醯：醋。

⑭匽溺：排泄屎尿污物的沟渠。

⑮啮：啃，咬。

⑯冒头：盖头，顶端。

⑰宛转：滚动，打滚。

⑱少：稍微。选：选间，片刻，一会儿。

⑲掎摭：指责。

⑳咎：罪过，过失。

㉑抉：挖出。

㉒擿：挑开，剖开。

㉓醢：剁成肉酱。

㉔孑余：残存，剩余。

㉕天官：指吏部长官。

黄巢传

当是时，巢已陷东都，留守刘允章以百官迎贼，巢入，劳问而已，里闾晏然①。帝饯令孜章信门，赍遗②丰优。然卫兵皆长安高赀③，世籍两军，得廪赐④，侈服怒马以诧⑤权豪，初不知战，闻料选，皆哭于家，阴出赀雇贩区病坊以备行阵，不能持兵，观者寒毛以苶。承范以强弩三千防关，辞曰："禄山远率兵五万陷东都，今贼众六十万，过禄山甚，恐不足守。"帝不许。贼进取陕、虢⑥，檄关戍曰⑦："吾道淮南，逐高骈，如鼠走穴，尔无拒我！"神策兵过华，裹三日粮⑧，不能饱，无斗志。

十二月，巢攻关，齐克让以其军战关外，贼少却。俄而巢至，师大呼，川谷皆震。时士饥甚，潜烧克让营，克让走入关。承范出金谕军中曰："诸君勉报国，救且至。"士感泣，拒战。贼见师不继，急攻关，王师矢尽，飞石以射，巢驱民内堑，火关楼皆尽。始，关左有大谷，禁行上，号"禁谷"。贼至，令孜屯关，而忘谷之可入。尚让引众趋谷，承范惶遽，使师会以劲弩八百邀之，比至，而贼已入。明日，夹攻关，王师溃。师会欲自杀，承范曰："吾二人死，孰当辨者？不如见天子以实闻，死未晚。"乃羸服⑨逃。始，博野、凤翔军过渭桥，见募军服鲜燠⑩，怒曰："是等何功，遽然至是！"更为贼乡导，前贼归，焚西市。帝类郊祈哀。会承范至，具言不守状，帝黜宰相卢携。方朝，而传言贼至，百官奔，令孜以神策兵五百奉帝趋咸阳，惟福、穆、潭、寿四王与妃御一二从，中人西门匡范统右军以殿。

巢以尚让为平唐大将军。盖洪、费全古副之。贼众皆被发锦衣，大抵辎重⑪自东都抵京师，千里相属⑫。金吾大将军张直方与群臣迎贼灞上，巢乘黄金舆，卫者皆绣袍、华帻⑬，其党乘铜舆以从，骑士凡数十万先后之。陷京师，入自春明门，升太极殿，宫女数千迎拜，称黄王。巢喜曰："殆⑭

天意欤！"巢舍田令孜第。贼见穷民，抵金帛与之。尚让即妄晓人曰："黄王非如唐家不惜而⑮辈，各安毋恐。"甫数日，因大掠，缚箠⑯居人索财，号"淘物"。富家皆跣⑰而驱，贼酋⑱阅甲第以处，争取人妻女乱之，捕得官吏悉斩之，庐舍不可赀⑲，宗室侯王屠之无类⑳矣。

【注释】

①晏然：安宁的样子。

②赉遗：赏赐，赐予。

③高赀：富豪人家。赀，财货。

④禀赐：赏赐，赐予。

⑤怒马：健壮神骏的马。诧，夸耀。

⑥虢：地名。

⑦檄：文书，公告。

⑧裹：包裹，携带。

⑨赢服：破旧的衣服，贫贱人穿的衣服。

⑩燠：暖和，热。

⑪辎重：行军时由运输部队携带的物质。

⑫属：连接，连续。

⑬帻：头巾。

⑭殆：大概。

⑮而：你，你们。

⑯箠：鞭打。

⑰跣：光着脚。

⑱酋：头目，将帅。

⑲赀：计量。

⑳无类：没有种类，指无一幸存。

《旧五代史》精华

【著录】

《旧五代史》一百五十卷，目录二卷，系宋代薛居正等奉敕所撰。《旧五代史》原称《五代史》或《梁唐晋汉周书》，修于宋太祖开宝六年（973）四月至七年（974）闰十月，由薛居正监修，卢多逊、扈蒙、张澹、李昉等同修。后欧阳修《五代史记》出，称为《新五代史》，薛史则称为《旧五代史》。《旧五代史》编撰的时候，北宋王朝建立不久，统一战争还在进行，故北宋王朝仍面临着巩固和发展统一的重大任务。为此宋太祖赵匡胤十分重视阅读、编撰历史书籍，从中吸取经验教训，以利于巩固宋王朝的统一。主持这一工作的薛居正（912～981）是后唐进士，后晋、后汉、后周时历官至刑部侍郎。宋初任门下侍郎平章事、司空等职时，能"修正文事以副上意""自参政至为相，凡十八年，恩遇始终不替。"他负责编撰的《旧五代史》，基本上体现了宋初统治者的立场和政治要求，也提出了不少进步的历史观点。在取材方面，基本上取材于五代时人所修的各种实录，而且参加编撰的人大都亲身经历过五代的历史场面，见闻较近，因此记事首尾完备，也保存了比较丰富的原始资料。相反，欧阳修的《新五代史》删去了许多应当保留的重要史料，因此两者可以相互补充。但《旧五代史》也存在着许多缺点，如材料芜杂、概括力差、观点不统一等。另外，有些论述，完全违反历史事实，表明编撰者带有明显的时代烙印。在北宋时期，《新五代史》刊行后，两史并行，后旧史渐废。金章宗泰和七年（1207）规定"削去薛居正《五代史》，止用欧阳修所撰。"到了元代，《旧五代史》就逐渐不行于世。清乾隆中开四库馆时，未能找到原本。馆臣邵晋涵等就从《永乐大典》中辑录排纂，再用《册府元龟》《资治通鉴考异》等书引用的《旧五代史》材料作补充，大致恢复了原来面貌的十分之七八。同时还从其他史籍、类书、宋人说部、文集、五代碑碣等数十种典籍中辑录了有关的资料，作为考异附注，与今辑本《旧五代史》正文相互补充印证，在不少方面丰富了原本的内容。今辑本《旧五代史》作为《四库全书》之一，于乾隆四十年（1775）编成缮写进呈，标明原文辑录出处、补充和考证史实的注文附在有关正文之下，部分文字考订则另附黄色粘签。1921年南昌熊氏曾影印出版（简称"影库本"）。后来又有乾隆四十九年（1784）缮写的文津阁《四库全书》本和武英殿刊本（简称"殿本"），补充史实的注文仍附于正文之下，文字、史实考订则作为"考证"附于卷末，文字颇有改动，内容也有不少增删，并删去了辑文的出处。现存的《旧五代史》一般刊本及石印本都是根据殿本翻印的。此外，还有乾隆时期孔荭谷的校抄本（简称"孔本"，现仅看到章钰过录本）、彭元瑞校抄本（简称"彭本"）及抱经楼卢氏抄本（简称"卢本"），它们都以保存辑文出处为贵，内容大致和影印四库本相同。其中孔本是根据较早的辑录稿本抄写的，未改的清朝忌讳字较多，并保存了后来编定本删去的数十条注文。至于1925年的嘉业堂刊本（简称"刘本"），则以卢本为底本，再根据殿本作了大量校补，体例比较杂。商务印书馆《百衲本二十四史》中的《旧五代史》，就是根据刘本影印的。

罗隐传

罗隐，余杭人。诗名于天下，尤长于咏史，然多所讥讽，以故不中第，大为唐宰相郑畋、李蔚所知。隐虽负文称，然貌古而陋。畋女幼有文性，尝览隐诗卷，讽诵[1]不已，畋疑其女有慕才之意。一日，隐至第，郑女垂帘而窥[2]之，自是绝不咏其诗。

【注释】

①讽诵：背诵，朗诵。

②窥：暗中察看。

唐庄宗纪

庄宗以雄图而起河、汾，以力战而平汴、洛，家雠①既雪，国祚②中兴，虽少康之嗣③夏配天，光武之膺图④受命，亦无以加也。然得之孔⑤劳，失之何速？岂不以骄于骤胜，逸于居安，忘栉沐⑥之艰难，徇⑦色禽之荒乐。外则伶人⑧乱政，内则牝鸡司晨⑨。靳⑩吝货财，激六师之愤怨；征搜舆赋，竭万姓之脂膏。大臣无罪以获诛，众口吞声而避祸。夫有一于此，未或不亡，矧⑪咸有之，不亡何待！静而思之，足以为万代之炯戒⑫也。

【注释】

①雠：同"仇"。

②祚：皇位。

③嗣：继承，接续。

④膺图：指当受瑞应之图。

⑤孔：很，甚。

⑥栉沐：栉风沐雨。指不避风雨，奔波劳苦。

⑦徇：放纵，沉溺。

⑧伶人：宫廷乐工。

⑨牝鸡司晨：母鸡报晓。指女人专权。

⑩靳：吝惜。

⑪矧：况且。咸：皆，都。

⑫炯戒：明白的鉴戒。

张希崇传

希崇素朴厚，尤嗜书，莅事①之余，手不释卷，不好酒乐，不蓄②姬仆，祁寒盛暑，必俨③其衣冠，厮养之辈，未尝闻亵慢之言。事母至谨，每食必侍立，俟④盥漱毕方退，物议高之。性虽仁恕，或遇奸恶，则嫉之若仇。

在邠州⑤日，有民与郭氏为义子⑥，自孩提以至成人，因乖戾⑦不受训，遣之。郭氏夫妇相次俱死。郭氏有嫡子⑧，已长，时郭氏诸亲与义子相约，云是亲子，欲分其财物，助而讼⑨之，前后数政不能理，遂成疑狱。希崇览其诉，判云："父在已离，母死不至。止称假子⑩，孤⑪二十年抚养之恩；傥⑫曰亲儿，犯三千条悖逆⑬之罪。颇为伤害名教，安敢理认田园？其生涯并付亲子，所讼人与朋奸者，委法官以律定刑。"闻者服其明。

【注释】

①莅事：到官府办事。

②蓄：养。

③俨：庄重，整齐。

④俟：等待。

⑤邠州：地名。

⑥义子：指抱养的儿子。

⑦乖戾：忤逆，不和睦。

⑧嫡子：指亲生儿子。

⑨讼：诉讼案件，打官司。

⑩止：仅，只。假子：指养子。

⑪孤：辜负，有负。

⑫傥：倘若，假若。

⑬悖逆：忤逆，不孝顺。

《新五代史》精华

【著录】

　　《新五代史》为北宋大文学家欧阳修（1007～1072）撰修的一部纪传体断代史。自公元907年朱温篡唐建梁，到公元960年赵匡胤代周建宋，五十多年间，中原一带相继出现了后梁、后唐、后晋、后汉、后周五个朝代，史称"五代"。与此同时，南北各地又先后出现了十个割据政权，史称"十国"。是"安史之乱"后，藩镇割据局面的延续和扩大，史称五代十国。实际上，五代史分《旧五代史》《新五代史》。其中《旧五代史》是北宋立国之初，太祖令宰相薛居正主持编撰的，当时即称《五代史》，也叫《梁唐晋汉周书》。半个多世纪后，欧阳修认为《五代史》一书未能完全达到褒善贬恶，却有繁猥失实之处，并希望通过修史为巩固封建统治服务，于是以尊孔崇儒的思想为指导，仿《春秋》"褒贬义例"，历十七八年私家修成《五代史记》，包括本纪十二卷、列传四十五卷、考三卷、世家及世家年谱十一卷、四夷附录三卷，凡七十四卷。后世学者为了区别于薛居正的《五代史》，称前者为《旧五代史》，欧史为《新五代史》。本书各篇即选自《新五代史》。新旧《五代史》一般指上起梁开年（907）朱全忠灭唐，下至周世宗显得七年（960）宋太祖代后周称帝止，五十四年间五代十国的历史。《旧五代史》上溯到唐僖宗乾符二年（875），实际记载共约八十五年的历史。

　　在编排体例方面，《新五代史》改变了《旧五代史》的编撰方法。《旧五代史》分《梁书》《唐书》等，一朝一史，各成体系，《新五代史》则打破朝代的界限，把五朝的本纪、列传综合一起，依时间的先后进行编排；《旧五代史》不分类编排列传，《新五代史》则分为各朝的《家人传》《死节传》《杂臣传》等。

以史料学视之，欧阳修之前，有关五代十国史事的撰述，已十分丰富，仅欧阳修撰写《新五代史》参考的著述已达八百卷，其中有些史料已做过考证、剪裁，较有条理，为欧阳修撰写《新五代史》提供了得天独厚的条件。《新五代史》据此补充了《旧五代史》之缺漏史料，订正《旧五代史》中错谬，同《旧五代史》可以互补，俱为研究五代十国史事的主要参考书。唯《新五代史》亦删节舍弃许多有用之原始资料，又由于仿《春秋》寓褒贬于叙述史事之中，以及文字过于追求简略，致晦涩难通是为不足。

欧阳修的史学思想具有鲜明的时代特征。他把五代分裂割据，归结为封建道德的败坏，提出"道德仁义，所以为治"，固然失于偏颇，但他主张"天意即人意"，反对谶纬，跳出过去史家一切归之于天命的圈子，将盛衰原因归结于人事，是一个了不起的进步；他还注意坚持"不没其实，不惑传注"的客观态度，亦其史学思想之光辉。欧史义例谨严，文笔简洁有力，恢复和创新了表谱，议论不苟前史，实为不可多得的一部优秀史书。

梁本纪论

呜呼，天下之恶梁久矣！自后唐以来，皆以为伪也。至予论次五代，独不伪梁，而议者或讥予大失《春秋》之旨。以谓："梁负大恶，当加诛绝，而反进之，是奖篡也，非《春秋》之志也。"予应之曰："是《春秋》之志尔。鲁桓公弑隐公而自立，宣公弑子赤而自立[①]者，郑厉公逐世子忽[②]而自立者，卫公孙剽逐其君衎[③]而自立者，圣人于《春秋》，皆不绝其为君。此余所以不伪梁者，用《春秋》之法也。""然则《春秋》亦奖篡乎？"曰："惟不绝四者之为君，于此见《春秋》之意也。圣人之于《春秋》，用意深，故能劝戒切，为言信，然后善恶明。夫欲著其罪于后世，在乎不没其实。其实尝为君矣，书其为君。其实篡也，书其篡。各传其实，而使后世信之，则四君之罪，不可得而掩尔。使为君者不得掩其恶，然后人知恶名不可逃，则为恶者庶乎其息矣。是谓用意深而劝戒切，为言信而善恶明也。桀、纣不待贬其王，而万世所共恶者也。《春秋》于大恶之君不诛绝之者，不害其褒善贬恶之旨也，惟不没其实以著其罪，而信乎后世，与其为君而不得掩其恶，以息人之为恶。能知《春秋》之此意，然后知予不伪梁之旨也。"

【注释】

①宣公弑子赤而自立：鲁宣公，文公庶子，名倭，私事襄仲，襄仲请于齐惠公，杀文公嫡子恶及视，而立公。

②郑厉公逐世子忽：厉公，庄公次子，名突。母为宋雍氏女，雍氏有庞于宋，故宋执祭仲使逐公子忽而立公。

③公孙剽逐其君衎：剽，穆公孙，字子叔。

周德威传

周德威，字镇远，朔州马邑①人也。为人勇而多智，能望尘以知敌数。其状貌雄伟，笑不改容，人见之，凛如也。事晋王为骑将，稍迁铁林军使，从破王行瑜②，以功迁内衙指挥使。其小字阳五，当梁、晋之际，周阳五之勇闻天下。

梁军围晋太原，令军中曰："能生得周阳五者为刺史。"有骁将陈章者，号陈野义，常乘白马披朱甲以自异，出入阵中，求周阳五，欲必生致之。晋王戒德威曰："陈野义欲得汝以求刺史，见白马朱甲者，宜善备之。"德威笑曰："陈章好大言耳，安知刺史非臣作耶？"因戒其部兵曰："见白马朱甲者，当佯走以避之。"两军皆阵，德威微服杂卒伍中。陈章出挑战，兵始交，德威部下见白马朱甲者，因退走。章果奋矍急追之，德威伺章已过，挥铁锤击之，中章堕马，遂生擒之。

梁攻燕，晋遣德威将五万人为燕攻梁，取潞州③，迁代州刺史、内外蕃汉马步军都指挥使。梁军舍燕攻潞，围以夹城。潞州守将李嗣昭④闭城拒守，而德威与梁军相持于外逾年。嗣昭与德威素有隙，晋王病且革，语庄宗曰："梁军围潞，而德威与嗣昭有隙，吾甚忧之。"王丧在殡，庄宗新立，杀其叔父克宁，国中未定，而晋之重兵悉属德威于外，晋人皆恐。庄宗使人以丧及克宁之难告德威，且召其军。德威闻命，即日还军太原，留其兵城外，徒步而入，伏梓宫前，恸哭几绝，晋人乃安。遂从庄宗复击梁军，破夹城，与李嗣昭欢如初。以破夹城功，拜振武节度使、同中书门下平章事。

天祐七年秋，梁遣王景仁⑤将魏、滑、汴、宋等兵七万人击赵。赵王王镕⑥乞师于晋，晋遣德威先屯赵州。冬，梁军至于柏乡⑦，赵人告急。庄宗自将出赞皇⑧，会德威于石桥，进距柏乡五里，营于野河北。晋兵少，而景仁所将神威、龙骧、拱宸等军，皆梁精兵，人马铠甲饰以组绣金银，其光耀日，晋军望之色动。德威勉其众曰："此汴、宋佣贩儿，徒饰其外耳，其中不足惧也！其一甲之直数十千，得之适足为吾资，无徒望而爱之，当勉以往取也。"退而告庄宗曰："梁兵甚锐，未可与争，宜少退以待之。"庄宗曰："吾提孤军出千里，其利速战。今不乘势急击之，使敌知吾之众寡，则吾无所施矣。"德威曰："不然，赵人能守城而不能野战。吾之取胜利在骑兵，平川广野，骑兵之所长也。今吾军于河上，迫贼营门，非吾用长之地也。"庄宗不悦，退卧帐中，诸将无敢入见。德威谓监军张承业曰："王怒老兵。不速战者，非怯也。且吾兵少而临贼营门，所恃者一水隔耳。使梁得舟筏渡河，吾无类矣。不如退军鄗⑨邑，诱敌出营，扰而劳之，可以策胜也。"承业入言曰："德威老将知兵，愿无忽其言。"庄宗遽起曰："吾方思之耳。"已而德威获梁游兵，问景仁何为，曰："治舟数百，将以为浮梁。"德威引与俱见，庄宗笑曰："果如公所料。"乃退军鄗邑。德威晨遣三百骑叩梁营挑战，自以劲兵三千继之。景仁怒，悉其军以出，与德威转斗数十里，至于鄗南。两军皆阵，梁军横亘六七里，汴、宋之军居西，魏、滑之军居东。庄宗策马登高，望而喜曰："平原浅草，可前可却，真吾之胜地！"乃使人告德威曰："吾当为公先，公可继进。"德威持马谏曰："梁军轻出而远来，与吾转战，其来必不暇赍粮糗，纵其能赍，亦不暇食，不及日午，人马俱饥，因其将退而击之，胜。"诸将亦皆以为然。至未申时，梁军东偏尘起，德威鼓噪而进，麾其西偏曰："魏、滑军走矣！"又麾其东偏曰："梁军走矣！"梁阵动，不可复整。乃皆走，遂大败。自鄗追至于柏乡，横尸数十里，景仁以千余骑仅而免。自梁与晋争凡数十战，其大败未尝如此。

刘守光⑩僭号于燕，晋遣德威将兵三万出飞狐⑪以击之。德威入祁沟关，取涿州，遂围守光于幽州，破其外城，守光闭门距守。而晋军尽下燕诸州县，独幽州不下，围之逾年乃破之，以功拜卢龙军节度使。

德威虽为大将，而常身与士卒驰骋于矢石之间。守光骁将单廷珪，望见德威于阵，曰："此周阳五也。"乃挺枪驰骑追之。德威佯走，度廷珪垂及，侧身少却，廷珪马方驰，不可止，纵其少过，奋槌击之，廷珪坠马，遂见擒。

庄宗与刘𬭚⑫相持于魏，𬭚夜潜军出黄泽关以袭太原，德威自幽州以千骑入土门以蹑之。𬭚至乐平⑬，遇雨不得进而还，德威与𬭚俱东，争趋临清。临清有积粟，且晋军饷道也，德威先驰据之，以故庄宗卒能困𬭚军而败之。

庄宗勇而好战，尤锐于见敌。德威老将，常务持重以挫人之锋，故其用兵，常伺敌之隙以取胜。十五年，德威将燕兵三万人与镇、定等军从庄宗于河上，自麻家渡进军临濮，以趋汴州。军宿胡柳陂⑭，黎明，候骑报曰："梁军至矣。"庄宗问战于德威，德威对曰："此去汴州，信宿而近，梁军父母妻子皆在其中，而梁人家国系此一举。吾以深入之兵，当其必死之战，可以计胜，而难与力争也。且吾军先至此，粮爨具而营栅完，是谓以逸待劳之师也。王宜按军无动，而臣请以骑军扰之，使其营栅不得成，樵爨不暇给，因其劳乏而乘之，可以胜也。"庄宗曰："吾军河上，终日俟敌，今见敌不击，复何为乎？"顾李存审曰："公以辎重先，吾为公殿。"遽督军而出。德威谓其子曰："吾不知死所矣！"前遇梁军而阵，王军居中，镇、定之军居左，德威之军居右，而辎重次右之西。兵已接，庄宗率银枪军驰入梁阵，梁军小败，犯晋辎重，辎重见梁朱旗，皆惊走入德威军。德威军乱，梁军乘之，德威父子皆战死。庄宗与诸将相持而哭曰："吾不听老将之言，而使其父子至此！"庄宗即位，赠德威太师。明宗时，加赠太尉，配享庄宗庙。晋高祖追封德威燕王。子光辅，官至刺史。

【注释】

①马邑：县名，故城在今山西朔县西北。

②王行瑜：与李茂贞等凭兵跋扈，李克用讨伐他，行瑜悉族奔庆州（今甘肃庆阳），为麾下所杀。

③潞州：今山西长治县。

④李嗣昭：太谷（今属山西）人，本姓韩。太祖出猎至其家，取以为子，为内衙指挥使，数立战功。

⑤王景仁：后梁合肥人。少从杨行密起淮南，为将骁勇刚悍，质略无威仪。尝破梁军，驰驱疾战，战酣退坐，召诸将饮，已而复战。后归太祖，官终淮南招讨使。

⑥王镕：后唐景崇子，袭镇州节度使。初事梁，后事庄宗，仁而不武，寻为部下所杀。

⑦柏乡：今河北省柏乡县。

⑧赞皇：即今河北省赞皇县。

⑨鄗：今河北柏乡县地。

⑩刘守光：后梁仁恭子。乾化初，自称燕帝，改元应天。周德威打败他，南走沧州，为晋所获，斩于太原。

⑪飞狐：县名，今河北涞源县。

⑫刘䫃：后梁安丘（即今山东安丘市）人。太祖时，累迁左龙武统军。末帝初，领镇南军节度使，与唐庄宗战，大败。

⑬乐平：县名，今山西昔阳县。

⑭胡柳陂：地名，在山东濮县西南，亦名黄柳陂。

死节传　王彦章

王彦章，字子明，郓州寿张①人也。少为军卒，事梁太祖，为开封府押衙、左亲从指挥使、行营先锋马军使。末帝即位，迁濮州刺史，又徙澶州刺史。彦章为人骁勇有力，能跣足履棘行百步。持一铁枪，骑而驰突，奋疾如飞，而他人莫能举也，军中号王铁枪。

梁、晋争天下为劲敌，独彦章心常轻晋王，谓人曰："亚次②斗鸡小儿耳，何足惧哉！"梁分魏、相六州为两镇，惧魏军不从，遣彦章将五百骑入魏，屯金波亭③以虞变。魏军果乱，夜攻彦章。彦章南走，魏人降晋。晋军攻破澶州，虏彦章妻子归之太原，赐以第宅，供给甚备，间遣使者招彦章，彦章斩其使者以自绝。然晋人畏彦章之在梁也，必欲招致之，待其妻子愈厚。

自梁失魏、博④，与晋夹河而军，彦章常为先锋。迁汝、郑二州防御使、匡国军节度使、北面行营副招讨使，又徙宣义军节度使。是时，晋已尽有河北，以铁锁断德胜口⑤，筑河南、北为两城，号"夹寨"。而梁末帝昏乱，小人赵岩⑥、张汉杰等用事，大臣宿将多被逸间。彦章虽为招讨副使，而谋不见用。龙德三年夏，晋取郓州⑦，梁人大恐。宰相敬翔⑧顾事急，以绳内靴中，入见末帝，泣曰："先帝取天下，不以臣为不肖，所谋无不用。今强敌未灭，陛下弃忽臣言，臣身不用，不如死！"乃引绳将自经。末帝使人止之，问所欲言。翔曰："事急矣，非彦章不可！"末帝乃召彦章为招付使，以段凝⑨为副。末帝问破敌之期，彦章对曰："三日。"左右皆失笑。

彦章受命而出，驰两日至滑州，置酒大会，阴遣人具舟于杨村，命甲士六百人皆持巨斧，载冶者，具鞴炭，乘流而下，彦章会饮，酒半，佯起更衣，引精兵数千沿河以趋德胜，舟兵举锁烧断之，因以巨斧斩浮桥，而彦章引兵急击南城，浮桥断，南城遂破，盖三日矣。是时庄宗在魏，以朱守殷守夹寨，闻彦章为招讨使，惊曰："彦章骁勇，吾尝避其锋，非守殷敌也。然彦章兵少，利于速战，必急攻我南城。"即驰骑救之，行二十里，而得夹寨报者曰："彦章兵已至。"比至，而南城破矣。庄宗彻北城为筏，下杨刘⑩，与彦章俱浮于河，各行一岸，每舟抃相及辄战，一日数十接。彦章至杨刘，攻之几下。

晋人筑垒博州东岸，彦章引兵攻之，不克，还击杨刘，战败。

是时，段凝已有异志，与赵岩、张汉杰交通。彦章素刚，愤梁日削，而嫉岩等所为，尝谓人曰："俟吾破贼还，诛奸臣以谢天下。"岩等闻之惧，与凝叶力倾之。其破南城也，彦章与凝各为捷书以闻。凝遣人告岩等匿彦章书而上己书，末帝初疑其事，已而使者至军，独赐劳凝，而不及彦章，军士皆失色。及杨刘之败也，凝乃上书言："彦章使酒轻敌而至于败。"赵岩等从中日夜毁之，乃罢彦章，以凝为招讨使。彦章驰至京师入见，以笏画地，自陈胜败之迹。岩等讽有司劾彦章不恭，勒还弟。

唐兵攻兖州，末帝召彦章使守捉东路。是时，梁之胜兵皆属段凝，京师只有保銮五百骑，皆新募之兵，不可用，乃以属彦章，而以张汉杰监之。彦章至递坊，以兵少战败，退保中都[11]；又败，与其牙兵百余骑死战。唐将夏鲁奇[12]素与彦章善，识其语音，曰："王铁枪也。"举槊刺之，彦章伤重，马踣，被擒。庄宗见之，曰："尔常以孺子待我，今日服乎？"又曰："尔善战者，何不守兖州而守中都？中都无壁垒，何以自固？"彦章对曰："大事已去，非人力可为！"庄宗恻然，赐药以封其创。彦章武人不知书，常为俚语谓人曰："豹死留皮，人死留名。"其于忠义，盖天性也。庄宗爱其骁勇，欲全活之，使人慰谕彦章。彦章谢曰："臣与陛下血战十余年，今兵败力穷，不死何待？且臣受梁恩，非死不能报，岂有朝事梁而暮事晋，生何面目见天下之人乎！"庄宗又遣明宗往谕之。彦章病创，卧不能起，仰顾明宗，呼其小字曰："汝非邈佶烈乎？我岂苟活者？"遂见杀，年六十一。

【注释】

①寿张：今河南台前县地。

②亚次：唐庄宗之小字。

③金波亭：故址在今河北大名县东。

④魏、博：魏，今河北魏县；博，今山东聊城市。

⑤德胜口：有两城夹河，一在今河南濮阳县。一被黄河泛滥淹没。

⑥赵岩：宛丘（今河南淮阳县）人。梁末帝时为户部尚书、租庸使，与张汉杰、汉伦等居中用事。

⑦郓州：今山东东平县。

⑧敬翔：冯翊（今陕西大荔县）人，字子振。深沉有大略，梁之建立，翔谋为多。及梁受禅，累迁兵部尚书、金銮殿大学士。

⑨段凝：后唐开封人。初事梁，后降唐，凝为人佞巧，善窥迎人意，因伶人景进通货掖庭。庄宗甚亲爱他，赐姓名李绍钦，授兖州节度使。明宗立，窜辽州辖（今山西左权、和顺等地），赐死。

⑩杨刘：今山东东阿县。

⑪中都：故城在今山东汶上县西。

⑫夏鲁奇：后唐青州（今山东潍坊一带）人，字邦杰。初事梁，后奔晋。庄宗时赐姓名曰李绍奇，后复故。为政有惠爱。后徙镇武信，董璋反，攻遂州（今四川遂宁），城中食尽，自刭死。

一行传　序

　　呜呼，五代之乱极矣，《传》所谓"天地闭，贤人隐"之时欤！当此之时，臣弑其君，子弑其父，而缙绅之士安其禄而立其朝，充然无复廉耻之色者皆是也。吾以谓自古忠臣义士，多出于乱世，而怪当时可道者何少也，岂果无其人哉？虽曰干戈兴，学校废，而礼义衰，风俗隳坏，至于如此！然自古天下未尝无人也，吾意必有洁身自负之士，嫉世远去而不可见者。

　　自古贤才，有韫于中而不见于外。或穷居陋巷，委身草莽，虽颜子之行，不遇仲尼而名不彰。况世变多故，而君子道消之时乎？吾又以谓必有负材能，修节义，而沉沦于下，泯没而无闻者。求之传记，而乱世崩离，文字残缺，不可复得。然仅得者四五人而已。

　　处乎山林而群麋鹿，虽不足以为中道，然与其食人之禄，俯首而包羞，孰若无愧于心，放身而自得？吾得二人焉，曰郑遨①、张荐明②。势利不屈其心，去就不违其义，吾得一人焉，曰石昂③。苟利于君，以忠获罪，何必自明，有至死而不言者，此古之义士也，吾得一人焉，曰程福赟④。五代之乱，君不君，臣不臣，父不父，子不子。至于兄弟夫妇人伦之际，无不大坏，而天理几乎其灭矣。于此之时，能以孝弟自修于一乡而风行于天下者，犹或有之。然其事迹不著，而无可纪次。独其名氏或因见于书者，吾亦不敢没。而其略可录者，吾得一人焉，曰李自伦⑤，作《一行传》。

【注释】

　　①郑遨：后晋白马（今河南滑县）人，字云叟，以字行。少好学，敏于文辞。唐末举进士不第，见四方乱，乃入少室山为道士，种田自给。其妻数以书劝

还家，遂辄投于火。节度使刘凝以宝货遗之，不一受。高祖以谏议大夫召，不赴，赐号"逍遥先生"。

②张荐明：后晋燕人。少以儒学游河朔，后去为道士，通老子、庄周之说。高祖延入内殿，讲《道德经》，拜为师，赐号"通玄先生"。后不知所终。

③石昂：后晋临淄人。家有书数千卷，延四方之士，就学问，不求仕进。节度使符习高其行，以为临淄令。监军杨彦朗讳石，更其姓名，遂解官去。高祖诏求孝悌之士，昂应诏至京师，以为宗正丞，迁少卿。出帝即位，晋政日坏，昂数极谏不听，乃称疾归。

④程福赟：后晋人。为人沉厚寡言而有勇，官奉国右厢都指挥使。开运中契丹入寇，出帝北征，奉国军士有夜举火谋乱者，福赟救火被伤，火灭而乱者不得发，遭诬被杀。

⑤李自伦：后晋深州（今河北深州市）人。六世同居，奉敕旌表孝义，改其所居飞凫乡为孝义乡，匡圣里为仁和里。

唐六臣传　序

甚哉，白马之祸，悲夫，可为流涕者矣！然士之生死，岂其一身之事哉？初，唐天祐①三年，梁王欲以嬖吏张廷范②为太常卿，唐宰相裴枢③以谓太常卿唐常以清流为之，廷范乃梁客将，不可。梁王由此大怒，曰："吾常谓裴枢纯厚不陷浮薄，今亦为此耶！"是岁四月，彗出西北，扫文昌、轩辕、天市④，宰相柳璨⑤希梁王旨，归其谴于大臣，于是左仆射裴枢、独狐损、右仆射崔远⑥、守太保致仕赵崇、兵部侍郎王赞、工部尚书王溥⑦、吏部尚书陆扆⑧皆以无罪贬，同日赐死于白马驿⑨。凡稿绅之士与唐而不与梁者，皆诬以朋党，坐贬死者数百人，而朝廷为之一空。

明年三月，唐哀帝逊位于梁，遣中书侍郎、同中书门下平章事张文蔚⑩为册礼使，礼部尚书苏循⑪为副；中书侍郎、同中书门下平章事杨涉⑫为押传国宝使，翰林学士、中书舍人张策⑬为副；御史大夫薛贻矩⑭为押金宝使，尚书左丞赵光逢⑮为副。四月甲子，文蔚等自上源驿奉册宝，乘辂车，导以金吾仗卫、太常卤簿⑯，朝梁于金祥殿。梁王衮冕南面，臣文蔚、臣循奉册升殿，进读已，臣涉、臣策奉传国玺，臣贻矩、臣光逢奉金宝，以次升，进读已，降，率文武百官北面舞蹈再拜贺。

夫一太常卿与社稷孰为重？使枢等不死，尚惜一卿，其肯以国与人乎？虽枢等之力未必能存唐，然必不亡唐而独存也。呜呼！唐之亡也，贤人君子既与之共尽，其余在者皆庸懦不肖、倾险狯猾、趋利卖国之徒也。不然，安能蒙耻忍辱于梁庭如此哉！作《唐六臣传》。

【注释】

①天祐：唐昭宗年号。

②张廷范：唐优人，为朱全忠所爱，擢为部将。

③裴枢：闻喜（今山西闻喜县）人，字纪圣，咸通进士。

④文昌、轩辕、天市：皆星名。

⑤柳璨：华原（今陕西铜川市耀州区一带）人，字破之，为人鄙野。朱全忠图篡弑，璨厚结朱全忠，后全忠疑璨有贰，流崖州，寻杀柳璨。

⑥崔远：博陵（今河北安平、深州市一带）人。有文而风致峻整，时人目为钉座梨，言世所珍。

⑦王溥：字德润，第进士。昭宗蒙难东内，溥与崔胤说卫军，执刘季述等斩之，帝反正。

⑧陆扆：陆贽族孙，字祥文。客于陕，遂为陕人。举光启进士。扆属辞敏速，昭宗甚优遇他，官至中书侍郎、同平章事。

⑨白马驿：在今河南滑县东北。

⑩张文蔚：河间（今河北河间市）人，字右华。

⑪苏循：为人佞巧无廉耻，第咸通进士，累官礼部尚书。时梁太祖已弑昭宗立哀帝，唐之旧臣，皆愤惋切齿，而循特倡言梁王功德，宜即受禅，以希进用。

⑫杨涉：冯翊（今陕西大荔县）人，举唐进士。唐亡，事梁为相。

⑬张策：敦煌人，字少逸，好学通章句，晋主称为张夫子。

⑭薛贻矩：闻喜（今山西闻喜县）人，字熙用。仕唐为兵部侍郎，坐事左迁，乃自结于晋。

⑮赵光逢：奉天（今陕西乾县）人，字延吉，唐僖宗朝进士，以文行知名，时人称其方直温润，叫他"玉界尺"。事梁入唐，累拜太保，卒。

⑯卤簿：仪仗。

伶官传 *序*

嗚呼！盛衰之理，虽曰天命，岂非人事哉？原庄宗之所以得天下，与其所以失之者，可以知之矣。

世言晋王①之将终也，以三矢赐庄宗，而告之曰："梁②吾仇也；燕王③吾所立，契丹与吾约为兄弟，而皆背晋以归梁④。此三者吾遗恨也。与尔三矢，尔其无忘乃父之志！"庄宗受而藏之于庙。其后用兵，则遣从事以一少牢告庙，请其矢，盛以锦囊，负而前驱，及凯旋而纳之。方其系燕父子以组，函梁君臣之首，入于太庙，还矢先王，而告以成功，其意气之盛，可谓壮哉！及仇雠已灭，天下已定，一夫夜呼，乱者四应，仓皇东出，未及见贼而士卒离散，君臣相顾，不知所归，至于誓天断发，泣下沾襟，何其衰也！岂得之难而失之易欤？抑本其成败之迹，而皆自于人欤？《书》曰："满招损，谦受益。"忧劳可以兴国，逸豫可以亡身，自然之理也。故方其盛也，举天下之豪杰莫能与之争；及其衰也，数十伶人困之，而身死国灭，为天下笑。夫祸患常积于忽微，而智勇多困于所溺，岂独伶人也哉！作《伶官传》。

【注释】

①晋王：李克用因平黄巢，功封晋王。

②梁：指朱全忠。

③燕王：即刘守光。

④契丹……归梁：契丹耶律阿保机率众入寇，晋王与之连和，约为兄弟，既归，而背盟附于梁。

《宋史》精华

【著录】

《宋史》四百九十六卷，系元代脱脱（1314～1355）所撰。脱脱，元代大臣，字大用。顺帝至元六年（1340）发动政变，驱逐了伯颜，次年任丞相，恢复科举，治黄河，主修宋、辽、金三史。《宋史》修于顺帝至正三年到五年。是纪传体宋代史。首创《道学传》。因成书仓促，北宋详细，南宋简略，多有缺漏。剪裁、考证的资料多，有的有目无文。该书保存了不少原始资料。有一定史料价值。明清以后对宋史改作、补充的也很多，成书的有柯维棋《宋史新编》、钱士升《南宋书》、陆心源的《宋史翼》等。《宋史》本纪四十七卷，志一百六十二卷，表三十二卷，列传二百五十五卷，共计四百九十六卷。这是二十四史中最庞大的一部史书。《宋史》是官修书，先后由脱脱、阿鲁图主持修撰，又铁木儿塔识、贺惟一、张起岩、欧阳玄等人任总裁官，仅用了二年半的时间，是因为它是在纪、传、表、志已完备的基础上撰成的。《宋史》特点"大旨以表章道学为宗，余事皆不甚措意"（《四库全书总目提要》）。钱大昕说"《宋史》最推崇道学，而尤以朱元晦（熹）为宗。"《宋史》的记事起于宋太祖建隆元年（960）赵匡胤称帝，迄于赵昺祥兴二年（1279），共三百二十年历史。编修准备了五六十年，材料主要是删削宋国史，参考历朝实录及立传人的子孙家谱、行状等。《宋史》史料丰富，也有珍贵的史料，如《天文志》记载至和元年（1054）六月十日，新星出于金斗座，经过一年又隐没不见了，是目前世界公认的第一颗超新星记录。在《天文》《律历》《五行》中也保存了许多天文、气象、地震等自然灾害的资料。《宋史》有遗漏，又芜杂，有的一人两传，传与传，表与传，传文与传论间互相矛盾。所以后来有人改写、考订、增补，修成《宋史新编》。还有明代王维俭的《宋史记》，清代陈黄中的《宋史稿》等，但都不如《宋史》详实。中华书局出版的《宋史》四十册是较好的版本。

太祖本纪

六年，世宗北征，为水陆都部署。及莫州，先至瓦桥关，降其守将姚内斌，战却数千骑，关南平①。世宗在道，阅四方文书，得韦②囊，中有木三尺余，题云："点检作天子"，异之。时张永德为点检，世宗不豫③，还京师，拜④太祖检校太傅，殿前都点检，以代永德。恭帝即位，改归德军⑤节度、检校太尉。

七年春，北汉结契丹入寇⑥。命出师御之，次⑦陈桥驿。军中知星者苗训引门吏楚昭辅视日下复有一日，黑光摩⑧者久之。夜五鼓，军士集驿门，宣言策⑨点检为天子。或⑩止之，众不听。迟明，逼寝所，太宗入白，太祖起。诸校露刃列于庭，曰："诸军无主，愿策太尉为天子。"未及对，有以黄衣加太祖身，众皆罗拜，呼万岁，即掖⑪太祖乘马，太祖揽辔谓诸将曰："我有号令，尔能从乎？"皆下马曰："唯命。"太祖曰："太后、主上，吾皆北面事之，汝辈不得惊犯；大臣皆我比肩，不得侵凌；朝廷府库、不得侵掠。用令有重赏，韦即孥戮⑫汝。"诸将皆载⑬拜，肃队以入。副都指挥使韩通谋御之，王彦升遽杀通于其第⑭。

太祖进登明德门，令甲士归营，乃退居公署。有顷，诸将拥宰相范质等至。太祖见之，呜咽流涕曰："违负天地，今至于此！"质等未及对，列校罗彦环按剑厉声谓质等曰："我辈无主，今日须得天子。"质等相顾⑮，计无从出，乃降阶列拜。召文武百僚，至晡⑯，班定。翰林承旨陶谷出周恭帝禅位制书于袖中，宣徽使引太祖就庭，北面拜受已，乃掖太祖升崇元殿，服衮冕，即皇帝位。迁恭帝及符后于西宫，易其帝号曰郑王，而尊符后为周太后。

建隆元年春正月乙巳，大赦，改元，定有天下之号曰"宋"。

帝性孝友⑰节俭，质任⑱自然，不事矫饰。受禅⑲之初，颇好微行⑳，或[21]谏其轻出。曰："帝王之兴，自有天命，周世宗见诸将方面大耳者皆杀之，我终日侍测，不能害也。"既而微行愈数[22]，有谏，辄语之曰："有天命者任自为之，不汝禁也。"

一日，罢朝，坐便殿，不乐者久之。左右请其故。曰："尔谓为天子容易耶？早作乘快误决一事，故不乐耳。"汴京[23]新宫成，御正殿坐，令洞开诸门，谓左右曰："此如我心，少[24]有邪曲，人皆见之。"

吴越[25]钱俶来朝，自宰相以下咸[26]请留俶而取其地，帝不听，遣俶归国。及辞，取群臣留俶章疏数十轴，封识[27]遣俶，戒以涂[28]中密观，俶届途启视，皆留己不遣之章也。俶自是感惧，江南平，遂乞纳土。南汉[29]刘铱在其国，好置鸩[30]以毒臣下，既归朝，从幸[31]讲武池，帝酌卮[32]酒赐铱，铱疑有毒，棒杯泣曰："臣罪在不赦，陛下既待臣以不死，愿为大梁[33]布衣，观太平之盛，未敢饮此酒。"帝笑而谓之曰："朕推赤心于人腹中，宁肯尔耶？"即取铱酒自饮，别酌以赐铱。

王彦升擅杀韩通，虽预佐命，终身不与节钺。王全斌入蜀，贪恣杀降，虽有大功，即加贬绌。

宫中苇帘，缘用青布；常服之衣，浣濯至再。魏国长公主襦饰翠羽，戒勿复用，又教之曰："汝生长富贵，当念惜福。"见孟昶宝装溺器，晬而碎之，曰："汝以七宝饰此，当经何器贮食？所为如是，不亡何待？"

晚好读书，尝读二典[34]，叹曰："尧、舜之罪四凶[35]，止从投窜，何近代法网之密乎！"谓宰相曰："五代诸侯跋扈，有枉法[36]杀人者，朝廷置而不问。人命至重，姑息藩镇，当若是耶？自今诸州决大辟[37]，录案闻奏，付刑部复视之。"遂著为令。

乾德改元，先谕宰相曰："年号须择前代所未有者。"三年，蜀平，蜀宫人入内，帝见其镜背有志[38]'乾德四年铸'者，召窦仪等诘之。仪对曰："此必蜀物，蜀主尝有此号。"乃大喜曰："作相须读书人。"由是大重儒者。

受命杜太后，传位太宗。太宗尝病亟，帝往视之，亲为灼艾，太宗觉痛，帝亦取艾自灸。每[39]对近臣言：太宗龙行虎步，生时有异，他日必为太平天子，福德吾所不及云。

赞曰：昔者尧、舜以禅代，汤、武以征伐[40]，皆南面[41]而有天下。四圣人者往，世道升降，否泰^㊷推移。当斯民涂炭^㊸之秋，皇天眷求民主^㊹，亦惟责其济^㊺斯世而已。使其必得四圣人之才，而后以行其事畀^㊻之，则生民平治之期，殆^㊼无日也。

【注释】

①平：平定。

②韦：熟牛皮。

③不豫：不高兴。

④拜：任命。

⑤军：宋时的行政和区划，略似今省辖市。

⑥入寇：入侵。

⑦次：停留。

⑧摩：迫近。

⑨策：宣布任命的文书。

⑩或：有人。

⑪披：扶。

⑫孥戮：杀：杀戮到子孙。

⑬载：即"再"。

⑭遽：果断地。第：府第，指家里。

⑮顾：回头看。

⑯晡：下午三点到五点。

⑰友：兄弟之间的友爱。

⑱质：秉性。任：听凭，这里有天生自然的意思。

⑲受禅：指旧皇帝还未死去，就将帝位传予新皇帝。

⑳微行：指身份高贵的人便装出行。

㉑或：有人。

㉒数：多次。

㉓汴京：即今河南开封。

㉔少：稍。

㉕吴越：当时割据江浙一带的一个势力比较强大的诸侯国，后来归顺了

北宋。

㉖咸：都。

㉗识：标志。

㉘涂：即"途"。

㉙南汉：当时割据两广的诸侯国之一。

㉚鸩；毒酒。

㉛从：跟随。幸：皇帝亲临某地。

㉜卮：酒器。

㉝大梁：即今开封等地。

㉞二典：指《尚书》中的《尧典》和《舜典》。

㉟四凶：指传说中尧舜时代的鲧、共工、三苗、饕餮四位凶人。

㊱枉法：违法。

㊲大辟：死刑。

㊳志：记载。

㊴每：屡屡。

㊵汤武句：指商汤与周武王分别取代夏朝与殷朝。

㊶南面：古代坐北朝南为尊贵者。因此"南面"后来成为帝王实行统治的词语。

㊷否泰：本为《易经》中的两个卦名，指事情的坏好，命运的顺逆。

㊸涂炭：指烂泥、炭火，形容非常艰难困苦的环境。

㊹眷：器重、注重。民主：人民的主人。

㊺济：拯救。

㊻畀：给予。

㊼殆：大概。

钦宗本纪

闰月壬辰朔①，金人攻善利门，统制姚仲友御之。奇兵②作乱，杀使臣，王宗濋斩数十人乃定。唐恪③都出，人欲击之，因求去，罢为中太一宫使。以门下侍郎何㮚为尚书右仆射兼中书侍郎。刘韐坐④弃军，降五官予祠。

登巳，京师苦寒，用日者[5]言，借土牛迎春。朱伯友坐弃郑州，降三官罢。西道总管王襄弃西京[6]去。知泽州高世由以城降于金。燕瑛欲弃河阳，为乱兵所杀。河东诸郡，或降或破殆尽。都民杀东壁[7]统制官辛亢宗。罢民乘[8]城，代以保甲[9]。粘罕[10]军至城下。甲午，时雨雪交作，帝被[11]甲登城，以御膳赐士卒，易火[12]饭以进，人皆感激流涕。金人攻通津门，数百人缒[13]城御之，焚其炮架五、鹅车[14]二。驿[15]召李纲[16]为资政殿大学士，领[17]开封府。金人陷怀州，霍安国、林渊及其钤辖[18]张彭年、都监赵士讠仃、张谌皆死之。乙未，金人入青城，攻朝阳门。冯澥[19]与金人萧庆、杨真诰来。丙申，帝幸宣化门，以障泥乘马，行泥淖[20]中，民皆感泣。张叔夜数战为功，帝如[21]安上门召见，拜资政殿学士。金人执[22]胡直孺，又陷拱州。丁酉，赤气互[23]天。以冯澥为尚书左丞。戊戌，殿前副都指挥使王宗蜕与金人战于城下，统制官高师旦死之。庚子，以资政殿学士张叔夜签书枢密院事。金人攻宣化门，姚仲友御之。辛丑，金人攻南壁，杀伤相当。壬寅，诏河北守臣尽起平民，倍道[24]入援。癸卯，金人攻南壁，张叔夜、范琼分兵袭之，遥见金兵，奔还，自相蹂藉[25]，溺湟[26]死者以千数。甲辰，大雨雪。金人陷亳州。遣间使[27]召诸道兵勤王。乙巳，大寒，士卒噤战不能执兵[28]，有僵仆者。帝在禁中徒跣[29]祈晴。时勤王兵不至，城中兵可用者惟卫士三万，然亦十失五六。金人攻城急。丙午，雨木冰[30]。丁未，始避正殿。己酉，遣冯澥、曹辅与宗室仲温、士讠虎使金军请和。命康王为天下兵马元帅，速领兵入卫。辛亥，金人来议和，要亲王[31]出盟。壬子，金人攻通津、宣化门，范琼以千人同战，渡河冰裂，没者五百余人，自是士气益挫。甲寅，大风自北起，俄大雨雪，连日夜不止。乙卯，金人复使刘晏来，趣[32]亲王、宰相出盟。丙辰，妖人郭京用六甲法[33]，尽令守御人下城，大启宣化门出攻金人，兵大败。京托言下城作法，引余兵遁去。金兵登城，众皆披靡[34]。金人焚南薰诸门。姚仲友死于敌兵，宦者黄经国赴火死，统制官何庆言、陈克礼、中书舍人高振力战，与其家人皆被害。秦元领保甲斩关[35]遁，京城陷。卫士入都亭驿，执刘晏杀之。丁巳，奉道君皇帝[36]、宁德皇后入居延福宫。命何㮚及济王栩使金军。戊午，何㮚入言，金人邀上皇出郊。帝曰："上皇惊忧而疾，必欲之出，朕当亲往。"自乙卯雪不止，是日霁[37]。夜有白气出太微^㊳，慧星见^㊴……庚申，日赤如火无光。辛酉，帝如青城。

赞^㊵曰：帝在东宫^㊶，不见失德。及其践阼^㊷，声技音乐一无所好。靖康初政，能正王黼^㊸、朱勔等罪而窜殛之，故金人闻帝内禅^㊹，将有卷甲北旆^㊺之意矣。惜其乱势已成，不可救药；君臣相视，又不能同力协谋以济^㊻斯难，惴惴^㊼然讲和之不暇，卒致父子沦胥^㊽，社稷芜莽^㊾。帝至于是，盖亦巽^㊿懦而不知义者欤！享国日浅而受祸至深，考其所自^㉛，真可悼^㉜也夫！真可悼也夫！

【注释】

①朔：农历每月的初一。

②奇兵：突袭的士兵。

③唐恪：曾主张抗辽，并有一定政绩。靖康元年（1126）主张与金人议和，割让土地，阻止各地前来保卫京城的兵马，因此被弹劾罢相。后因被逼迫拥护张邦昌，服毒自杀。

④坐：因……而被降罪。

⑤日者：古代占卜的人。

⑥西京：宋代时在洛阳设陪都，因其在首都以西，称西京。

⑦壁：军垒。

⑧罘民：行为不端正、品行恶劣的人。乘：登。

⑨保甲：宋时的兵制。十家一保，家中有二人以上者选一人为保丁，自备武器，演习战阵。

⑩粘罕：即宗翰，参后面《金史·宗翰传》。

⑪被：即穿戴。

⑫易：改。火：古时的兵制，十人为一火。火饭指普通士兵的饭食。

⑬缒：用绳索悬吊下城。

⑭鹅车：古代有战阵名称叫"鹅"，这里鹅车或即据战阵名称而来。

⑮驿：古代送信的车。

⑯李纲：著名的抗金将领。

⑰领：兼任较低级职务称为"领"。

⑱钤辖：一种武官官职。

⑲冯澥：当时的左谏议大夫，金人围攻汴京时，曾出使金营，被扣留三天才放回。

⑳淖：烂泥。

㉑如：去，到。

㉒执：俘虏。

㉓互：交互。

㉔倍道：一日行两日路。

㉕蹂藉：践踏。

㉖湟：低洼积水之地。

㉗间使：可以见机行事的使者。

㉘喋战：咬着牙齿打战。兵：武器。

㉙跣：光脚。

㉚木冰：又称为"木介"，是由雨雪沾附在树枝上凝结成冰，形成盔甲（介）一样的景象，古代认为这种景象意味着兵祸的降临。

㉛要：强迫。亲王：皇族中被封了王侯的人。

㉜趣：催促。

㉝六甲法：一种道士所使用的据说可以隐蔽自身、迷惑对手的法术。

㉞披靡：本指草木随风倒伏的样子，这里形容兵败如山倒的样子。

㉟关：本指门闩，这里即指城门。

㊱道君皇帝：即宋徽宗。

㊲霁：雨雪停止。

㊳太微：星宿名，象征帝座。

㊴见：显现。

㊵赞：一种文体。史籍中的"赞"主要用于表达史籍撰写者主观的评价和看法。

㊶东宫：皇太子居住的地方。

㊷践阼：阼，指宗庙的东阶，践阼即指皇帝登位时，站在宗庙阶上主持祭祀。因此代指皇帝即位。

㊸王黼：当时有名的奸臣，钦宗即位后没收其家产，将其贬为崇信军节度副使，后被开封府尹诛杀。朱勔：当时有名的奸臣，以搜刮民间奇石进奉

宋徽宗而得宠。钦宗即位后，先将其撤职，后又流放循州（今广东龙川），最后派人将其诛杀。

㊹禅：旧指皇帝通过和平方式下台，让位于人。

㊺旆：旌旗的统称。

㊻济：渡过。

㊼惴惴：非常恐惧的样子。

㊽沦胥：泛指沦陷。

㊾社稷：指国家。芜茀：荒草长满的样子。

㊿巽：卑顺。

51自：来源。

52悼：伤感。

李宸妃传

李宸妃，杭州人也。祖延嗣，仕钱氏①，为金华县主簿。父仁德，终左班殿直。初入宫，为章献太后②侍儿。庄重寡言，真宗以为司③寝。既有娠，从帝临砌台④，玉钗坠。妃恶之，帝心卜：钗完，当为男子。左右取以进，钗果不毁，帝甚喜。已而生仁宗，封崇阳县君。复生一女，不育。进才人，后为婉仪。仁宗即位，为顺容，从守永定陵。章献太后使刘美、张怀德为访其亲属，得其弟用知，补三班奉职⑤。

初，仁宗在襁褓，章献以为己子，使杨淑妃保⑥视之。仁宗即位，妃嘿处先朝⑦嫔御中，未尝自异。人畏太后，亦无敢言者。终太后世，仁宗不自知为妃所出也。

明道元年，疾革⑧，进位宸妃，薨⑨，年四十六。

初，章献太后欲以宫人礼治丧于外⑩。丞相吕夷简奏礼宜从厚。太后遽⑪引帝起。有顷，独坐帘下，召吕夷简问曰："一宫人死，相公云，何欤？"夷简曰："臣待罪宰相⑫，事无内外，无不当预⑬。"太后怒曰："相公欲离间吾母子耶！"夷简从容对曰："陛下不以刘氏⑭为念，臣不敢言；尚念刘氏，则丧礼宜从厚。"太后悟，遽曰："宫人，李宸妃也，且奈何？"夷简乃请治丧用一品礼，殡⑮洪福院。夷简又谓入内都知⑯罗崇勋曰："宸妃当以后服殓，用水银实棺，异时勿谓夷简未尝道及。"崇勋如其言。

后章献太后崩[17]，燕王为仁宗言："陛下乃李宸妃所生，妃死以非命。"仁宗号恸顿毁，不视朝累日。下哀痛之诏自责，尊宸妃为皇太后，谥庄懿。幸[18]洪福院祭告，易梓宫[19]，亲哭视之。妃玉色如生，冠服如皇太后，以水银养之，故不坏。仁宗叹曰："人言其可信哉！"遇刘氏加厚。陪葬永定陵，庙曰奉慈，又即景灵宫建神御殿，曰广孝。庆历中，改谥章懿，升祔太庙[20]。拜用和为彰信军节度使、检校侍中，宠赉甚渥[21]，既而追念不已，顾[22]无以厚其家，乃以福康公主下嫁用和之子玮。

【注释】

①钱氏：指当时割据浙江、江苏、福建等地的吴越国国君。

②章献太后：宋真宗皇后。

③司：管理。

④砌台：古代皇家所建代登高观赏景物的高台。

⑤三班奉职：一种低等的武官官职。

⑥杨淑妃：宋真宗的妃子之一。

⑦嘿：默默地。先朝：指真宗一朝。

⑧疾革：病重。

⑨薨：王室贵族死称为薨。

⑩外：指宗庙之外。

⑪遽：急速地。

⑫待罪：等待着怪罪。这是一种表示谦卑的说法，意思即担任着某种职务。

⑬预：参加，干涉。

⑭刘氏：指章献太后的娘家。

⑮殡：停枢。

⑯入内都知：专门管理宫廷内部事务的一种宫职。

⑰崩：古时帝王死称崩。

⑱谥：古时帝王或大臣死后，由皇帝根据其一生德行所赐的称号。幸：古时帝王亲临某处。

⑲梓宫：古时帝王用梓木做的棺椁。

⑳祔：以新死的人与祖先合祭。太庙：皇帝的祖庙。

㉑赉：赐予。渥：丰富。

㉒顾：眷念。

赵普传

太祖数微行过①功臣家，普每退朝，不敢便衣冠。一日，大雪向②夜，普意帝不出。久之，闻叩门声，普亟③出，帝立风雪中。普惶惧迎拜，帝曰："已约晋王矣。"已而太宗到。设重裀④地坐堂中，炽炭烧肉，普妻行酒，帝以嫂呼之。因与普计下太原。普曰："太原当西、北二面，太原既下，则我独当之，不如姑俟削平诸国，则弹丸黑子⑤之地，将安逃乎？"帝笑曰："吾意正如此，特⑥试卿尔。"

史
部

初，太祖侧微⑦，普从之游。既有天下，普屡以微时所不足者言之。太祖豁达，谓普曰："若尘埃中可识天子、宰相，则人皆物色⑧之矣。"自是不复言。普少习吏事，寡学术。及为相，太祖常劝以读书。晚年手不释卷，每归私第，阖户启箧取书，读之竟日。及次日临政，处决如流。既薨⑨，家人发箧视之，则《论语》二十篇也。

普性深沈有岸谷⑩，虽多忌克⑪，而能以天下事为己任。宋初，在相位者多龌龊循默⑫，普刚毅果断，未有其比⑬。尝奏荐某人为官，太祖不用。普明日复奏其人，亦不用。明日，普又以其人奏。太祖怒，碎裂奏牍掷地。普颜色不变，跪而拾之以归，他日补缀旧纸，复奏如初。太祖乃悟，卒用其人。又有群臣当迁官，太祖素恶其人，不与。普坚以为请，太祖怒曰："朕固不为迁官，卿若之何？"普曰："刑以惩恶，赏以酬功，古今通道也。且刑赏天下之刑赏，非陛下之刑赏，岂得以喜怒⑭专之。"太祖怒甚，起，普亦随之。太祖入宫，普立于宫门，久之不去，竟是俞允⑮。

太宗入弭德超之馋，疑曹彬不轨。属普再⑯相，为彬辨雪保证，事状明白。太宗叹曰："朕听断不明，几误国事。"即日窜逐德超，遇⑰彬如旧。"

祖吉守郡为奸利。事觉下狱，案劾⑱，爰书⑲未具。郊⑳礼将近。太宗疾其贪墨㉑，遣中使谕旨执政㉒曰："郊赦可特勿贷㉓祖吉。"普奏曰："败㉔官抵罪，宜正刑辟㉕。然国家卜郊肆类㉖，对越㉗天地，告于神明，奈何以吉而曝^㉘陛下赦令哉^⑲?"太宗善其言,乃止。

【注释】

①数:屡次。微行:隐瞒自己尊贵的身份,便装出行。过:访问。

②向:将近。

③亟:赶快。

④褥:褥子、床垫。

⑤黑子:本指人体上的黑痣,这里用来比喻土地的狭小。

⑥特:只不过。

⑦侧微:卑贱。

⑧物色:寻访。

⑨薨:诸侯去世称"薨"。

⑩岸谷:形容人严肃刚正有原则。

⑪忌克:嫉妒人家的才能,希望居人之上。

⑫龌龊:拘谨而只顾小节。循默:沉默不言。

⑬比:相等。

⑭专:独断独行。

⑮俞允:专指帝王允许臣下的请求。

⑯属:正好。再:第二次。赵普在太宗时曾两次任宰相,故有此说。

⑰遇:对待。

⑱劾:审判,判决。

⑲爱书:记录囚犯口供的文书。

⑳郊:古代举行的国家祭祀大典。

㉑疾:痛恨。贪墨:贪财接受贿赂。

㉒中使:宫廷中派出的使者,多由宦官担任。执政:指宰相等掌管政务的重臣。

㉓郊赦:封建社会的通例,在国家举行祭祀大典时都要宣布大赦天下,赦免犯人。贷:宽免。

㉔败:贪污腐败。

㉕辟:刑法。

㉖肆：即"遂"，语气助词。类：古代祭祀名。

㉗对越：配称。

㉘隳：毁坏。

唐介传

张尧佐骤除①宣徽、节度、景灵、群牧四使，介与包拯、吴奎等力争之，又请中丞王举正留百官班②庭论，夺其二使。无何，复除宣徽使、知③河阳。介谓同列曰："是欲与宣徽，而假④河阳为名耳，不可但⑤已也。"而同列⑥依违，介独抗言⑦之。仁宗谓曰："除拟本出中书⑧。"介遂劾⑨宰相文彦博守蜀日造间金奇锦，缘阉侍通宫掖⑩，以得执政，今显用尧佐，益自固结，请罢之而相富弼。又言谏官吴奎表里⑪观望。语甚切直。帝怒，退其奏不视，且言将远窜。介徐读毕，曰："臣忠愤所激，鼎镬⑫不避，何辞于谪⑬！"帝急召执政示之曰："介论事是其职。至谓彦博由妃嫔致⑭宰相，此何言也？进用冢司，岂应得预！"时彦博在前，介责之曰："彦博宜自省，即有之，不可隐。"彦博拜谢⑮不已，帝怒益甚。梁适叱介，使下殿，修起居注蔡襄趋进救之。贬春州别驾。王举正言以为太重，帝旋⑯悟，明日取其疏入，改置英州，而罢彦博相，吴奎亦出。又虑介或道死，有杀直臣名，命中使护之。梅尧臣、李师中皆赋诗激美，由是直声动天下，士大夫称真御史，必曰唐子方而不敢名。

……

帝欲用王安石，公亮因荐之，介言其难大任。帝曰："文学不可任耶？吏事不可任耶？经术不可任耶？"对曰："安石好学而泥古，故论议迂阔，若使为政，必多所变更。"退谓公亮曰："安石果用，天下必困扰，诸公当自知之。"中书尝进除目⑰，数日不决，帝曰："当问王安石。"介曰："陛下以安石可大用，即用之，岂可使中书政事决于翰林学士？臣近每闻宣谕某事问安石，可即行之，不可不行。如此则执政何所用？恐非信任大臣之体也。必以臣为不才，愿先罢免。"

……

介为人简伉⑱，以敢言见惮⑲。每言官⑳缺，众皆望介处之，观其风采。神宗谓其先朝遗直，故大用^㉑之。然居政府，遭时有为，而扼^㉒于安石，少所建明，声名减于谏官、御史时。比疾亟^㉓，帝临问^㉔流涕，复幸其第^㉕吊哭。以画像^㉖不类，命取禁中旧藏本赐其家。赠礼部尚书，谥^㉗曰质肃。

【注释】

①除：授以官职。

②班：回、还。

③知：执掌。

④假：借。

⑤但：只是。

⑥依违：反复而迟疑不决。

⑦抗言：大声地说。

⑧中书：即中书省，担负宣布皇帝命令、批复臣僚奏疏等等事务。

⑨劾：揭发。

⑩缘：依靠。阉侍：即太监。宫掖：指宫之中。

⑪表里：这里指模棱两可，犹豫观望。

⑫鼎镬：都是古代用于烹饪的炊具，类似今天的锅。这里指用鼎镬来烹煮人的酷刑。

⑬辞：拒绝。这里是畏惧的意思。谪：贬官、流放。

⑭致：得到。

⑮拜谢：这里指承认自己有罪、有错。

⑯旋：立即。

⑰除目：任免名单。

⑱简伉：诚恳刚直。

⑲见惮：被人敬畏。

⑳言官：古时专门设置的给皇帝和朝廷提各种意见和建议的官职。

㉑大用：指宋神宗后启用唐介为参知政事（相当于宰相）。

㉒扼：压制、控制。

㉓比：等到。疾亟：病危。

㉔临问：上对下的慰问。

㉕幸：指皇帝到某处。第：住宅。

㉖类：像。

㉗谥：古时帝王、大臣去世后，由朝廷根据其一生的表现而封赠的号。

欧阳修传

欧阳修字永叔，庐陵①人。四岁而孤，母守节自誓，亲诲之学，家贫，至以荻②画地学书。幼敏悟过人，读书辄成诵。及冠，嶷③然有声。宋兴且④百年，而文章体裁，犹仍五季余习⑤，锼刻骈偶⑥，渍涩⑦振，士因陋守旧，论卑气弱。苏舜元、舜钦、柳开、穆修辈，咸⑧有意作而张之，而力不足。修游随⑨，得唐韩愈⑩遗稿于废书簏中，读而心慕焉。苦志探赜⑪，至忘寝食，必欲并辔绝⑫驰而追与之并。

……

论曰："三代而降⑬，薄⑭乎秦、汉，文章虽与时盛衰，而蔼如⑮其言，晔⑯如其光，皦⑰如其音，盖均有先王之遗烈⑱。涉晋、魏而弊，至唐韩愈氏振起之。唐之文，涉五季而弊，至宋欧阳修又振起之。挽百川之颓波，息千古之邪说，使斯文之正气可以羽翼大道，扶持人心，此两人之力也。愈不获用，修用矣，亦弗克究⑲其所为，可为世道惜也哉！

范仲淹以言事贬，在廷多论救，司谏高若讷独以为当黜。修贻⑳书责之，谓其不复知人间有羞耻事。若讷上其书，坐㉑贬夷陵令，稍徙乾德令、武成节度判官。仲淹使陕西，辟㉒掌书记。修笑而辞㉓曰："昔者之举，岂以为己利哉？同其退不同其进可也。"

初，范仲淹之贬饶州也，修与尹洙、余靖皆以直仲淹见逐，目之曰"党人"。自是，朋党之论起，修乃为《朋党论》以进。其略曰：君子以同道㉔为朋，小人以同利为朋，此自然之理也。臣谓小人无朋，惟君子则有之。小人所归者利禄，所贪者财货，当其同利之时，暂相党引㉕以为朋者，伪也。及其见利而争先，或利尽而反相贼害，虽兄弟亲戚，不能相保，故曰小人无朋。君子则不然，所守者道义，所行者忠信，所惜者名节。以之修身，则同道而相益，以之事国，则同心而共济㉖，终始如一，故曰：惟君子则有朋。纣有臣[27]亿万，惟亿万心，可谓无朋矣，而纣用[28]以亡。武王有臣[29]三千，惟一心，可谓大朋矣，而周用以兴。盖君子之朋，虽多而不厌故也。故为君但当退小人之伪朋，用君子之真朋，则天下治矣。

【注释】

①庐陵：今江西吉安。

②荻：与芦同科的一种草。草书较硬，因此可在地上写画。

③巍：高耸的样子。

④且：将近。

⑤五季：即五代，指宋以前的后梁、后唐、后晋、后汉、后周。

⑥骈偶：这里指一种句子形式整齐相对称但常常显得呆板的文章形式。

⑦湨淢：污浊。

⑧咸：都。

⑨随：湖北随州。

⑩韩愈：中唐时著名的文坛领袖，与柳宗元一起发起"古文运动"，倡导用散文形式不受拘束地表达思想，反对骈偶的风气，在文学上取得了很大成就，被誉为散文的"唐宋八大家"之首。

⑪赜：深奥。

⑫绝：跨越，度过。

⑬三代：指夏、商、周三个朝代。

⑭薄：接近。

⑮蔼如：和气可亲的样子。

⑯晔：光辉灿烂的样子。

⑰皦：音节分明的样子。

⑱烈：功业。

⑲克：能。究：到底。

⑳贻：送。

㉑坐：因……而得罪。

㉒辟：征召。

㉓辞：拒绝。

四库全书精华

史部

| 679 |

㉔同道：志同道合。

㉕党引：结为私党，互相拉扯。

㉖济：渡过。这里有共同建立功业的意思。

㉗纣：商朝末代暴君。臣：奴仆。

㉘用：因此。

㉙武王：即周武王。推翻商朝，建立周朝的君王。

曾巩传

知齐州①，其治以疾②奸急盗为本。曲堤周氏拥赀③雄里中，子高横纵，贼④良民，污妇女，服器上僣⑤，力能动权豪，州县吏莫敢诘，巩取置⑥于法。章丘民聚党村落⑦间，号"霸王社"，椎剽⑧夺囚，无不如志。巩配⑨三十一人，又属民为保伍⑩，使讥⑪察其出入，有盗则鸣鼓相援，每发辄得盗。有葛友者，名在捕中。一日，自出首。巩饮食冠裳之，假以骑从⑫，辇⑬所购金帛随之，夸徇⑭四境。盗闻，多出自首。巩外视章显，实欲携贰⑮其徒，使之不能复合也。自是外户⑯不闭。

【注释】

①知：掌管。齐州：今山东济南。

②疾：憎恨。

③赀：财产。

④贼：害。

⑤僣：超越身份。

⑥置：处以。

⑦落：居民聚居点。

⑧椎剽：杀人抢劫。

⑨配：分派。

⑩属：连系。保伍：当时的户籍制度，五家为一伍，十家人为一保。

⑪讥：稽查，查问。

⑫假：借。从：跟随。

⑬辇：人拉的车。

⑭徇：向大家宣示。

⑮携贰：离心。

⑯外户：本指从外向内关的大门，这里指大门。

王安石传

安石议论高奇，能以辨博济其说。果于自用①，慨然有矫②世变俗之志。于是上"万言书"，以为："今天下之财力日以困穷，风俗日以衰坏，患在不知法度，不法先王之政故也。法先王之政者，法其意而已；法其意，则吾所改易更革，不至于倾骇天下之耳目，嚣天下之口，而固已合先王之政矣。因天下之力以生天下之财，收天下之财以供天下之费，自古治世，未曾以财不足为公患也，患在治财无其道耳。在位之人才既不足，而闾巷草野之间亦不少可用之才，社稷之托，封疆之守，陛下其能久以天幸为常，而无一旦之忧乎？愿监苟且因循之弊，明诏大臣，为之以渐，期合于当世之变。臣之所称，流俗之所不讲，而议者以为迂阔而熟烂者也！"后安石当国，其所注措，大抵皆祖此书。

……

帝用韩维为中丞，安石憾曩言③，指为善附流俗以非上所建立，因维辞而止。欧阳修乞致仕④，冯京请留之。安石曰："修附丽⑤韩琦，以琦为社稷臣。如此人，在一郡则坏一郡，在朝廷则坏朝廷，留之安用？"乃听之。富弼以格青苗⑥解使相，安石谓不足以阻奸，至比之共、鲧⑦。灵台郎尤瑛言天久阴，星失度，宜退安石，即黥隶⑧英州。唐坰本以安石岳山崩。安石曰："华山之变，殆天意为小人发。市易之起，自为细民久困，以抑兼并耳，于官何利焉？"阁⑩其奏，出彦博守魏⑪。于是吕公著、韩维，安石藉以声誉者也；欧阳修、文彦博，荐己者也；富弼、韩琦，用以侍从者也；司马光、范镇，交友之善者也，悉⑫排斥不遗力。

……

初，安石训释⑬《诗》、《书》、《周礼》，既成，颁之学官⑭，天下号曰"新义"。晚居金陵，又作《字说》，多穿凿附会，其流入于佛、老。

一时学者，无敢不传习。主司纯用以取士，士莫得自名一说。先儒传注，一切废不用，黜《春秋》之书，不使列于学官，至戏目为"断烂朝报⑮。"

安石未贵时，名震京师。性不好华腴，自奉至俭，或衣垢不浣⑯，面垢不洗，世多称其贤。蜀人苏洵独曰："是不近人情者，鲜不为大奸慝⑰。"作《辩奸论》以刺之，谓王衍、卢杞⑱合为一人。

安石性强忮⑲，遇事无可否，自信所见，执意不回。至议变法，而在廷交⑳执不可，安石傅经义，出己意，辩辄数百言，众不能诎。甚者谓"天变不足畏，祖宗不足法，人言不足恤㉑"，罢黜中外老成人几尽，多用门下儇㉒慧少年。久之，以旱引㉓去。洎㉔复相，岁余罢，终神宗世不复召㉕，凡八年。

【注释】

①果：果敢。自用：自以为是。

②矫：纠正。

③曩言：过去的言论。指韩维曾反对王安石变法的话。

④致仕：辞官回家。

⑤丽：附着。

⑥格：抗拒。青苗：即青苗法。王安石变革措施中的一项。

⑦共、鲧：指共工和鲧，历史传说中的两位奸邪之臣，后来被舜流放、处死。

⑧黥：古代一种在脸或额头上刺字然后染黑的刑法。隶：属于。这里指发配的意思。

⑨市易：即市易法。王安石变革措施中的一项。

⑩阏：阻塞。

⑪魏：当时的大名府，在今河北境内。

⑫悉：都。

⑬训释：注释、解释。

⑭学官：国家办的学校。

⑮朝报：朝廷的文件。

⑯浣：洗。

⑰鲜：少。慝：恶。

⑱王衍：晋惠帝时任尚书令，当时山涛曾感叹他美而又有才能，但误苍生者必此人。卢杞：唐德宗时人，曾任同平章事，貌丑心险，十分奸恶。

⑲忮：固执。

⑳交：并，都。

㉑恤：顾惜。

㉒儇：轻捷灵便的样子。

㉓引：引退。

㉔洎：到。

㉕不复召：王安石于神宗去世后，哲宗即位，又再次被启用。

史部